广西高校教师师德建设研究中心 2022 年度师德中心开放课题，高校师德师风建设规律研究，号：SD2022ZC16

高校教师管理与教学绩效考核研究

张鹏程　著

吉林文史出版社

图书在版编目（CIP）数据

高校教师管理与教学绩效考核研究 / 张鹏程著 . -- 长春：
吉林文史出版社 , 2023.9

ISBN 978-7-5472-9831-2

Ⅰ . ①高… Ⅱ . ①张… Ⅲ . ①高等学校 - 教师 - 管理
- 研究②高等学校 - 教师 - 教学能力 - 研究 Ⅳ .
① G645.1

中国国家版本馆 CIP 数据核字 (2023) 第 193713 号

高校教师管理与教学绩效考核研究
GAOXIAO JIAOSHI GUANLI YU JIAOXUE JIXIAO KAOHE YANJIU

著　　　者：张鹏程
责任编辑：姜沐雨
出版发行：吉林文史出版社
电　　话：0431-81629369
地　　址：长春市福祉大路 5788 号
邮　　编：130117
网　　址：www.jlws.com.cn
印　　刷：河北万卷印刷有限公司
开　　本：710mm×1000mm　1/16
印　　张：15.75
字　　数：220 千字
版　　次：2023 年 9 月第 1 版
印　　次：2024 年 1 月第 1 次印刷
书　　号：ISBN 978-7-5472-9831-2
定　　价：88.00 元

前　言

本书的写作源自于高校教师管理与教学绩效考核研究的深厚兴趣及对提升高等教育质量的持续追求。高校教师作为知识的创造者和传播者，对学生的成长和社会的发展都具有深远影响。而他们的工作效果，往往与其管理方式及工作的考核制度紧密相关。因此，探究高校教师管理与教学绩效考核，无疑是提升高校教育质量的重要途径之一。

在第一章，我们首先探讨了高校教师管理的理论基础，包括定义、重要性、发展历程及理论框架。

在第二章，我们讨论了高校教师的角色定位、职责与期望及职业发展。在理解了这些基础知识后，我们在第三章研究了高校教师管理的具体方法和策略，包括招聘选拔、培训发展及激励保障等内容。

从第四章开始，我们将视角转向教学绩效考核，这是衡量和提升教师教学质量的重要手段。我们先阐述了教学绩效考核的概念和重要性，然后研究了考核的标准和方法，最后探讨了考核的实施和反馈。

在第五章，我们探讨了教学绩效考核与教师管理之间的关系，并提出了构建有效的教学绩效考核与教师管理机制的建议。

在第六章，我们分享了一些创新的教师管理和教学绩效考核实践，并对其效果进行了评估。

在第七章，我们展望了高校教师管理与教学绩效考核的未来发展趋势和挑战，包括技术应用的角色、发展前景及面临的挑战和应对策略。

本书的主旨在于利用深入研究的理论知识去指导实践活动，以此提升我们对于高校教师管理及教学绩效考核的理解和运用。我们相信，强大的理论知识是成功实践的坚实基础，有了坚实的基础，才可能建造出更高的建筑。因此，全书围绕理论与实践，详细地分析和总结了这两个领域的发展历程、现状及未来趋势。

对于高校管理者，他们在运用本书提供的理论知识去指导实践时，不仅能提升管理效率，更能提升教师的教学质量，从而提高整体教育水平。对于教师，他们能通过理解和应用教学绩效考核的相关理论去提升自身的教学水平，更好地完成教书育人的使命。对于教育研究者，本书提供的理论知识和实践分析将有助于他们在研究中发现新的观点和理论，推动整个教育研究领域的发展。

本书旨在成为一份关于高校教师管理与教学绩效考核的参考手册，它不仅提供了深入的理论分析，还总结了丰富的实践经验。我们希望，本书能对高校教师管理的有效性、教学绩效考核的公正性及高等教育质量的整体提升产生积极影响。我们深知，提升高等教育质量是一项艰巨的任务，但也坚信，只要我们共同努力，总能取得显著的进步。

在此，我要向所有参与本书写作、编辑和出版的同事表示深深的感谢。感谢他们的辛勤工作和专业精神，使这本书得以问世。我也要感谢所有支持和帮助过我的人，是你们的鼓励和支持让我有动力继续我的研究。最后，我要感谢所有的读者，希望这本书能给你们带来一些启示和帮助。

祝愿每一位阅读本书的朋友在教育的道路上取得更大的成功！

张鹏程

目　　录

第一章　高校教师管理的理论基础

本章将为读者提供高校教师管理的理论基础，包括高校教师管理的定义、重要性、发展历程及构成这一领域的主要理论框架。通过理解这些基本概念，读者可以对高校教师管理有一个全面而深入的理解，为理解后续章节的内容打下坚实的基础。

第一节　高校教师管理的概述

一、高校教师管理的定义

教师是完成教育教学任务的主要劳动者，也是教育教学过程的实际管理者、操作者。学校管理者对学校进行管理，应当树立依靠教师办学、教师管理的思想，合理安排使用教师，有效执行教师管理职能，建设专业配套、协调配合、结构合理、数量适度、具有较高素质和较强科研能力的教师队伍，这是学校教育兴旺和发达的必由之路。

高校教师管理的定义涵盖的范围广泛。作为教育领域的一部分，高校教师管理专注于构建和维护一个环境，使教师能够最大程度地发挥其专业能力，以促进学生的学习进步和个人发展。因此，理解高校教师管理的定义，需要考虑到教育过程中的各个要素，包括教师的能力、教学策略、学生的需求及教育机构的目标和环境等。

在最基础的层面，高校教师管理可以被理解为在大学或高等教育机构中进行教师的招聘、选拔、培训、评价、激励和保障等一系列管理活动的过程。这些活动被设计为在整个教育系统中发挥作用，以实现学术目标，提高教学质量，同时保证教师的职业满足和发展。

在更深的层面，高校教师管理是一个旨在建立一个平衡的系统，使教师、学生、教育机构和社会能够共享教育成果的过程。这个系统不仅需要保证教师能够有效地传授知识和技能，也需要考虑到教师的职业满意度和个人发展及如何影响学生的学习体验和结果。

而在最广泛的层面，高校教师管理是一种实践和理论的结合。这种结合提供了一种框架，用于理解和处理教师管理中的各种问题，如如何选择和培训教师，如何评估和激励教师，如何保障教师的权益及如何处理教师和学生、教育机构和社会之间的关系等。这个框架也提供了一种方式，用于产生和评估教师管理的新策略和实践，以应对教育领域和社会的不断变化。

高校教师管理的定义既包含具体的管理活动，也包含理论和实践的结合。通过理解这个定义，可以深入理解高校教师管理的目标和任务及如何实现这些目标和任务。

二、高校教师管理的重要性

高校教师管理是高等教育管理中的重要组成部分。合理有效的高校教师管理不仅可以优化教师资源，提高教学质量，而且有助于激发教师的创新精神，提高高校的整体水平，如图 1—1 所示。

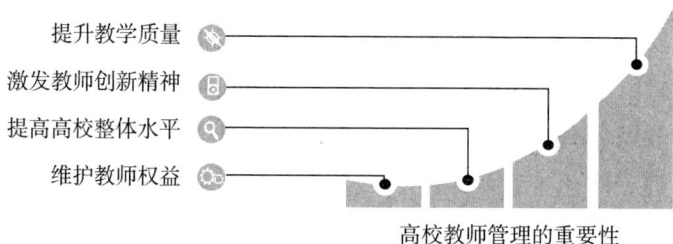

提升教学质量

激发教师创新精神

提高高校整体水平

维护教师权益

高校教师管理的重要性

图 1—1　高校教师管理的重要性

（一）提升教学质量

高校中，教师是最重要的教学资源。优秀的教师可以引导学生进行深入的学术研究，激发学生的学习兴趣，进而促进其全面发展。

1. 优化教师配备

高校教师管理可以确保教师队伍中拥有高素质、专业背景和教学经验丰富的教师。通过招聘和选拔程序，高校可以吸引到最优秀的教师加入，为学生提供高水平的教育。同时，教师管理还可以合理分配教师资源，确保各学科领域和教学任务都能得到适当的支持和关注。

2. 提供专业支持和发展机会

高校教师管理应该提供持续的专业支持和发展机会，以帮助教师不断提升自己的教学能力和学术素养。通过教师培训、研讨会、教学观摩等活动，教师可以学习最新的教学方法和教育理论，并将其应用到实际教学中。这些机会还可以促进教师之间的交流与合作，分享经验和最佳实践，提高整个教师团队的整体水平。

3. 建立教学质量评估机制

高校教师管理应该建立有效的教学质量评估机制，对教师的教学表现进行评估和监测。评估包括学生评价、同行评审、教学观摩等多个层面，全面了解教师在教学过程中的表现和效果。通过评估结果，高校可以及时发现教学中存在的问题并提供针对性的支持和改进措施，确保教学质量的持续提升。

4. 激励教师的教学热情和创新精神

高校教师管理应该激励教师保持对教学的热情和创新精神。通过给予教师充分的自主权和学术自由，鼓励教师在教学中尝试新的教学方法和教育技术，创造积极的教学环境。此外，高校还可以设立教学奖励机制，表彰教学卓越者和创新成果，进一步激发教师的积极性和教学激情。

通过有效的高校教师管理，可以提高教师的专业能力和教学素质，激发学生的学习兴趣，推动教学质量的不断提升。优秀的教师不仅能够传授知识，还能够培养学生的创新思维、批判性思维和问题解决能力，为社会培养出更多具有全面素养和实践能力的人才。

（二）激发教师创新精神

优秀的教师管理还可以通过激励机制激发教师的创新精神。

1.提供积极的激励机制

高校教师管理可以通过设立积极的激励机制来鼓励教师的创新。这包括奖励制度、荣誉称号、教学质量评估等，以表彰教师的创新成果和教学贡献。通过正向激励，教师会感受到自身努力的价值和重要性，进而激发出更多的创新灵感和动力。

2.提供资源支持

高校教师管理可以为教师提供充足的资源支持，以促进教师的创新活动。这包括研究经费、实验设备、教学技术等方面的支持。通过提供必要的资源，教师可以更自由地开展学术研究和教学实践，从而激发出更多的创新思维和实践。

3.鼓励合作与交流

高校教师管理应该鼓励教师之间的合作与交流，以促进创新的碰撞与共享。教师可以参与合作研究项目、组织教学观摩活动、参加学术会议等，与其他教师进行互动和合作。这种合作与交流可以促进思想的碰撞，激发出新的创意和想法，并促使教师在教学实践中尝试创新的教学方法和策略。

4.提供专业发展机会

高校教师管理应该提供专业发展机会，以帮助教师不断更新知识和提升教学能力。这包括教师培训、学术研讨会、教学研究项目等。通过参与这些机会，教师可以接触到最新的教育理论、研究成果和教学实践，从而激发出创新的思维和教学方法。

通过以上的教师管理措施，高校能够创造一个积极、支持创新的教学环境，激发教师的创新精神。

教师在获得支持和鼓励的同时，也会感受到自我对教育事业的重要性和责任感，进而积极地尝试创新的教学方法和研究方向。这不仅促进学术进步，也使学生受益于更具创新性和高质量的教学实践。

（三）提高高校整体水平

教师管理的核心目标是提高高校的整体水平。合理有效的教师管理可以使教师更好地履行教学和研究职责，将直接影响高校的整体发展。

1.教学质量的提升

教师管理可以通过评估教师的教学质量、提供反馈和专业发展机会等手段，帮助教师提升自己的教学能力和教学素养。优秀的教学质量将激发学生的学习兴趣、提高学习成果，并为高校树立良好的教育品牌形象。教师管理可以帮助教师掌握最新的教学方法和教育技术，引导教师开展创新的教学实践，从而提高整个高校的教学质量。

2.学术研究的推动

教师管理应该激发教师的学术研究热情，并提供支持和资源，推动教师开展高水平的学术研究。优秀的学术研究成果不仅能够提升教师的学术声誉和影响力，也能够提升高校的学术声誉和研究水平。高校教师管理可以提供良好的研究环境和研究资金，鼓励教师积极参与学术交流和国际合作，推动高校整体学术研究水平的提高。

3.教师队伍的优化

教师管理可以通过招聘和选拔、职称评聘、职业发展等方面来优化高校的教师队伍。高校应吸引和聘请具有高水平、专业背景和教学经验丰富的教师，形成一个优秀的教师团队。优秀的教师队伍将为高校带来高质量的教学和研究能力，提升整个高校的教学水平和学术实力。

4.影响力和知名度的提升

通过优秀的教师管理，高校能够吸引更多优秀的教师和学生加入，进一步提升高校的影响力和知名度。优秀的教师和学生将为高校带来卓越的学术成果、创新的教学实践和积极的社会影响力，进而吸引更多人才和资源的关注和投入。这将形成一个良性循环，推动高校整体水平的不断提升。

（四）维护教师权益

高校教师管理的另一个重要方面是维护教师的权益，包括确保教师的工资和福利、提供良好的工作环境、保障教师的学术自由等。只有当教师的权益得到保障，才能全身心地投入到教学和研究中，为高校的发展做出更大的贡献。

1.公平合理的工资和福利

高校教师管理应该确保教师获得公平合理的工资和福利待遇。合理的薪酬体系和福利政策可以激励教师的工作积极性和创造力，提高教师的满意度和工作稳定性。教师的高薪酬和完善的福利制度也可以吸引和留住优秀的教师人才，提升整个高校的教学质量和学术实力。

2.良好的工作环境

高校教师管理应该提供良好的工作环境，包括舒适的办公场所、教学设施和实验室等。良好的工作环境可以提高教师的工作效率和工作满意度，促进教学和研究的顺利进行。高校还应该关注教师的工作条件和安全，确保教师能够在安全、健康的环境中工作。

3.学术自由和专业发展

高校教师管理应该保障教师的学术自由和专业发展权益。教师应该有权自由表达学术观点和研究成果，不受不当干预和压力。高校应该为教师提供专业发展机会，如学术交流、参与研究项目和学术活动等，以促进教师的学术成长和进步。

4.公平公正的评价和晋升机制

高校教师管理应该建立公平公正的评价和晋升机制，以确保教师的工作成果和贡献得到公正评价和认可。教师的晋升和职称评定应该基于客观的标准和评估体系，避免任人唯亲和不公平的现象。公正的评价和晋升机制可以激励教师的积极性和对工作的努力，进一步提升教学质量和学术水平。

通过维护教师的权益，高校营造良好的教学和研究氛围，促进教师的投入和创新精神。教师在得到权益保障的同时，也会感受到高校对其贡献的认可和尊重，更加愿意为高校的发展贡献力量。这将为高校的整体发展提供坚实的基础和动力。

三、高校教师管理的目标

高校教师管理的目标是多元化且互相关联的，主要包括提升教学质量、促进教师发展、保证教学公平等，如图1—2所示。

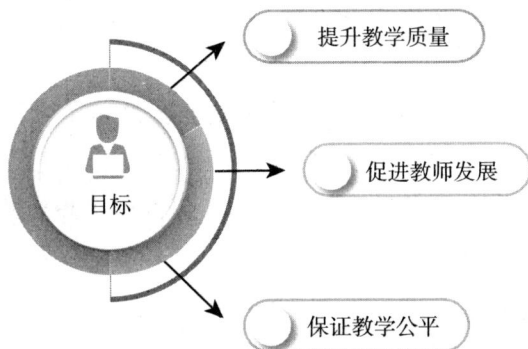

図1—2　高校教师管理的目标

（一）提升教学质量

高校教师管理的首要目标是提升教学质量。教师作为教学的主体，其教学质量直接关系到学生的学习效果和高校的教育质量。为了实现这一目标，高校教师管理采取了多种措施来促进教师的教学能力和专业素养的提高。

第一，高校教师管理注重定期进行教学评估。通过教学评估，学校能够对教师的教学效果和教学方法进行客观评价，及时发现问题并提供指导。评估包括学生的反馈、同行评议、教学观摩等方式，通过多方面的评估手段全面了解教师的教学表现。基于评估结果，学校可以为教师提供有针对性的培训和指导，帮助改进教学方法和策略，提升教学质量。

第二，高校教师管理提供教学培训和专业发展机会。学校为教师提供各类培训课程、研讨会和讲座等形式的专业培训，帮助教师不断更新教学理念和教学技能。这些培训可以涵盖教学方法、教育技术、课程设计等方面内容，帮助教师提高教学效果和教学创新能力。此外，学校还应鼓励教师积极参与学术交流和研究活动，提供支持和资源，促进教师在学术研究方面的成长和发展。

第三，高校教师管理鼓励教师使用新的教学方法和技术。随着教育技术的快速发展，学校鼓励教师探索和应用新的教学方法和技术，如在线教学平台、教学辅助工具和多媒体教学等。这些新技术和方法可以提高教学的互动性、趣味性和灵活性，激发学生的学习兴趣和积极性，进一步提升教学效果和质量。

高校教师管理致力于提升教师的教学能力和专业素养，以不断提高教学质量。这将有助于激发学生的学习热情和能动性，培养创新思维和批判能力，为高校培养更多优秀人才，提升整个高校的教育质量和影响力。

（二）促进教师发展

教师的个人发展是高校教师管理的重要目标之一。通过促进教师的个人发展，高校能够提升教师的教学能力和学术水平，进而推动整个高校的发展。

高校设立不同的职称和晋升阶段，为教师提供发展的目标和动力。教师可以通过积累教学经验、开展科研项目、获得学术成果等来符合晋升条件，提升职称和地位。这种晋升制度激励教师不断提升自身的教学水平和学术能力，促进教师的个人发展。

高校为教师提供各类培训、研讨会、学术交流等专业发展机会。教师可以参加这些活动，学习最新的教学理念、教育技术和学术研究成果，不断提升自己的专业素养和教学能力。专业发展机会使教师能够与同行交流经验、分享教学实践，并了解最新的教育趋势，为自己的教学提供更多的灵感和创新。

同时，高校教师管理鼓励教师参与学术研究和学术活动。教师可以申请研究项目、发表学术论文、参加学术会议等，积极投身于学术研究领域。通过参与学术研究，教师能够拓宽学术视野、增强学术能力，提升自身的学术水平。高校应该为教师提供支持和资源，如研究经费、实验设备和学术交流平台等，促进教师在学术研究方面的个人发展。

高校教师管理能够促进教师的个人发展，提升教师的教学能力和学术水平。教师的个人发展不仅有助于提升其教学质量，也为高校的整体发展和学术进步做出了重要贡献。同时，高校也将受益于教师个人发展带来的影响力和声誉的提升。

（三）保证教学公平

保证教学公平是高校教师管理的重要目标之一，包括对教师之间的公平对待及对学生之间的公平对待。教师管理者应该确保教师得到公正的待遇和机会，同时教师应以公平的态度对待每一位学生，不偏袒、不歧视，为所有学生提供公平的教育机会。

对于教师之间的公平，高校教师管理应确保教师得到公正的工资和福利待遇。教师的工资应根据其教学质量、教学成果和工作贡献进行评估，保证获得公正的薪酬。此外，教师管理者应建立公平的晋升机制，确保教师有公平的晋升机会，避免任人唯亲和不公平的现象。通过公平的晋升制度，高校能够激励教师不断提升自身的教学能力和学术素养。

对于学生之间的公平，教师应以公正的态度对待每一位学生。教师应遵循公平原则，不偏袒、不歧视任何一个学生，为所有学生提供平等的学习机会和资源。教师应根据学生的实际情况和潜力，给予适当的教学指导和关怀，帮助每个学生实现个人潜能。教师应积极倡导尊重和包容的教学氛围，鼓励学生相互尊重和合作，构建一个公平、和谐的学习环境。

教学公平的实现还需要高校教师管理者加强监督和评估工作。教师管理者应建立健全教学监督机制，确保教师的教学行为符合公平原则。同时，学校应加强对教师教学行为和学生成绩的评估，确保评价的客观、公正。通过监督和评估，学校能够及时发现教学中的不公平现象并予以纠正，保证教学的公平性和质量。

通过保证教师之间的公平待遇和机会及教师对待学生的公平态度，高校能够营造一个公正、平等的教育环境。这将有助于每位教师充分发挥自己的才能，为学生提供公平的教育机会和高质量的教育。同时，学生也能够在公平的教学环境中充分发挥自己的潜能，获得全面的成长和发展。

四、高校教师管理的范围

高校教师管理的范围广泛，涵盖了教师的招聘、培训、评估、激励各个环节。这些环节都是为了达到教师管理的最终目标，即提高教学质量、促进教师发展和确保教学公平，如图1—3所示。

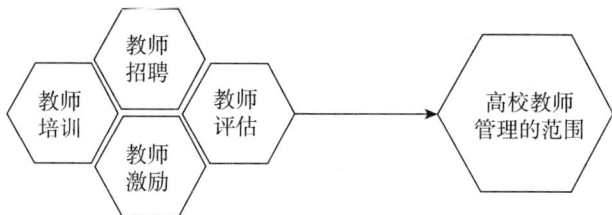

图1—3　高校教师管理的范围

（一）教师招聘

教师管理的首要环节是教师招聘。招聘活动对于高校吸引和留住优秀教师至关重要。为了确保招聘的成功，高校管理者需要采取一系列措施，以确保招聘流程的公平公正、职位描述的清晰明确，并吸引最适合的候选人。同时，招聘过程还应考虑到高校的长期发展目标和需求，以招聘到能够为高校实现其目标做出贡献的教师。

高校管理者应确保招聘流程的公平公正。招聘流程应遵循一定的程序和规范，公开透明地进行。招聘广告应准确描述岗位职责和要求，确保所有潜在候选人都能了解到招聘的信息。在面试和评估过程中，应采取客观公正的标准，避免任人唯亲和主观偏见的影响。同时，招聘结果应及时公布，给予所有候选人公平的反馈和处理。

高校管理者应制定准确的岗位描述和要求，明确教师在岗位上需要具备的技能、背景和经验。清晰的职位描述有助于吸引到最适合岗位要求的候选人，避免招聘误导和资源浪费。高校管理者还可以明确岗位的长期发展方向和目标，以便招聘到具备适应性和发展潜力的教师。

此外，招聘过程应考虑到高校的长期发展目标和需求。高校管理者需要充分了解高校的发展方向和战略规划，明确教师在实现这些目标中的角色和职责。在招聘过程中，应注重候选人的专业背景、学术能力和教学经验，以确保招聘到能够为高校发展做出贡献的教师。还需要考虑候选人的创新能力、团队合作精神和适应性，以适应不断变化的高校环境和教育需求。

（二）教师培训

招聘优秀的教师只是高校教师管理的第一步，接下来的关键环节是通过培训来提升教师的教学技能和知识水平。教师培训是一项持续性的工作，旨在不断提升教师的专业素养和教学能力。通过提供新教师入职培训、定期的专业发展培训及丰富的教学和研究资源，高校能够帮助教师更好地满足学生的学习需求，同时也能提升教师的职业素养和能力水平。

针对新教师，高校教师管理可以提供入职培训，帮助其熟悉学校的教学理念、教育政策、教学资源和教学环境等。入职培训包括学校的教育使命和价值观、教学规范和要求及学校内部的教学资源和支持系统等。这样的培训可以帮助新教师更快地适应学校的文化和工作环境，为其顺利展开教学工作打下良好的基础。

定期的专业发展培训对于教师的成长至关重要。高校教师管理者可以组织各种形式的培训活动，如研讨会、讲座、工作坊等，以帮助教师更新教学理念、学习最新的教育技术和教学方法。这些培训活动还可以促进教师之间的交流与合作，分享教学经验和最佳实践。同时，高校还可以鼓励教师参与学术研究和教育创新项目，提供资源和支持，促进教师在学术领域的成长和进步。

除了培训活动，高校还应提供丰富的教学和研究资源，以支持教师的教学和学术发展。这些资源包括图书馆、实验室、科研设备、教学技术支持等。高校可以建立和完善教学资源中心，提供教学参考资料、教学工具和技术支持，帮助教师更好地准备和开展教学活动。此外，高校还可以鼓励教师参加学术会议、研讨会和教学研讨会等，提供经费和机会，促进教师的学术交流和专业成长。

通过教师培训，高校能够不断提升教师的教学能力、专业素养和创新能力。这将直接影响到教学质量的提高和学生的学习效果。同时，教师培训还能激发教师的职业发展动力，增强教师的工作满意度和敬业精神。

（三）教师评估

教师评估是高校教师管理的重要组成部分。通过对教师的教学质量、研究成果、服务态度等各方面进行评估，高校能够确保教师达到预期的工作标准，提供质量保障，并为教师提供更有针对性的支持和指导。

教师评估有助于确保教师的教学质量。通过对教师的课堂教学进行观察和评估，高校能够了解教师的教学效果、教学方法的创新程度及学生对教学的反馈等。这可以帮助学校及时发现教学中存在的问题，提供指导和支持，促进教师教学质量的提升。

教师评估可以衡量教师的研究成果和学术贡献。高校教师通常要进行科研工作、发表学术论文、参与学术交流等，学校通过评估教师的研究成果和学术贡献，可以了解教师在学术领域的影响力和贡献度，同时也可以鼓励教师积极从事学术研究，提升学校的学术声誉和影响力。

此外，教师评估还可以考察教师的服务态度和职业素养。教师在学校中不仅承担教学任务，还要与学生、同事、家长等进行沟通和交流。通过评估教师的服务态度和职业素养，高校能够了解教师在服务方面的表现，为教师提供相关培训和支持，提高教师的服务意识和能力。

教师评估应该具有科学性、客观性和公正性。评估过程应该有明确的标准和指标，采取多种评估方法，如课堂观察、学生反馈、同行评议等。评估结果应及时反馈给教师，并提供个性化的指导和支持，帮助教师改进教学方法和提高工作水平。

通过教师评估，高校能够确保教师达到预期的工作标准，提供质量保障，并为教师的成长和发展提供有效的支持和指导。同时，教师评估也有助于高校更好地了解教师的优势和挑战，制定相应的培训计划和发展策略，提升整体教学质量和学校的声誉。

（四）教师激励

教师激励是高校教师管理中至关重要的一环。通过物质和精神两方面的激励方式，管理者可以鼓励教师提升教学质量，进行学术创新，积极参与高校的各项工作。

首先，物质激励是教师激励的重要手段之一。管理者可以通过薪资提升、奖金、福利待遇等方式给予教师物质上的回报和激励。薪资提升可以根据教师的教学质量、学术成果和工作表现进行评估，激励教师在教学和研究方面取得更好的成果。此外，管理者还可以设立奖金制度，根据教师的教学成绩、学术研究、科研项目等给予额外的激励和奖励。这些物质激励措施可以直接激发教师的积极性和工作动力，促使其更加努力地提升教学质量和学术水平。

其次，精神激励也是教师激励的重要方面。通过公开表扬、荣誉称号、教学成果展示等方式，管理者可以给予教师精神上的认可和激励。公开表扬和授予荣誉称号能够提高教师的自豪感和荣誉感，激励教师在教学和学术研究方面取得更好的成就。此外，组织教学成果展示和学术交流活动，为教师提供展示自己成果的机会，增强教师的自信心和教学热情。精神激励不仅能够提升教师的工作满意度和幸福感，也能够激发创新精神和教学热情。

在教师激励中，管理者还应注重个性化和差异化。不同教师的需求和动力因素各不相同，因此激励措施也应因人而异。管理者可以与教师进行沟通和交流，了解个人的期望和目标，制定个性化的激励方案。同时，管理者还应建立公平公正的激励机制，确保激励的公正性和透明性，避免任人唯亲和不公平的现象。

通过物质和精神两方面的激励，高校管理者能够激发教师的工作动力、创新精神和教学热情。这将促进教师的持续发展和进步，提高整体的教学质量和学校的声誉。同时，教师激励也有助于提升教师的工作满意度和敬业精神，增强对学校的归属感和忠诚度。

第二节 高校教师管理的发展历程

高校教师管理经历了由传统的命令与控制模式向参与式管理模式的转变，并在政策、社会、学术等因素的影响下，发生了许多重要的发展和变化。

一、教师管理的历史演变

教师管理的历史起源与教育历史的发展紧密相关。在工业革命以前，教育主要在家庭和教堂中进行，没有专门的教师管理。然而，随着工业化的发展，学校教育开始成为主流，这使得对教师的管理成为必要措施。

最初的教师管理模式类似于工业化时期的工厂管理模式，这种模式主要采用命令与控制的方式，管理者对教师的行为进行严格的规定和监控。在这个模式下，教师主要是执行者，其职责是按照管理者的指示进行教学，很少有机会参与决策和发挥创新与创造力。

然而，随着社会和教育环境的变化，人们开始认识到这种传统的管理模式存在许多问题。首先，它忽视了教师的个性和创新精神，限制了教育的发展。其次，它不能满足学生的多元化学习需求，也不能提高教学质量。最后，它忽视了教师的职业发展，影响了教师的工作满意度和留任率。

现代的教师管理开始向参与式管理模式转变。这种模式强调教师的自主性和职业发展，鼓励教师参与决策，提高教师的工作满意度。在这个模式下，教师不仅是执行者，也是决策者和创新者，可以根据学生的需求和自己的专业知识，灵活调整教学方法和内容，从而提高教学质量和教育效果。

教师管理的历史起源是一个从命令与控制模式向参与式管理模式转

变的过程，这个过程反映了社会和教育环境的变化好对教师和教育的理解的深化。

二、高校教师管理的历史进程

高等教育的历史演变明确表明，大学教师的发展制度与我国高等教育制度的演进是紧密相关的。每个发展阶段都以课程和教学的改革作为切入点，这些改革都为教师的发展制度注入了独特的内涵和价值。大学教师发展制度的变化和价值定位是相辅相成的，每个阶段的目标和价值取向的不同，决定了为其服务的制度体系也必然有所差异。

回溯我国新中国成立以来大学教师的课程和教学发展历程，制度的演变可以概括为以下三个阶段，如图1—4所示。

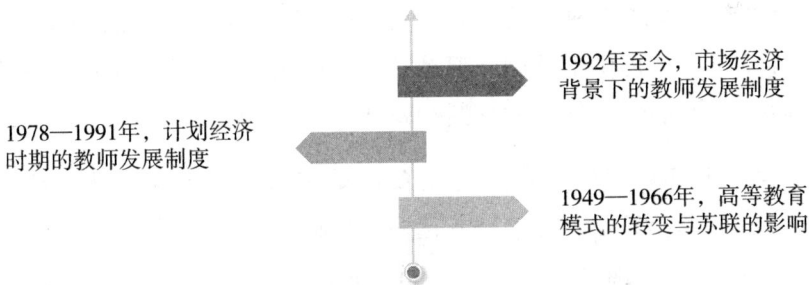

1992年至今，市场经济背景下的教师发展制度

1978—1991年，计划经济时期的教师发展制度

1949—1966年，高等教育模式的转变与苏联的影响

图1—4　我国教师管理的发展阶段

（一）1949—1966年，高等教育模式的转变与苏联的影响

新中国成立初期为第一阶段前期（1949—1956），中国的大学教育受到了苏联教育模式的深刻影响。这期间，中国的教育系统对苏联模式进行了全面的学习和借鉴，包括大学课程和教学方法。为了实现这个目标，《人民日报》在1949年9月14日发表了题为《认真实施文法学院的新课程》的文章，强调了学习苏联大学教育经验的重要性。同时，中国从苏联聘请了大量的专家，对中国的大学教师进行了培训，以苏联的高等教育模式为蓝本。

这个阶段的教育强调的是意识形态，被看作党的首要任务，目标是培养"无产阶级知识分子"。教师的课程和教学制度的主要价值取向是强化教育为无产阶级政治服务、与生产劳动相结合的方针下教育的政治功能。

第一阶段后期（1957—1966）的教育制度则是一个"不完全的"苏联模式。这个阶段的特点是对前一阶段全盘苏化的反思和修正。毛泽东在《论十大关系》一文中指出："我们的方针是，一切民族的、一切国家的长处都要学，但是，必须有分析有批判地学，不能盲目地学，不能一切照抄，机械搬用，他们的短处、缺点，当然不要学。"伴随着这一反思，自1958年开始，中国进入了第二次课程制度改革阶段。这个阶段的教育制度进行了一些调整，如精减院校、压缩课程等。

在这个阶段，教师也被提出了新的要求，要求在科学和哲学社会科学中进行自由探讨，鼓励不同的学派和学术见解，同时也需要研究和批判现代资产阶级的各种学说。这些规定为大学教师在更加宽松的课程和教学环境中发展提供了基础。但是，由于中国与苏联的政治制度相同，这个阶段的教育改革并未完全摆脱苏联模式的影响。

（二）1978—1991年，计划经济时期的教师发展制度

从1978—1991年，是我国高等教育教师发展制度的第二个阶段，也是计划经济时期的阶段。在这个阶段，我国政府启动了第三次课程制度改革，并重视高校教师队伍的建设，特别是在职教师的培训工作被提升到重要位置。

在这一阶段，教师发展制度在一定程度上体现了计划经济时代政府导向及"齐步走"的基本特征。政府主导和计划经济的思维方式影响了教师的发展。政府根据国家的需求和发展目标，制定了一系列教育政策和计划，包括教师的培训计划和发展规划等。教师的培训工作得到了更多的投入和关注，通过组织各类培训班、学习研讨会和学术交流等形式，提升教师的专业水平和教学能力。

在这一阶段，教师的参与度和话语权仍然相对较低。教师在课程与教学改革中的作用发挥有限。由于计划经济的模式，教师往往被视为执行者和传递者，教学内容和方法往往由政府和教育部门统一规划和决策。因此，教师在教学过程中的自主性和创新性受到一定程度的限制。

这个阶段也为教师发展带来了一些积极的变化。政府对教师培训的重视，为教师提供了更多学习和成长的机会。教师通过培训和学习，能够了解最新的教育理念和教学方法，提高自身的专业素养和教学能力。此外，这一阶段还推动了教师队伍的规范化和专业化建设，加强了教师的管理和职业发展。

尽管教师在课程与教学改革中的作用相对有限，但这一阶段为后续的教育改革奠定了基础。在一定程度上推动了教师发展制度的改革，加强了教师的职业培训和发展，为教师的专业成长提供了基础条件。同时，也为教师在教育改革的道路上积累了经验和启示，为后续的教育改革提供了重要的借鉴和指导。

（三）1992年至今，市场经济背景下的教师发展制度

从1992年至今，是我国教师发展制度的第三个阶段，也是在市场经济背景下的阶段。在这个阶段，我国颁布了《中华人民共和国教师法》等多项法律、法规，大大提高了教师的社会地位和权益保障。教师的专业技术职务评审也从身份评审向岗位聘任转变，更加注重教师的实际工作表现和能力。

在这一阶段，教师发展制度的价值取向发生了重大变化。从过去只关注大学教师的学术发展转向关注大学教师学术课程与教学能力的共同发展。传统上，大学教师的发展主要以学术研究为导向，而在市场经济背景下，教学能力的重要性得到了更多的认识和重视。教师需要在学术研究和教学实践两方面取得平衡和协调，提高教学水平和培养学生的能力。

此外，教师发展制度也从过去只关注整齐划一的教师发展模式转向关注多元并举的教师发展制度。教师的个体差异和专业需求得到更多的重视和尊重，教师的发展路径变得更加多样化。教师可以根据自身的兴趣、特长和需求选择适合自己的发展方向，参与各种形式的教育培训和学术交流。

在市场经济背景下，教师发展制度的目标也发生了变化，从过去只关注教师发展的外在推力，如政策支持和管理导向等转向关注教师发展的内在动力。教师的个人发展动力和自主权利得到更多的重视，鼓励教

师积极参与专业发展和学术研究，提高自身的专业水平和教学能力。

在这一阶段，我国教师发展制度不仅注重教师的专业发展，也更加关注教师的职业发展和个人成长。教师发展的目标是提升教师的综合素质，促进其在教学、科研、服务和管理等方面的全面发展，从而更好地适应现代高等教育的需求和挑战。

三、高校教师管理的发展现状

（一）教师的自主性

在过去，教师往往扮演着传授知识和执行教学计划的角色，缺乏较大的自主权和决策权。然而，随着教育理念的转变和高等教育的发展，越来越多的高校开始重视教师的自主性。

教师的自主性体现在多个方面。高校教师被鼓励根据自己的专业兴趣和研究方向进行教学和研究，可以自主选择教授的课程内容、教学方法和教材，并且根据学生的需求和特点进行教学设计。同时，教师也被鼓励参与学术研究和学科发展，开展独立的科研项目和学术探索，推动学科的进步和创新。

教师的自主性还表现在教学活动的组织和管理上。教师可以自主决定教学时间安排、教学方式和教学评价方法，更好地适应学生的学习需求和教学环境的变化。同时，教师还可以自主参与教学改革和教师发展的决策过程，发表自己的意见和建议，共同推动高校教育的发展和进步。

教师自主性的提升对于高校教师管理具有积极意义。首先，教师的自主性能够激发工作热情和创新精神，提高教学质量和学术水平。其次，当教师能够在自己擅长的领域进行教学和研究时，会更加投入和专注，产生更好的教学效果和研究成果。

教师的自主性也能够促进教师的个人成长和发展。通过自主选择教学和研究内容，教师能够不断提升自己的专业素养和教学能力。同时，教师也可以在教学实践中不断反思和改进，积累丰富的教学经验，形成自己的教学风格和特色。

教师的自主性也有助于培养学生的创新能力和自主学习能力。当教师能够提供多样化的教学内容和教学方法时，学生可以更好地发展自己的学习兴趣和能力，培养独立思考和解决问题的能力。

然而，教师自主性的提升也面临一些挑战。一方面，教师需要具备一定的专业素养和教学经验，才能更好地发挥自主性。另一方面，学校管理者需要提供良好的支持和资源，为教师的自主发展创造条件和环境。教师管理者应该建立有效的沟通和协作机制，促进教师与学校管理层之间的合作与互动，共同推动教师自主性的发展和高校教育的提升。

（二）教师的职业发展

职业发展是现代高校教师管理体系的重要组成部分。高校管理者鼓励教师不断学习、进步，促进其职业发展，致力于提升教师的专业水平和学术素养。

在现代高校管理体系中，教师职业发展的重要手段之一是提供各种培训和学术交流的机会。高校会定期组织教师培训课程、研讨会、学术会议等活动，为教师提供更新的教学理念、教学方法和教育技术知识。这些培训和交流活动不仅能够帮助教师了解最新的教育发展动态，还能促进教师之间的互动和合作，激发创新思维和学术研究的动力。

现代高校管理体系还鼓励教师进行跨学科和多领域的研究。教师可以自主选择自己感兴趣的研究领域，积极参与学科交叉和跨学科研究项目。这种跨学科和多领域的研究能够拓宽教师的学术视野，培养综合素质和创新能力。同时，这也为高校创新研究和学科交叉提供了重要的支持和推动力。

在教师职业发展中，高校管理者还注重建立良好的评价和激励机制。教师的职业发展应与其教学质量、学术研究和专业发展等因素相关联。高校可以建立科学合理的评估体系，对教师的工作进行综合评价，并给予相应的激励和奖励，如晋升、薪酬调整、学术荣誉等。这样的评价和激励机制能够激发教师的工作动力和积极性，推动教师的职业发展。

（三）教师的评估和激励制度

第一，评估和激励制度是现代高校教师管理的重要组成部分。高校管理者建立公正公平的评估体系，通过绩效评价、教学评估等方式来评价教师的工作表现，并根据评估结果对教师进行奖励和激励。

第二，绩效评价是评估教师工作表现的重要手段之一。通过绩效评价，可以全面、客观地评估教师在教学、科研、服务和管理等方面的工作表现。评价指标包括教学效果、学术研究成果、学生评价、同行评议等多个方面。高校管理者会制定明确的评价标准和流程，确保评估的公正性和客观性。

第三，教学评估是评价教师教学能力和教学效果的重要方法。通过教学评估，可以了解教师在教学过程中的表现和学生对教学质量的评价。教学评估可以通过学生评价、同行评议、教学观摩等形式进行。评估结果可以用于教师的奖励和激励，如教学优秀奖、教学改革项目的支持等。

在评估的基础上，高校管理者还制定相应的激励措施，以激励教师不断提升自己的教学和研究水平。激励措施包括晋升、薪资调整、奖金、学术荣誉等形式。这些激励措施不仅可以鼓励教师在教学和科研方面取得更好的成绩，还可以提升教师的工作动力和积极性。

评估和激励制度的建立有助于提高教师的工作质量和教学效果，激发教师的积极性和创造力。同时，公正公平的评估和激励制度也增加了教师间的竞争和合作氛围，推动高校教育的发展和进步。评估和激励制度的有效实施需要高校管理者具备专业的评估能力和敏锐的判断力，同时也需要教师积极参与评估过程，共同推动教师的发展和高校教育的提升。

第三节　高校教师管理的应用理论

一、人力资源管理理论

第一，招聘和选拔是教师管理的首要环节。人力资源管理理论强调对招聘和选拔过程的科学化管理，目标是找到最符合组织需求的人才。在高校教师管理中，这就要求管理者准确地定义教师岗位的要求，设计出公正、公平、透明的选拔流程，并确保招聘广告在合适的渠道投放，以吸引更多的优秀教师候选人。同时，招聘和选拔过程还需要考虑候选人的专业背景、教学能力、研究潜力和个人素质等多方面的因素，确保挑选出的教师既符合岗位需求，又能融入高校的文化和环境当中。

第二，培训和专业发展是提升教师能力的重要途径。根据人力资源管理理论，管理者应根据教师的需求和岗位要求，设计出合适的培训和发展计划。例如，新聘教师可能需要进行教学技能的培训，而资深教师则可能需要进行学术前沿或领导能力的进修等。同时，管理者还应鼓励教师参与各类学术会议和研讨会，扩展教师的专业视野，激发教师的学术创新。

第三，评估和激励是提升教师工作积极性的关键环节。人力资源管理理论强调对员工工作表现的持续评估和适当激励。在高校教师管理中，评估和激励机制应基于教师的教学质量、研究成果、服务贡献等多个维度。通过定期的教师评估，管理者可以了解教师的工作状况，发现教师的优点和问题，并提供反馈和帮助。同时，通过激励机制，如晋升机会、奖金奖励、科研基金等，管理者可以激励教师更好地工作，提升教师的满意度和忠诚度。

人力资源管理理论为高校教师管理提供了一套全面、科学的方法和工具，有助于提升教师的工作效能和满意度，推动高校的整体发展。

二、教育心理学理论

教育心理学理论在高校教师管理中的应用是关于理解教师的行为、需求和动机，并采取相应的措施来满足和引导教师的发展。

需求层次理论可以应用于高校教师管理中。该理论将人类需求划分为生理需求、安全需求、社交需求、尊重需求和自我实现需求等层次。在教师管理中，管理者可以通过提供稳定的工作环境和薪资福利，满足教师的生理和安全需求；同时，营造积极的团队氛围和互动平台，满足教师的社交需求。管理者还可以给予教师合理的赞扬和认可，满足学生的尊重需求。此外，通过提供专业发展机会和支持，帮助教师实现个人目标和自我需求。

首先，行为主义理论和认知主义理论在教师培训和激励中有重要应用。行为主义理论强调通过正向和负向激励来塑造与增强教师的期望行为，管理者可以利用奖励和惩罚机制，激励教师展现出良好的教学和研究行为。同时，认知主义理论关注教师的认知过程和思维方式，管理者可以通过提供有针对性的培训和支持，帮助教师掌握更有效的教学和研究策略，促进其学习和专业发展。

其次，教育心理学理论还可应用于教师激励和自我调节等方面。例如，自我决定理论强调满足教师的自主性、归属感和自我价值感，管理者可以提供一定程度的自主性和参与决策的机会，增强教师的工作动机和满意度。教师自我调节理论关注教师如何设定目标、监控进展和调整策略，管理者可以支持教师设定明确的目标，提供反馈和支持，帮助学生更好地管理和调整自己的学习和教学过程。

教育心理学理论在高校教师管理中的应用，通过理解教师的行为、需求和动机，管理者可以更好地设计培训计划、激励机制和支持措施，促进教师的个人发展和工作满意度，从而提升教学质量和高校整体水平。

三、组织行为学理论

领导力理论是组织行为学中的重要理论之一，可以应用于高校教师管理中的领导和指导教师的过程。管理者可以运用不同的领导风格，如任务导向型领导、关系导向型领导或变革型领导，根据教师的需求和特点来进行管理。领导者还可以通过激励和赋权，激发教师的工作动力和创新能力，促进教师的个人发展和组织目标的实现。

首先，团队动态理论可以应用于高校教师管理中的团队建设和协作。教师需要在团队中合作，共同完成教学和科研任务。管理者可以根据团队成员的能力和特点，促进有效的团队协作和沟通。通过明确角色和责任、建立良好的团队氛围、提供适当的资源和支持，管理者可以帮助教师团队更好地协同工作，提高工作效率和成果。

其次，决策理论可以帮助管理者在高校教师管理中做出明智的决策。教师管理中涉及的决策包括教师招聘、培训计划安排、激励措施制定等。

理解决策理论可以帮助管理者更好地分析和评估不同决策方案的优劣，考虑利益相关者的意见和需求，并最终做出符合组织利益的决策。

最后，变革管理理论对于高校教师管理中的改革和变革至关重要。高校面临着不断变化的教育环境和需求，管理者需要适应变革，并有效地管理变革过程。理解变革管理理论可以帮助管理者制定变革策略、沟通变革目标、提供支持和培训及应对可能出现的变革阻力和挑战。

组织行为学理论在高校教师管理中的应用可以帮助管理者理解和改进教师的管理。通过应用领导力理论、团队动态理论、决策理论和变革管理理论，管理者可以更好地指导教师、促进团队协作、做出明智的决策，并有效应对变革。这将有助于提升教师管理的效果和高校整体的发展。

四、公平理论

公平的评估体系是高校教师管理中的重要组成部分。教师的工作表现应该通过公正、公开、透明的评估方式来进行评判，确保评估结果的公平性和客观性。评估标准应该明确、合理，并与教师的职责和岗位要求相匹配。管理者应当确保评估程序的公平性，避免主观偏见和不当行为的影响，让教师在公正的评估下展现自己的真实水平。

激励机制应当根据教师的贡献和成绩进行公平分配。管理者需要确保激励措施的设计和实施具有公平性，避免出现任性、偏袒或不公正的情况。激励机制应与教师的工作表现和发展目标相契合，激励的分配应该公开透明、可衡量和可验证，让教师感受到公平和公正的待遇。

管理者还应重视教师的参与和反馈，营造公平和开放的沟通氛围。教师应被允许表达自己的意见、需求和关切，管理者应认真倾听和考虑教师的声音，对教师的反馈应及时回应，并采取相应的行动来解决问题和改进管理措施。这种开放和公平的沟通氛围能够增加教师的参与感和归属感，提升整体教师管理的效果和满意度。

公平理论在高校教师管理的应用中强调评估体系的公平性、激励机制的公平分配及公开透明的沟通与参与。通过确保教师评估和激励活动的公平性，管理者能够建立良好的工作氛围，增加教师的工作动力和参与度，进一步提升教学质量和高校的整体发展。

五、学习型组织理论

高校应该提供支持和资源，鼓励教师积极从事学术研究，推动知识的创造和创新。通过参与学术研究项目、发表学术论文和参加学术会议等活动，教师可以不断扩展自己的学术领域，提高专业水平，并将研究成果应用到教学实践中。

促进教师间的知识交流和合作是学习型组织理论的重要内容之一。管理者可以通过组织学术研讨会、教师交流计划和团队项目等形式，营造良好的知识分享和合作的氛围。教师之间可以互相借鉴和学习，共同解决教学和研究中的问题，促进教师间的互动和合作，进一步提升整体的教学质量和学术水平。

高校应提供多样化的培训和发展机会，帮助教师提升自身的专业素养和教学能力。这包括参与教师培训项目、提供个人发展计划和指导、支持教师参与学位和学历的进修等。通过支持教师的职业发展，管理者能够激发教师的学习动力，提升其专业能力，并推动组织的创新和进步。

学习型组织理论在高校教师管理中的应用能够促进教师的职业发展和组织创新。通过鼓励教师的学术研究、促进教师间的知识交流和合作及支持教师的职业发展，管理者能够营造一个积极的学习环境，激发教师的学习动力和创新能力，进一步提升教学质量和组织的竞争力。

第二章 高校教师的角色与职责

第一节 高校教师的角色定位

在现代高等教育中，教师的角色定位多元且复杂。其既是教育者，通过设计课程、选择教学方法和评估学生的学习来传递知识；又是学者，通过进行学术研究，推动学科的发展并把最新的研究成果融入教学中；还是学生的导师，提供职业和生活的指导，帮助学生形成独立的思考能力；同时，也是学校社区的重要组成部分，参与决策，维护学校文化。然而，这些角色可能会带来冲突和挑战。因此，教师需要学会在不同的角色间进行平衡，尽可能地发挥其在各个角色中的优势，以实现职业发展和高等教育的目标。

一、教育者角色

教师作为教育者在高校教育中扮演着重要的角色，其主要职责是传授知识、启发学生思维并培养学生技能，如图2—1所示。

图 2—1　高校教师教育者角色定位

（一）课程设计——确保教学内容与学生学习目标相匹配

在教师作为教育者的角色中，课程设计是非常重要的一项任务。教师需要通过课程设计来确保教学内容与学生的学习目标相匹配，从而为学生提供有效的学习体验。

第一，课程设计要关注学生的学习目标。教师应明确学生该达到的知识、技能和能力，以此为基础来确定课程的目标。通过明确的学习目标，教师能够有针对性地选择和组织教学内容，确保课程的连贯性和有效性。

第二，教师需要考虑学科的要求和学生的背景。不同学科有不同的教学要求和特点，而学生的背景和先前知识水平也会影响学习。教师需要充分了解学科领域的知识和最新发展及学生的背景和需求，从而将课程设计为适合学生的学习路径。

第三，课程设计需要综合考虑教学资源和教学方法。教师应根据教学资源的可用性和适用性，选择合适的教材、教具和技术支持。同时，教师也需要根据教学方法的多样性，选择适合不同学习风格和需求的教学策略。这些策略包括讲授、讨论、小组合作、实践活动等多种教学方法的灵活运用。

教师可以通过引入有趣的案例、开展互动式的教学活动、提供实践机会等方式，激发学生的好奇心和积极性。课程设计应考虑到学生的兴趣和需求，创造积极的学习氛围，让学生主动参与和探索。

第四，课程设计在教师作为教育者的角色中扮演着重要的角色。通过合理的课程设计，教师能够确保教学内容与学生的学习目标相匹配，激发学生的学习兴趣和动力，并提供有效的学习体验。这有助于培养学生的学习能力、思维能力和创新能力，为学生的学术和职业发展打下坚实的基础。

（二）选择合适的教学方法和策略——有效地传授知识

在教师作为教育者的角色中，选择合适的教学方法和策略至关重要。教师需要根据不同学科和学生群体的特点，运用多种教学方法来有效地传授知识和培养学生的能力。

不同学科和学生群体可能需要不同的教学方法，不同学科的教学目标和内容差异较大，因此教师需要根据学科特点来选择相应的教学方法。例如，在艺术类学科中，教师可以采用展示和实践相结合的方式，让学生通过观察和实际操作来学习和掌握艺术技巧。而在理论学科中，教师可以采用讲授、讨论和案例分析等方法，帮助学生理解和应用相关概念。

教师可以运用多种教学方法来激发学生的思维、培养创新能力和解决问题的能力。传统的讲授方法只是向学生传授知识，但对于培养学生的思维能力和创新能力可能有限。因此，教师可以采用讨论、问题解决、小组合作和项目研究等教学方法，鼓励学生主动参与、提出问题和寻找解决方案。这样的教学方法能够培养学生的批判性思维、创造性思维和团队合作能力，使学生成为主动学习者和问题解决者。

教师还可以运用现代技术和教育工具，增加课堂互动和学习的多样性。现代技术和教育工具如电子白板、多媒体资源、在线学习平台等，为教师提供了丰富的教学资源和互动手段。教师可以通过利用这些工具，设计互动式的教学活动，激发学生的兴趣和参与度。例如，通过在线讨论和合作项目，学生可以在虚拟环境中进行学习和合作，拓展思维和技能。

选择合适的教学方法和策略对于教师有效地传授知识和培养学生能力至关重要。教师应根据不同学科和学生群体的特点，灵活运用讲授、讨论、案例分析、实验、实践等多种教学方法，结合现代技术和教育工具，创造多样化的学习环境和体验，激发学生的思维、培养创新能力和解决问题的能力，这将促进学生的全面发展和学习成果的提升。

（三）有效的学生评估——了解学生的学习进展和提供及时反馈

在教师的角色中，进行有效的学生评估是至关重要的。评估的目的是了解学生的学习进展和对内容的掌握程度，为学生提供及时的反馈和指导，以促进其学习的持续发展。

首先，评估应具有公正性和准确性。教师需要确保评估方法公正，能够客观地衡量学生对知识和技能的掌握程度。评估应基于明确的评价标准，避免主观偏见和歧视。同时，评估结果应准确反映学生的真实水平，以便教师能够准确地了解学生的学习进展并提供相应的支持和指导。

教师可以采用多种评估方法，以全面了解学生的学习成果和发展方向。传统的评估方法（如考试和作业）可以衡量学生对掌握和理解能力，而项目、小组讨论和个人演示等形式的评估则能够更全面地评估学生的解决问题能力和应用能力。通过多样化的评估方法，教师能够获得更全面和准确的学生表现，从而更好地了解其学习情况。

其次，评估还应提供及时的反馈和指导。教师应当及时回馈学生的评估结果，向其解释评估标准，并提供具体的建议和改进方向。通过及时地反馈，学生可以了解自己的学习情况，发现和纠正错误，改进学习策略，进一步提升学习成果。教师还可以与学生进行个别或小组讨论，详细讨论评估结果，帮助学生理解自己的强项和需改进的方面，并制订个性化的学习计划。

教师需要进行有效的学生评估，以了解学生的学习进展并提供及时的反馈和指导。评估应具有公正性和准确性，采用多种评估方法，提供全面的学生表现信息。同时，评估应提供及时的反馈和指导，帮助学生理解自己的学习情况并提升学习成果。这将有助于教师和学生共同实现教学目标，推动学校教育的质量和发展。

（四）导师和指导者角色——提供学术和职业发展的指导

教师在高校教师的角色中还扮演着导师和指导者，不仅是知识的传授者，还应承担起指导学生学术和职业发展的责任。

第一，教师可以与学生建立密切的师生关系。通过与学生的交流和互动，教师能够更好地了解学生的个性、兴趣和需求等。这有助于教师更精确地指导学生的学术和职业发展，以满足学生的个体化需求。

第二，教师可以为学生提供学术和职业规划方面的建议和支持。教师可以与学生讨论学术领域的选择、研究兴趣的发展和职业发展的路径。通过分享自己的经验和知识，教师能够帮助学生明确自己的目标，并制订相应的学术和职业发展计划。

第三，教师可以鼓励学生参与学术研究、实习、社会实践等活动，以培养学生的综合素质和职业能力。教师可以为学生提供机会参与教师的研究项目或实验室工作，从而提升学生的学术研究能力。同时，教师还可以引导学生寻找实习和社会实践的机会，帮助学生在实践中学习和发展。

教师在导师和指导者的角色中不仅需要传授知识，还应提供学术和职业发展方面的指导。通过与学生建立密切的师生关系、提供学术和职业规划的建议与支持及鼓励学生参与学术研究和实践活动，教师能够帮助学生全面发展并实现个人的学术和职业目标。这有助于学生在学习过程中获得更多的指导和支持，提高其学术素养和职业能力。

二、学者角色

学者角色要求教师在研究、教学、交流、社会参与和持续学习等多个方面发挥积极的作用，以推动学术和教育的发展，服务于学生和社会，如图 2—2 所示。

图 2—2　高校教师学者角色定位

（一）深入研究

积极开展深入的学术研究，不断追求知识的深度和广度。这涉及选择并深入研究有价值的学术问题及开展富有创新性的科学研究，为学科领域的知识和理论进步做出贡献。

教师需要选择并深入研究有价值的学术问题。在学科领域中存在着众多的研究问题和待解决的难题，教师需要根据自己的专业领域和兴趣，选择具有重要性和实际意义的研究问题。这些问题可能涉及学科的前沿领域、学科内的知识空白或现实应用需求等。通过深入研究这些问题，教师可以对学科的理论、方法和实践做出有价值的贡献。

进行富有创新性的科学研究，创新是推动学科进步和发展的重要动力。教师应积极探索新的研究方法、技术和理论，以创新的思维方式解决问题。教师还可以进行实证研究、理论研究、实验研究、案例研究等不同形式的研究，以拓宽学科的研究范畴，提出新的理论模型或方法，或者在实践中验证和改进已有的理论。

首先，通过深入研究和创新性的科学研究，教师可以为学科的知识和理论进步做出贡献。教师可以发表学术论文，将研究成果与学术界和社会分享，并与同行进行学术交流和合作。此外，教师还可以申请科研项目和基金，获得资源和支持，以开展更具深度和广度的研究工作。

其次，通过不断深入的学术研究，教师可以提升自身的学术造诣和专业素养，增强教学的质量和深度。同时，研究成果也能够为学生带来前沿的知识和最新的发展动态，激发学生的学习兴趣和研究热情。教师作为学者的角色，对于学科的发展和高校教育的提升具有重要意义。

（二）优质教学

教师作为学者，不仅应将自己的研究成果融入教学，使学生接触到学科的前沿知识和最新的研究进展，还应通过分享研究经验和过程，培养学生的科学思维和研究技能，以实现优质教学的目标。

通过将最新的研究发现和理论应用于教学中，教师可以使学生更好地理解学科的核心概念、原理和方法，并认识到学科的发展和实践应用的重要性。教师可以使用自身的研究案例、实验数据、学术论文等材料，为学生提供实证的例子和实践的参考，使学生能够将学科理论与实际问题联系起来。

教师通过分享研究经验和过程，培养学生的科学思维和研究技能。可以向学生介绍研究方法、实验设计、数据分析等研究过程中的关键要点，帮助学生理解研究的逻辑和方法论，并指导学生进行小规模的研究项目或课程设计。通过参与研究活动，学生可以培养批判性思维、问题解决能力和科学探究能力，从而提升其学术素养和研究能力。

此外，教师还可以鼓励学生参与学术研讨会、学术论坛、科学竞赛等学术交流和展示活动。这些活动提供了学生展示研究成果、交流学术观点、接触学术界和同行的机会，激发学生的学术兴趣和创新思维，并培养学生的学术交流和演示能力。

通过将自己的研究成果融入教学、分享研究经验和过程，教师可以实现优质教学的目标。学生不仅能够接触到学科的前沿知识和最新的研究进展，还能够培养科学思维、研究技能和学术素养，为将来的学术和职业发展奠定坚实的基础。同时，教师自身也通过教学与研究的有机结合，不断提升自己的学术水平和教学能力，为学术界的发展和高等教育的进步做出贡献。

（三）学术交流

学术交流是教师在学术界展示自己研究成果、获取反馈和启发的重要途径。

学术会议是学者们相互交流、分享研究成果和探讨学术问题的重要平台。通过参加学术会议，教师可以与其他领域的学者进行交流，了解最新的研究动态和学术趋势，拓宽自己的学术视野，并有机会与同行学者进行深入的学术讨论和合作。

学术文章是教师展示研究成果、贡献新知识和推动学科发展的重要形式。通过撰写学术文章，教师可以系统地整理和阐述自己的研究成果，向学术界和社会传播研究成果，并为学术界的发展做出贡献。同时，发表学术文章还可以增加教师的学术声誉和影响力，提升自身在学术界的地位。

教师还可以与其他学者进行学术讨论和合作。学术讨论是学者们相互交流和分享研究思想、方法和成果的重要方式。教师可以通过与其他学者进行学术讨论，获取不同学术观点和思路的启发，共同探讨学术问题，解决研究难题，并进行跨学科的合作研究，促进学科交叉融合和学术创新。

通过积极参与学术交流和分享，教师不仅能够提高自己的学术水平和专业知识，还能够促进学术界的发展和进步。同时，学术交流也可以为教师提供宝贵的机会，与国内外优秀学者进行合作和交流，建立学术网络和合作关系，拓展职业发展的机遇。教师应当充分利用学术交流的平台和机会，积极参与学术界的交流活动，不断扩展自己的学术影响力和学术圈子，为学术的进步和高等教育的发展贡献自己的力量。

（四）社会参与

公共知识是指能够被广大社会公众理解和应用的知识。教师可以通过科普讲座、公开课、媒体合作等方式，将学术知识转化为通俗易懂的语言，向社会公众传播学术知识。这有助于提高社会公众的科学素养，增强公众对科学的认知和理解，促进科学文化的传播和普及。

教师作为学者，拥有专业的学科知识和研究经验，可以参与社会和政策领域的讨论，提供专业的建议和意见。关注当前社会问题，参与相关研究和调查，提供基于科学研究的证据和观点，为社会和政策决策提供参考和支持。

教师还可以通过各种方式使社会公众接触和理解学术知识。例如，教师可以开展学术讲座、展览和科学活动，向社会公众展示学术研究成果和学科发展的最新动态。可以与社会机构、企业、非政府组织等合作，开展科研合作和项目合作，将学术知识应用于实际问题解决，为社会发展和创新提供支持。

通过积极参与社会的知识构建和传播，教师可以将学术知识与社会实践相结合，促进学术成果的应用和推广，使学术研究更加贴近社会需求和问题，实现知识的共享和造福社会的目标。同时，这也有助于提升教师的社会影响力和声誉，加强高校与社会的联系和互动，促进知识创新和社会进步的互动循环。教师应当认识到自己在社会中的责任和使命，积极参与社会的知识构建和传播，推动知识的普及和科学的发展。

（五）持续学习

教师需要保持对知识的热情，并持续进行学习和自我提升。这是因为学科领域的知识和理论在不断发展和更新，教师需要与时俱进，保持学术能力和专业素养的提升。

第一，教师应定期更新知识。教师应关注学科领域的最新研究成果、理论发展和实践应用，了解学科的前沿动态。通过阅读学术期刊、参与学术会议、浏览学术网站等途径，教师可以获取最新的学术信息并将其应用于自己的教学和研究中。

第二，教师应跟踪学科领域的新发展。学科领域的知识和理论不断演进，新的研究方向和方法不断涌现，教师需要持续关注学科的发展趋势，了解新兴领域和研究热点，以便在教学和研究中深入地了解和拥有更广阔的视野。

第三，教师应积极参加专业发展活动，包括学术研讨会、研究项目、学术讲座、培训课程等。通过参与这些活动，教师可以与其他学者进行学术交流和合作，分享经验和见解，拓宽学术思路，并从中获取新的知识和观点。

第四，教师需要持续不断提升自己的学术能力。这可以通过参与专业培训、学术指导、研究合作等方式实现。教师可以选择参加教学法培训、科研方法培训、学术写作指导等课程，提高自己的教学和研究技能。同时，与其他学者的合作研究也可以促进自己的学术成长，通过与其他学者的合作交流，借鉴其研究方法和经验，提升自己的学术能力。

持续学习对于教师的职业发展和学术成就至关重要。通过不断学习和提升，教师可以不断拓展自己的知识面，提高自己的学术水平，为学生提供更优质的教育教学服务。同时，持续学习也是教师不断成长和发展的动力，使之在学术研究和教学实践中更加自信和有影响力。教师应始终保持学习的态度和行为，积极追求知识，不断提升自己的学术素养和专业能力。

三、导师角色

（一）职业发展指导

作为学生职业生涯中的重要导师，教师承担着指导学生职业发展的责任。其应当帮助学生认识自己的职业兴趣、价值观和能力，进而使其能做出明智的职业选择。

为帮助学生理解和探索不同的职业领域，教师可以提供职业导向的课程、讲座和资源，介绍不同职业的特点、要求和发展前景。教师还可以分享自己的职业经验和见解，帮助学生对不同职业领域有更深入的了解，并促使学生思考其职业目标和追求。

首先，教师可以与就业中心合作，了解实习和就业的机会，并将这些信息传达给学生。教师还可以帮助学生准备职业材料，如简历和面试技巧，并提供指导和建议，以提高学生在求职过程中的竞争力。

其次，教师还可以帮助学生建立职业网络，与校友、业界专业人士和其他学术机构建立联系，为学生提供拓展职业网络的机会。教师可以组织职业导向的活动，如职业讲座、行业交流会等，让学生与专业人士互动，了解行业动态，并建立有意义的职业联系。

通过职业发展指导，教师可以帮助学生更好地规划和管理自己的职业生涯。不仅可以提供学术上的支持和指导，还可以在学生面临职业选择和发展困惑时提供心理和情感上的支持。教师的角色是引导学生探索和发展自己的职业道路，为其提供实用的建议和资源，帮助学生在职业生涯中取得成功。

（二）生活规划

在高校生活阶段，教师作为学生的重要指导者，扮演着帮助学生建立健康、均衡的生活方式和有效的生活规划的角色。关注学生的整体发展，不仅关注学术层面，还包括学生的个人生活和发展。

第一，教师可以提供关于时间管理的指导和建议。教师可以帮助学生制订合理的学习计划，教授时间管理技巧，帮助学生分配时间，合理安排学习、休息和娱乐等活动。教师还可以提供学习方法和策略，帮助学生有效地组织学习，提高学习效率。

第二，教师可以提供关于压力管理的指导和支持。高校生活常常伴随着各种压力，如学业压力、人际关系压力等，教师可以帮助学生认识和理解压力的来源，并提供应对压力的方法和策略，如积极的应对方式、放松技巧和心理调适方法，以帮助学生更好地应对和减轻压力。

第三，教师可以提供人际关系方面的指导和建议。高校生活是学生建立和发展社交关系的重要时期。教师可以鼓励学生积极参与校园活动和社团组织，提供社交技巧和交往策略，帮助学生建立良好的人际关系，拓展社交圈子，培养合作精神和团队合作能力。

第四，教师还可以关注学生的健康生活。教师可以提供健康生活的知识和建议，包括饮食、运动、睡眠等方面的指导。教师可以引导学生养成良好的生活习惯，注重身心健康，帮助学生保持精力充沛、积极向上的状态。

通过生活规划的指导，教师可以帮助学生在高校生活中找到平衡，建立健康、有意义的生活方式。教师不仅在学术上指导学生，还关注学生的整体发展，帮助其充分利用高校资源提升个人素养，实现全面发展。

（三）思想成长

在学生的思想成长过程中，教师起着至关重要的作用。通过教学、研讨和辅导等方式，帮助学生建立批判性思考的能力。教师可以引导学生学会质疑和思考，激发学生对知识和现象的兴趣，培养其深入思考问题、分析问题、解决问题的能力。通过引导学生进行批判性思考，教师可以帮助其形成独立的见解和理解能力，培养创新思维和问题解决能力。

此外，教师还有责任帮助学生建立正确的价值观和道德观。通过课堂教学和讨论，引导学生思考道德和伦理问题，帮助学生认识到自己的行为对他人和社会的影响。教师可以向学生传授社会价值观和道德准则，培养学生的公民意识和社会责任感。通过教育和引导，教师可以帮助学生形成积极向上、正确健康的人生观和价值观，引导其成为有社会责任感的公民。

教师在学生思想成长过程中的作用不仅是传授知识，更重要的是引导和激发学生的思考和自主学习能力。教师应充分尊重学生的个性和独立思考的权利，鼓励学生表达自己的观点和见解。通过与学生进行积极的互动和交流，从而促进学生的思想成长和个性发展。

（四）个性化指导

个性化指导是高校教师在担任导师角色时非常重要的一部分。教师应该关注每个学生的个性差异，了解学生兴趣、能力和需求，以便为其提供个性化的指导和支持。

首先，教师可以根据学生的特长和兴趣，为其提供有针对性的教学。这意味着教师应该根据学生的兴趣和学习方式，调整教学内容和方法，以激发学生的学习动力和兴趣。教师可以设计个性化的学习任务、项目或研究课题，以满足学生的学习需求并提升其学术能力。

其次，教师可以为学生提供个性化的指导和建议。这包括了解学生的学习困难和挑战，并提供相应的解决方案和支持。教师可以与学生进行定期的学术和职业规划讨论，帮助学生制定个性化的学习计划和目标。此外，教师还可以提供学习技巧和策略的指导，帮助学生提高学习效果和提升自己的能力。

最后，教师还可以鼓励学生参与个性化的学术活动和项目。这包括学生的学术研究、实习经验、社会实践等。教师可以为学生提供指导和支持，引导学生选择适合自己的学术项目，并在实践中获得成长和发展。

通过个性化指导，教师能够更好地满足学生的学习需求，促进学生的个人发展和成长。个性化指导能够提供针对性的支持和指导，使学生能够更加有效地学习和实现自己的目标。教师应该倾听学生的需求和意见，灵活调整自己的教学方式和方法，以确保每个学生都能得到适当的关注和支持。

（五）心理支持

心理支持是高校教师在担任导师角色时非常重要的一部分。教师应关注学生的心理健康状况，提供支持和帮助，帮助学生应对压力和困扰，促进学习和成长。

学生可能面临各种压力，包括学业压力、人际关系问题、情绪困扰等。教师可以提供一个开放和支持性的环境，鼓励学生表达自己的感受和困惑。通过倾听，教师可以了解学生的需求，并给予适当的关注和支持。

教师可以提供建设性的反馈和建议。当学生遇到问题或困难时，教师可以给予积极的反馈和建议，帮助学生找到解决问题的办法。这包括帮助学生认识到自身的优势和潜力，提供积极的鼓励和指导；帮助学生建立积极的心态和解决问题的能力，等等。

此外，教师可以引导学生寻求专业的心理咨询。对于一些需要更深入的支持和帮助的学生，教师可以鼓励学生寻求校内心理咨询服务。这些专业的咨询师可以提供更专业的心理支持和指导，帮助学生解决心理问题，提高心理健康水平。

通过提供心理支持，教师能够关注学生的综合发展，促进教师的心理健康和学业成功。教师应该建立信任和亲近的关系，让学生感受到教师的关心和支持。同时，教师也应不断提升自己的心理支持能力，通过专业培训和自我学习，提供更有效的心理支持和帮助。

四、社区成员角色

高校教师作为社区成员的角色，需要积极参与学校的决策，维护学校的文化，建设学习和工作环境，参与社区服务，承担领导和指导的职责。这个角色要求教师在繁忙的教学和研究工作之外还需要花时间和精力为学校和社区的发展做出贡献，具体做法如图2—3所示。

图2—3 高校教师学者社区成员角色定位

（一）参与决策

通过参与决策，教师能够对学校的发展和运营产生影响，并更好地满足教学和研究的需求。教师参与决策可以确保教学政策和课程设置的合理性与实施效果。教师是教学的主要参与者，了解学生的需求和学科发展的趋势。通过参与决策，教师可以提供宝贵的意见和建议，确保教学政策和课程设置与学生需求和学科要求相匹配。

教师了解学生的需求和问题，可以为学生提供更好的支持和服务。通过参与决策，教师可以在学生事务方面提出建议和改进措施，以满足学生的需求，提高学生的学习和发展体验，促进学生事务的改善和提升。

教师是学术研究的推动者，其对学科的发展和研究方向有着深入的了解。通过参与决策，教师可以就学校的研究重点和资源分配提出建议，并推动学术研究的发展和创新。

教师参与决策需要建立开放和透明的沟通机制，确保教师的声音被听到和重视。同时，教师还应不断提升自己的专业能力和知识，为决策提供更有建设性的意见和建议。通过教师的参与决策，学校可以更好地实现学术和教育目标，提升教师和学生的满意度，推动整个学校社区的发展。

（二）维护学校文化

教师在维护学校文化方面扮演着重要的角色。学校文化是学校共同的信念、价值观和行为准则的体现，它对于学校的凝聚力、认同感和学术氛围至关重要。教师作为学校的一员，应积极参与并维护学校的文化，促进学校社区的凝聚和发展。

教师可以通过教育和引导，帮助学生了解学校的历史、传统和核心价值观。将学校的文化元素融入教学过程中，通过课堂讨论、案例分析、学校活动等方式，让学生深入了解学校的文化，并培养学生对学校文化的认同感和尊重。

教师可以积极参与学校的文化活动，包括组织和参与学校的庆典、节日、社团活动等。通过参与这些活动，教师可以展示学校的文化特色，激发学生和学校社区的归属感和自豪感，加强师生之间的联系和互动。

此外，教师还可以成为学校文化的宣传者和传承者。通过言传身教，向学生传递学校的精神和价值观。通过自身的言行和行为示范，教师可以帮助学生树立正确的行为准则和道德观念，培养学生积极向上的人格特质。

教师维护学校文化需要具备一定的学校文化意识和文化传承能力。教师应该了解学校的核心价值观和文化特点，树立对学校文化的认同和敬重。同时，教师还应持续发展自己的专业素养和知识，不断提升自身的教育能力和文化修养，以更好地传承和维护学校的文化。

通过教师的努力，学校文化可以得以传承和发展，学校社区的凝聚力和认同感得到增强。教师的参与和付出为学校提供了稳定的文化支持，有助于塑造积极向上的学术氛围和良好的学习环境。

（三）建设学习和工作环境

教师在建设学习和工作环境方面扮演着重要的角色。一个良好的学习和工作环境对于学生和教师的发展至关重要，其可以促进积极的学习氛围、有效的教学和研究活动，提升整个学校的绩效和声誉。

首先，教师可以促进开放和包容的学习与工作氛围。鼓励学生和教师之间的积极互动和知识分享，倡导尊重多样性、接纳不同观点的文化。教师可以通过鼓励学生参与讨论、小组活动和合作项目及与教师之间的合作研究，创造一个开放、包容和相互尊重的学术环境。

其次，教师可以与其他教师、学生和同事建立良好的沟通和合作机制。定期组织教师会议、学生座谈会和团队建设活动，以促进沟通、交流和合作。教师还可以开展跨学科的教学和研究项目，搭建跨部门和跨学科的合作平台，以促进知识的整合和创新。

再次，教师可以帮助解决学习和工作中的冲突与问题，如倾听学生和同事的关切和困扰，提供咨询和建议，帮助学生解决问题并提升工作效能等。教师还可以与学校管理层合作，制定有效的解决冲突和问题的政策和程序，为学生和教师提供必要的支持和资源。

最后，教师需要树立榜样，以身作则，展示良好的职业道德和工作态度，积极参与学校的发展和决策过程，为学习和工作环境的改善做出贡献。教师的领导作用和示范效应对于塑造积极的学习和工作氛围起到重要的推动作用。

通过教师的努力，学校可以建立一个积极、协作和支持性的学习与工作环境。这将有助于提升学生和教师的学习成果和工作满意度，促进学校的整体发展和进步。教师的积极参与和合作是构建这样环境的关键因素之一。

（四）参与社区服务

首先，教师的参与可以帮助学校与社区建立紧密联系和良好的合作关系。通过与社区居民、组织和机构的互动，教师能够了解社区的需求和问题，与社区共同探讨解决方案，并为社区的发展和改善做出贡献。这种密切的联系和合作有助于学校更好地了解社会环境，为学生提供与实际社会相连接的教育和学习机会。

其次，教师的参与可以帮助学生培养社会责任感和公民意识。通过参与社区服务活动，教师能够为学生树立榜样，激发学生的社会意识和关怀他人的精神。学生有机会参与社区服务项目，了解社会问题、尝试解决问题，并深入了解社区的多样性和需要。这种参与有助于培养学生的领导能力、团队合作能力和社会参与意识，使其成为具有社会责任感的公民。

再次，教师的参与也能够提升教学的质量和效果。通过参与社区服务活动，教师能够将社区的真实问题和案例融入教学内容，使学生在实践中学习和应用知识。这种联系可以帮助学生更好地理解学科知识的实际应用和意义，培养问题解决能力和创新思维。

最后，教师的参与可以提升学校的社会声誉和形象。积极参与社区服务活动的教师代表了学校的社会责任和关怀，有助于树立学校良好的形象和声誉。这有助于增强学校与社区之间的互信和合作，吸引更多的社会资源和支持，进一步推动学校的发展。

教师参与社区服务活动对于学校、学生和社区都具有重要的意义。通过积极参与社区服务，教师能够实现学校社会责任的体现，帮助学生成为有担当、有影响力的公民，同时推动学校与社区的互动和合作，为社区的发展和进步做出贡献。

（五）领导和指导

教师可以在学生组织中担任领导角色，指导学生组织的运作和发展，帮助学生制定目标和计划，培养学生的领导能力和团队合作精神。通过这样的领导和指导，教师可以帮助学生组织更好地实现其目标，发展其潜力，并促进学生的个人成长和发展。

教师可以与其他教师合作，分享教学经验和最佳实践，提供教学指导和支持。通过领导和指导教学团队，教师可以促进教学的协同合作，提高教学质量，共同为学生提供优质的教育。

教师还可以担任新教师和员工的导师角色，为其提供指导和支持。新教师和员工在刚开始工作时可能面临各种挑战和困惑，教师可以分享自己的经验，提供专业指导，并帮助其适应工作环境和角色。这种导师关系有助于新教师和员工快速成长和发展，提高其工作效能和职业满意度。

教师还可以参与学校的领导和管理工作，为学校的发展和决策提供指导和建议，如参与学校委员会、教务会议等组织，与学校管理者共同制定学校的发展战略和政策，推动学校的进步和创新。

通过领导和指导的角色，教师能够对学校、学生和其他教职员工产生积极的影响。教师通过提供指导、分享经验和知识、激发潜力和发展能力，为学校和社区的发展做出贡献。同时，教师还能够成为他人的榜样，鼓励和激励他人追求卓越，共同促进学校和社区的繁荣和成长。

五、高校教师角色间的冲突与平衡

教师在高等教育环境中被赋予多重角色，包括但不限于教育者、学者、导师及社区成员。这些角色各自带有一系列的期待和要求，然而在实际执行中教师可能会遭遇所谓的"角色冲突"，即这些角色的期待和要求可能互相冲突或不一致，从而在教师身上造成压力和困扰。

以"学者"和"教育者"这两个角色为例，一方面，作为学者，教师有责任推动学科的发展，进行深入的学术研究，撰写和发表学术论文，参加学术会议及进行学术交流等。这些活动无一不需要投入大量的时间和精力。而另一方面，作为教育者，教师需要对教学内容进行深思熟虑的设计，寻找和实施最有效的教学方法及进行公正，严谨的学生评估。同样，这些工作也需要花费大量的时间和精力。因此，当教师同时担任这两个角色时，时间和精力的分配可能会出现竞争和冲突。

面对这种情况，教师的关键任务在于找到合适的平衡。首先，教师需要对各个角色的期待和要求有清晰的理解。其次，根据实际情况和个人目标，明确各个角色的优先级。这就需要教师具备高度的自我管理能力，能够制订合理的工作计划，并根据实际情况进行调整。例如，当教学任务较重的时候，教师可以适当调整研究计划，以保证教学质量。而在教学任务较轻时，教师可以将更多精力投入到学术研究中。

然而，处理角色冲突并非仅仅是教师个人的责任，高校管理层也需要积极参与进来，提供支持和帮助。首先，管理层需要充分认识到教师角色冲突的存在，理解其对教师工作和心理健康可能带来的影响。其次，管理层可以通过调整工作制度，如灵活调整教师的教学和研究时间，或者提供更多的资源支持，如教师专业发展的培训和学术研究的资金，来帮助教师更好地处理角色冲突。

角色冲突和角色平衡是高校教师面临的一项重要且复杂的任务。这需要教师具备明智的决策能力和高效的自我管理能力，也需要高校管理层提供理解、支持和资源。只有这样，教师才能在多重角色中找到合适的平衡，发挥出最大的效能，为学校的教学和研究工作做出更大的贡献。

第二节　高校教师的职责与期望

高校教师承担着多样化的职责，包括保证教学质量的教学职责、进行科学研究的研究职责、为学生提供指导的指导职责及为学校社区提供服务的社区服务职责等。与此同时，高校教师也面临着来自各方的期望，如社会对其的期待、学校的要求、学生的需要及家长的关注等。高校教师需要在满足这些职责和期望的过程中寻找到合适的平衡点。

一、教学职责

（一）教学质量的确保

教师需要不断更新自己的学科知识，并将其运用到教学中。深入了解自己所教授的学科领域的最新进展和研究成果，以保持教学内容的更新和前沿性。可以通过参加学术研讨会、阅读学术期刊、与同行交流等方式实现。

第一，教师应当善于运用多种教学方法和策略，以满足不同学生的学习需求。需要根据学生的背景、能力和学习风格，选择适当的教学方法，如讲授、讨论、案例分析、实验、实践等，以促进学生的参与和理解。同时，教师还可以运用现代技术和教育工具，增加课堂互动性和学习的多样性。

第二，教师应当注重培养学生的学习兴趣和动力。教师应当设计激发学生兴趣的教学活动，引导学生主动参与课堂讨论和学术研究，提供实践机会和案例分析，以激发学生的主动学习欲望和求知欲。

第三，教师应密切关注学生的学习进度和理解程度。及时收集学生的反馈，并根据学生的学习情况进行教学调整。这可以通过定期进行课堂测验、作业评估、个人指导等方式实现，以确保学生对所学知识的掌握和理解。

第四，教师应关注学生的学习效果和成果。教师应该进行有效的学生评估，以评估学生的学习成绩和能力发展。评估方法包括考试、作业、项目、小组讨论和个人演示等，以全面了解学生的学习成果和发展方向，并为学生提供个性化的指导和支持。

通过以上措施，教师能够确保高校教学的质量，进而致力于提供优质的教育，帮助学生全面发展和取得良好的学习成绩。同时，教师也在不断反思和改进自己的教学方法和策略，以适应不断变化的学生需求和教育环境，提高教学质量和效果。

（二）教学改进的持续进行

首先，教师应进行自我反思和评估，不断审视自己的教学实践和效果。通过回顾每次课堂的教学过程，思考学生的反应和学习成果及自身的教学方法和策略。通过反思，教师能够发现自己的优势和不足，找到改进的方向，并提出相应的教学改进计划。

其次，教师应积极接受来自学生、同事和领导的反馈和建议。教师主动与学生交流，了解学生对教学的意见和建议，从而获取有关教学效果和方法的宝贵信息。此外，与同事进行教学交流和合作，互相分享经验和教学实践，从中获取启发和新思路。同时，教师还应关注领导的指导和反馈，及时调整教学策略。

再次，高校教师应具备尝试新教学技术和方法的精神。随着科技的发展和教育方式的变革，教师应积极探索并应用新的教学技术和手段，以满足学生多样化的学习需求。如可以尝试使用在线教学平台、教学视频、虚拟实验室等创新工具，开展互动式教学、问题解决式学习等教学模式，以提高学生的参与度和学习效果。

从次，教师还应关注教育领域的最新趋势和研究成果，参与学术会议、研讨会和专业培训，了解最新的教学理论和实践，与同行进行学术交流和讨论。通过不断学习和更新自己的教学知识与技能，教师能够丰富自己的教学工具箱，从而改进自己的教学方法。

最后，教师应制订和实施教学改进计划，持续进行教学实践和评估。教师可以设定具体的教学目标，确定改进的重点和时间表，并通过课堂观察、学生反馈和学习成绩等方式进行教学效果的评估。在评估的基础上，教师可以及时调整教学策略，改进教学方法，以达到更好的教学效果。

（三）课程设计的精心制定

高校教师在课程设计方面需要精心制定课程，以确保教学目标的达成。课程设计涉及教学内容的组织和安排、教学方法的选择及教学评价的设计等多个方面。

第一，教师应对课程的教学目标进行明确和具体的设定。教学目标应符合学科的要求和学生的学习需求，能够引导学生获得特定的知识和技能，培养综合素质和能力。教师应考虑学生在课程结束时具备的核心能力和知识，以此为基础进行课程设计。

第二，教师需要选择合适的教学内容和学习资源。根据课程目标和学生的学习水平，选择有价值和相关性的教材、案例、实验等教学资源，以提供学生所需的学科知识和实践经验。教师还可以根据学生的兴趣和学习风格，添加一些拓展的内容和资源，以激发学生的学习兴趣和创造力。

第三，教学方法应根据课程目标、学生的特点和学科的特性来选择。教师可以采用多种教学方法，如讲授、讨论、案例分析、实践操作等，以促进学生的参与和互动，培养其批判性思维和问题解决能力。同时，教师还可以运用现代技术和教育工具，增加课堂的多样性和趣味性，提升学生的学习体验和效果。

第四，教学评价应与教学目标相匹配，能够客观、全面地评估学生对知识和技能的掌握程度。评价方法包括考试、作业、项目、小组讨论、个人表现等多种形式，以提供多维度的反馈和评价。教师还可以设计自我评价和同伴评价机制，以促进学生的自我反思和互助学习。

二、研究职责

根据学术职业的特性，高校教师的研究职责主要包括开展科研活动、撰写和发表学术论文及积极参与学术交流等。这些职责不仅体现了教师的专业素养，也对学科的发展和社会的进步起到重要作用。

（一）科研活动的开展

在科研活动中，高校教师需要不断关注学科的发展方向和社会的需求，从中选择研究课题。这要求其对学科的前沿知识和研究动态保持敏感，并与同行学者进行交流和合作。教师还可以参加学术会议、研讨会等学术交流活动，分享研究成果，与其他学者进行学术讨论和合作。

同时，教师还需要指导学生进行科研活动，培养其科研素养和能力，如指导学生选择合适的研究课题，帮助学生制订研究计划，提供研究方法和技能的指导及对学生的研究成果进行评价和反馈。通过与学生的科研合作，教师能够培养学生的独立思考能力、创新精神和解决问题的能力，提高学生的综合素质。

科研活动的开展对于高校教师具有重要意义。通过科研，教师能够保持学科的活力和创新性，推动学科的发展。同时，科研活动还能够提升教师的学术声誉和影响力，促进学术界的交流和合作。通过将科研成果应用于教学实践中，教师能够提供最新的学科知识和研究成果，提高教学质量和教学效果。

（二）学术论文的撰写与发表

高校教师在职责中承担了学术论文的撰写与发表的重要职责。撰写学术论文是教师向学术界和学术界同行展示自己的研究成果和思想的重要方式之一。它要求教师具备深厚的学术功底和研究能力，对所研究的领域有深入的理解和见解。

撰写学术论文的过程需要教师具备严谨的科研态度和方法，包括选择合适的研究课题、设计科学的研究方法、收集和分析数据、得出科学结论等。教师还需要对相关研究领域的前沿知识和最新研究动态进行深入了解，以确保自己的研究成果具有学术价值和创新性。

在撰写学术论文时，教师需要具备熟练的论文写作技能。这包括组织论文结构，清晰准确地表达研究问题、方法和结果，以及进行逻辑推理和清晰的思路。教师需要注意论文的语言风格和文献引用的规范性，确保论文具有学术规范和严肃性。

发表学术论文是教师将研究成果传播给学术界和学术界同行的重要方式之一。教师需要选择适合自己研究领域和研究成果的学术期刊或会议，并遵循学术期刊或会议的投稿规范和要求。教师还需要处理好学术争议和学术道德的问题，确保自己研究成果的真实性和可靠性。

撰写和发表学术论文对高校教师具有重要意义。它不仅可以向学术界和学术界同行展示教师的研究成果和思想，推动学科的发展，还可以提升教师的学术声誉和影响力。同时，发表学术论文也有助于教师不断提升自己的研究能力和学术水平，推动自身的学术发展。

（三）学术交流的积极参与

通过参与学术交流活动，教师能够与同行学者、研究者和专家进行深入的学术讨论和交流，分享研究成果和思想，了解学科领域的最新发展动态。

常见的学术交流方式即参加学术会议。教师可以提交自己的研究论文并进行学术报告，与会场上的学者进行深入交流，接受同行的评议和建议。学术会议提供了一个广泛的平台，使教师能够了解学科领域的前沿研究，发现新的研究方向和合作机会。

此外，教师还可以主动举办学术讲座、研讨会或工作坊，与其他教师和研究者分享自己的研究成果和经验。通过这些活动，教师可以获得反馈和建议，进一步提高自己的研究水平和学术能力。

积极参与学术交流不仅可以促进教师个人学术能力的提升，还能扩展教师的学术视野，激发新的研究灵感，加深对学科问题的理解。同时也有助于建立和发展学术网络，与同行学者建立合作关系，开展共同的研究项目。

三、指导职责

（一）学习指导

高校教师在学习指导方面扮演着重要的角色。高校教师不仅是知识的传授者，更是学生学习过程中的引导者和激励者。

教师需要了解学生的个性、兴趣和学习需求。每个学生都有其独特的学习风格和特点，教师应通过与学生的沟通和观察，了解学生的学习习惯和偏好。这有助于教师制订个性化的学习指导计划，为每个学生提供有针对性的帮助和支持。

学生在高校阶段面临的学习任务和要求较为复杂，其需要掌握有效的学习方法和技巧。教师可以向学生介绍不同的学习策略，如阅读技巧、笔记方法、时间管理等，帮助学生提高学习效果和效率。

教师可以引导学生提出问题、进行讨论和辩论，激发学生的思维和创造力。鼓励学生自主学习，培养学生主动探索和解决问题的能力。

此外，教师还应提供学习资源和机会，丰富学生的学习体验。如推荐优质的书籍、期刊和文章，引导学生进行阅读和研究。教师还可以组织学术活动，如学术讲座、研讨会等，让学生接触到不同领域的知识和观点。此外，教师还可以引导学生进行课题研究、实践项目等，帮助学生将所学知识应用于实际问题解决中。

在学习指导中，教师还应关注学生的学习动机和情感状态。通过与学生的交流和反馈，了解学生的学习动机和兴趣，帮助其树立正确的学习态度和自信心。同时，教师还可以在学习过程中提供积极的鼓励和认可，增强学生的学习动力和自信心。

（二）生活指导

学生进入大学后，经历着由家庭到学校的转变，面临新的生活环境和挑战。而教师在这一过程中发挥着重要的角色，为学生提供各项生活指导。

教师需要了解学生的生活状态和需求，每个大学生在大学期间都会面临不同的生活挑战和压力。教师应通过与学生的沟通和观察，了解其个人情况、家庭背景及生活问题，这将有助于教师对学生生活需求有更深入的了解，为其提供更具体和更有针对性的生活指导。

大学生活中可能会出现各种心理问题，如情绪波动、压力、焦虑等。教师应积极倾听学生的心声，提供心理支持和建议。通过与学生的交流，帮助学生认识和理解自己的情绪，提供有效的应对策略，或引导学生寻求专业的心理咨询服务。

教师还可以就饮食、运动、睡眠等方面提供科学的指导，帮助学生保持良好的身体和心理健康。教师可以在时间管理、压力管理、人际关系等方面提供实用的建议，帮助学生更好地适应大学生活和解决生活中的问题。

教师还可以作为学生的良师益友，为学生提供倾诉的空间。可以与学生建立信任和亲近的关系，鼓励学生与教师分享自己的困惑和问题。教师的倾听和理解可以给予学生情感上的支持，帮助其调整心态，增强自信心和积极性。

（三）研究指导

在高校教师的职责中，研究指导是一项重要的职能。教师需要为研究生和进行课题研究的本科生提供研究指导，以帮助其在学术研究中取得成功。

教师需要指导学生选择和设计研究课题，通过与学生进行讨论，了解学生的兴趣和研究方向，提供合适的研究课题建议。教师在指导学生选择研究课题时，应考虑到学生的学术能力、研究资源的可获得性及学术领域的研究前沿等。

研究方法是研究的基础，提供诸如实证研究、定性研究、文献综述等，并帮助学生理解和运用这些方法。教师可以分享自己的研究经验，指导学生进行实际操作及解决在研究过程中可能遇到的问题和困难。

教师可以帮助学生分析数据和解释结果。数据分析是研究的关键环节之一，教师可以指导学生选择适当的数据分析方法，并教授相关的统计工具和软件的使用。

写作是研究的重要环节，教师可以提供论文写作的指导，包括论文结构、语言表达和引用规范等。教师还可以帮助学生选择合适的学术期刊或会议，了解学术出版的流程和要求，以促进学生的学术发表。

（四）职业发展指导

在高校教师职责中，职业发展指导展现出其特殊的价值。教师在这一角色中深入了解学生的职业兴趣和目标，同时提供相应的职业信息和建议。这种指导可能通过个别谈话来实现，教师通过聆听学生的职业抱负和疑虑，帮助学生识别自己的优势和兴趣所在。

首先，职业信息的提供构成了教师在职业发展指导中的重要职责之一。教师的责任在于介绍不同职业领域的发展趋势和就业前景，分享自身的职业经验及帮助学生理解不同行业的工作特点和要求。这些信息能够帮助学生更好地了解各个职业的职责、技能需求及职业发展路径。

另外，教师在职业规划的制定中扮演着关键的角色。教师与学生共同探讨职业目标，并设计实现这些目标的步骤和计划。通过职业咨询，教师引导学生分析自身的职业兴趣、价值观和能力，助力寻找与自己兴趣和优势相匹配的职业方向。此外，教师还能帮助学生明确具体的职业目标和短期计划，为其职业发展提供持续的指导和支持。

在提供实习和就业机会方面，教师通过与行业合作伙伴的紧密联系，为学生营造出在实践中学习和应用所学知识的机会。教师还会帮助学生准备求职材料，提供求职技巧和面试准备指导，以增强学生在就业市场的竞争力。

其次，职业技能的培养也是教师在职业发展指导中的重要职责。教师通过组织职业技能培训课程或工作坊，学生得以提升沟通、团队合作、领导能力等与职业发展相关的技能。同时，教师鼓励学生参与社会实践和志愿服务活动，让学生通过实际参与锻炼职业素养、拓展人际关系和积累工作经验。

教师在帮助学生理解职业道德和职业伦理方面也发挥着重要的作用，他们向学生传授职业道德的重要性，培养学生的职业操守和责任感。同时，教师引导学生学习职业伦理规范和行业规范，帮助学生建立正确的职业价值观和行为准则。

四、社区服务职责

高校教师在学校社区中扮演着重要的角色，其不仅是教学和研究的主体，也是学校决策、公共服务、文化传承的参与者。这要求教师具有广泛的知识、灵活的能力、高尚的品质、强烈的责任感。

（一）参与学校决策

高校教师在学校决策过程中的参与起着关键作用。作为学校社区的一部分，其对学校的运作和发展有深入的了解和丰富的经验，能够为学校的决策提供有价值的建议。教师应积极参与学校的各个决策环节，包括教务会议、学术委员会和教研组会议等。

教师的参与涵盖了学校决策的多个方面。在教学政策制定中，教师能够提出关于课程设置、教学方法、教学资源分配等的专业意见和建议。基于他们的教学经验和专业知识，教师可以为教学改革、教学评估和教学质量提升等问题提供专业性的建议，进一步推动学校教学工作的持续发展。在学科建设方面，教师通过参与学科专业委员会和学科发展规划小组，提供有关学科发展方向、课程体系和研究方向的专业建议。积极参与学科教学团队的建设和教师培训，进一步推动学科建设的深入发展。

在教师管理、学生服务和财务分配等方面，教师的参与也同样重要。教师参与到教师聘任、评聘、晋升等决策过程中，对教师培训、专业发展等方面提出建设性的建议，促进教师队伍的专业发展。在学生服务方面，教师参与学生事务的决策，为其提供更好的学生服务和支持提出建议。教师根据自身的经验和观察，为学生活动、指导和发展提出建议，以营造更好的学习和成长环境。在财务分配方面，教师参与学校财务规划的决策，为教学和科研项目的预算提供建议，助力合理分配教学和科研资源，保障学校教学和科研工作的顺利进行。

（二）进行公共服务

高校教师通过参与学校的公共讲座，可以分享自己的专业知识和研究成果，向社会传递学术信息和思想，促进学术文化的传播和交流。这有助于提升学校的学术声誉和知名度，同时也能够为社会大众提供有价值的学习和启发。

组织和参加学校的文化活动是教师参与公共服务的另一种重要方式。通过举办文艺演出、展览、比赛等活动，教师能够培养学生的艺术欣赏能力，丰富校园文化氛围，提升学校形象。同时，这些活动也为学生和社区提供了展示才艺和交流的平台，促进了艺术文化的传承和发展。

参与学校的社区服务项目是教师履行公共责任的重要途径。通过参与社区服务，教师可以将自己的专业知识和技能应用于实际问题的解决，为社会发展和改善做出贡献。例如，教师可以组织和参与志愿服务活动，关注弱势群体的教育和福利，推动社会公益事业的发展。这不仅有助于教师与社会建立联系和互动，也为学生树立了良好的社会责任意识和价值观。

（三）维护学校文化

学校的优良传统是学校发展的重要支撑，包括学术传统、教育理念、教学方法等。

首先，教师可以通过讲授学校历史和发展，分享学校的成功经验和荣誉，激励学生学习和传承学校的优秀传统。而核心价值观是学校的精神灵魂，也是学校办学宗旨的体现。教师可以通过课堂教学和日常交流，引导学生树立正确的人生观、价值观，培养学生的道德品质和社会责任感，以学校的核心价值观为指引，塑造良好的学习和行为习惯。

其次，教师还应维护学校的积极氛围。学校的氛围是指学校的文化氛围、人际关系、学习环境等方面的综合体现。教师可以通过鼓励学生积极参与校园活动、组织各类文化活动、倡导团队合作和互助精神等方式，营造积极向上的校园氛围，让学生感受到学校的温暖和归属感。

最后，教师还应促进学校的文化创新。随着社会的不断变化，学校的文化也需要与时俱进，适应新时代的需求和挑战。教师可以积极参与学校的文化创新，提出新的教育理念、教学方法和课程设计，引入先进的教育技术和教学资源，推动学校的教育教学改革和创新。

通过维护和传承学校文化，高校教师能够促进学校的发展和进步，增强学校的凝聚力和向心力。同时，教师也能够在学生心目中建立起对学校的认同感和归属感，激发学生的学习热情和积极性，为学生成长成才创造良好的环境和条件。

五、社会对高校教师的期望

（一）社会的期望

高校教师作为公众人物，面临着社会的期望和责任。社会期望高校教师通过科研和教学为社会做出贡献，推动知识的创新和传播，培养人才，促进社会的发展和进步。

作为知识的传授者和引导者，教师应以身作则，坚守职业道德，遵循教育法律、法规和学术规范，保持学术诚信，严禁抄袭、剽窃等不道德行为。同时，教师应尊重学生的权益，保护学生的隐私和个人信息。

教师需要展现良好的公民道德和社会责任感。教师作为社会的一员，应关注社会问题，关心弱势群体，积极参与社会公益活动和志愿服务，为社会发展做出贡献。教师还应传承社会核心价值观，引导学生树立正确的价值观和道德观，培养良好的公民意识和社会责任感。

教师通过参与学校与社区的合作项目，为社区提供专业知识和技术支持，与社区居民进行交流和互动。教师还可以参与社会组织、专业协会等，积极参与公共事务的讨论和决策，为社会发展和政策制定提供专业建议和支持。

通过履行社会责任，高校教师能够树立良好的社会形象和声誉，获得社会的认可和尊重。同时，其行为和贡献也将对学生产生积极的影响，培养学生的社会责任感和公民意识，为社会培养更多有品德和能力的人才。

（二）学校的期望

学校期望教师能够积极参与教学和研究工作。教师应致力于教学使命，传授知识，培养学生的综合素质和能力及激发学生的学习兴趣和热情。教师还应承担科研任务，进行创新性的研究，推动学科的发展和学校的学术声誉。

教师作为学校社区的一员，应参与学校事务的决策过程，为学校的发展和改进提供建议和支持。教师还应参与学校的社区服务和公共活动，与学生、同事和社区居民进行互动与交流，为学校树立良好的形象和社会声誉。

教师应了解学校的使命和核心价值观，传承学校的优良传统和文化，引领学生发展，培养学生的良好品德和道德观。教师还应以身作则，展现学术专业性和道德操守，为学校树立榜样。

教师应保持学术热情，持续学习和更新知识，关注学科的最新发展和教育改革趋势。教师应积极参加教师培训和学术交流活动，不断提升自己的教学方法和科研水平，为学校的发展和学生的学习效果做出贡献。

高校期望教师能够积极参与教学和研究，参与学校的决策和服务，维护和发展学校的文化与传统，并不断自我发展，提升自己的教学和研究能力。教师的履责能够帮助学校实现其教育使命，提升学校的学术声誉和社会影响力。

（三）学生的期望

学生期望教师能够提供高质量的教学，希望教师能够掌握丰富的学科知识，清晰地传达教学内容，运用多种教学方法和资源，激发学生的学习兴趣和动力。学生希望能够通过教师的指导和启发，获得扎实的学科基础和专业技能。

学生希望教师能够了解个人学习需求和个性特点，给予个别化的指导和支持。学生希望教师能够与之建立良好的师生关系，倾听学生的问题和困惑，提供及时的帮助和解答。

此外，学生也期望教师能够展现积极的人生态度和价值观，传递正面的信息和行为准则。学生希望能够通过与教师的交流和观察，获得人格的塑造和道德的指引。

学生期望教师能够提供高质量的教学，关心和理解他们的需求，树立好的榜样。教师的履责能够满足学生的学习需求，促进学生的全面发展，培养学生的学术能力和人格品质。同时，教师的关怀和教育影响将激励学生在学习和生活中追求卓越，成为有价值的社会成员。

（四）家长的期望

家长期望教师能够了解孩子的个性特点、学习需求和兴趣爱好等，为其提供个性化的教学和指导。家长希望教师能够关注孩子的成长和进步，帮助他们建立自信心和学习动力。

家长希望教师拥有深厚的学科知识和教学技能，能够有效地传授知识，激发孩子的学习兴趣，培养他们的学习能力和解决问题的能力。家长希望教师能够不断提升自己的教育水平，追求教学的创新和卓越。

此外，家长期望教师能够及时与他们交流孩子的学习情况、表现和需要关注的问题。家长希望能够与教师共同合作，共同关注孩子的成长，共同解决孩子在学习和生活中遇到的困难和问题。

第三节　高校教师的职业发展

在高等教育领域，教师的职业发展是一个复杂且关键的过程，它涉及教师在个人和职业层面上的成长和进步。教师职业发展的过程可以被划分为不同的阶段，每个阶段都有其独特的特点和挑战。同时，教师的职业发展路径多样，可以选择专注教学、进行学术研究或者成为学校领导等。社会和学校应为教师的职业发展提供必要的支持，包括教师培训、研究资助和职业指导等。教师的职业满意度和留任率也受到多种因素的影响，包括工作环境、待遇和职业发展机会等。因此，需要提出一些策略和建议，以促进教师的职业发展。

一、教师的职业生涯阶段

教师的职业生涯可以划分为三个主要阶段：初入职场阶段、成长期阶段和成熟期段阶，如图 2—4 所示。

图 2--4　教师的职业生涯阶段

（一）初入职场阶段

教师职业生涯中的第一阶段，即初入职场阶段，是一个非常关键的时期。在这个阶段，教师需要适应新的工作环境，学习和掌握教学的基本技能，并建立起自己的教学效能感。

1.快速适应新的工作角色和环境

初入职场的教师通常来自教育领域的大学或其他相关专业，他们可能对实际教学工作的要求和环境不太熟悉。在这个阶段，教师需要快速适应新的工作角色，了解学校的文化、价值观和教育理念，还需要了解学校的运作机制，熟悉各种行政程序和学生管理事务。

2.学习和掌握教学的基本技能

作为一名教师，初入职场的阶段是学习和掌握教学基本技能的重要时期。教师需要了解教学原理和方法，学习如何设计有效的教学计划，并能够灵活运用各种教学策略和方法。此外，他们还需要掌握课堂管理技巧，能够有效地组织学生的学习和秩序。

3.建立教学效能感

初入职场的教师往往面临着对自己能力和表现的怀疑。他们可能缺乏自信，担心自己是否能够胜任教学工作。因此，建立教学效能感是这个阶段的重要任务之一。教师需要不断反思和调整自己的教学实践，积极寻求反馈和指导，并逐渐建立起对自己能力的自信。

在初入职场阶段，教师可能会面临一些挑战和困难。例如，他们可能需要花费更多的时间和精力来准备课程和教材及应对学生的不同需求和问题。此外，教师还可能面临与同事、家长和学生之间的沟通和合作问题。然而，通过积极的态度和持续的努力，教师可以逐渐克服这些挑战，并在职业生涯的早期阶段打下坚实的基础。

（二）成长期阶段

教师职业生涯中的第二阶段是成长期，这是一个教师在职业上不断成长和发展的阶段。在这个阶段，教师开始寻找和发展自己的教学风格，深入理解和运用教学理论，同时也有机会进行学术研究或参与学校管理。

1.寻找和发展教学风格

在成长期，教师开始积极寻找适合自己的教学风格。他们逐渐明确自己的教学目标和价值观，并通过实践和反思不断调整和改进自己的教学方法与策略。教师开始更加关注个体学生的需求和差异，努力提供个性化的教学和支持。

2.理解和运用教学理论

成长期的教师对教学理论有更深入的理解，并能够将其运用到实际教学中。他们研究和探索不同的教育理论和方法，了解最新的教学研究成果，并尝试将其融入自己的教学实践中。教师开始思考如何激发学生的学习兴趣和动力，设计更具挑战性和深度的学习任务。

3.参与学术研究和学校管理

成长期的教师有机会参与学术研究项目或者学校管理工作。他们可以与同行合作开展研究，分享教学经验和教育创新的实践。此外，教师还可以积极参与学校的决策和管理，如担任教研组组长、课程设计者或学科主管等职务。

在成长期，教师面临着一些挑战。首先，教师需要平衡教学、研究和服务的多重职责。教师需要找到合适的方式来分配时间和精力，以便在教学工作中取得进展的同时也能够进行研究和学术交流。其次，教师需要不断提升自己的教学技能和专业知识，跟上教育领域的发展和变化。这可能需要参加专业培训、继续教育课程或参与教师交流活动等。

然而，通过积极的学习和努力，成长期的教师可以逐渐实现职业上的成长和发展。他们能够进一步提高教学质量，拓宽教育视野，并为学生的学习成果和整体发展做出积极的贡献。

教师职业生涯中的成长期是一个教师不断成长和发展的阶段。教师通过寻找和发展自己的教学风格，深入理解和运用教学理论，并积极参与学术研究和学校管理，实现职业上的进步和提升。

（三）成熟期阶段

教师职业生涯中的第三阶段是成熟期，这是一个教师在职业上达到稳定和满意度的阶段。在这个阶段，教师可能已经取得了显著的成就，无论是在教学、研究或服务方面，还是在学校领导职务上都有所发展。

1.职业成就的维持和提升

成熟期的教师已经建立起自己的声誉和专业形象。他们的教学经验丰富，能够有效地教导学生并取得良好的学习成果。在研究或服务方面，他们可能已经取得了一定的突破和贡献。在这个阶段，教师需要继续保持对教学的热情和投入，并不断寻求进步和创新，以保持职业成就的持续提升。

2.平衡个人生活和职业需求

成熟期的教师往往在职业和个人生活之间面临平衡的挑战，他们可能担任重要的学校领导职务，承担更多的行政和管理责任。在这个阶段，教师需要学会合理规划时间和精力，确保工作与个人生活之间的平衡。这意味着给予自己足够的休息和放松时间，保持健康的身心状态，同时保持对学生和教育事业的关注和奉献。

3.寻求持续发展和专业成长

即使在成熟期，教师也需要继续追求持续发展和专业成长。他们可以参与专业发展项目、研讨会和学术会议，与同行交流和分享经验。此外，教师还可以担任导师的角色，指导和培养新进教师的成长。通过持续学习和教育，教师可以不断更新自己的知识和技能，与时俱进。

成熟期的教师在职业生涯中已经取得了一定的稳定和满意度，但仍然面临一些挑战。例如，他们可能需要处理更复杂和高级的教学任务，应对学生的多样化需求和挑战。同时，教师还需要与其他教职员工、学生家长和学校管理层保持良好的合作关系，共同促进学校的发展和进步。

通过持续努力和不断追求进步，成熟期的教师可以保持职业成就的稳定和提升，并在教育领域中产生积极的影响。他们的经验和智慧将为学生的成长和发展提供重要的支持和指导，并对教育领域的发展做出持久的贡献。

二、教师的职业发展路径

教师的职业发展并非线性的单一路径，而是包含多种可能性和选择的路径，这些选择受到个人兴趣、能力、职业期望及所在学校的支持和需求等多方面因素的影响。

（一）更加深入地专注于教学

某些教师选择更加深入地专注于教学，其致力于提升自己在教学方面的技能和专业知识，以在教育领域中取得重要的影响力。这些教师不仅把教学视为一份工作，而是将其作为一项职业使命，并不断追求卓越。

为了提升自己的教学能力，这些教师积极参加专业培训和教育研讨会，与同行分享经验和最佳实践。他们通常关注教育领域的最新发展和研究成果，并努力将这些知识应用到自己的课堂实践中。这些教师对不同的教学方法和策略保持开放的心态，愿意尝试新的教学技术和创新实践，以不断改进自己的教学效果。

这些教师可能成为教学领域的专家，在课堂中展示出卓越的能力和独特的教学风格。其深入了解学科内容，并能够将复杂的概念和知识以简明易懂的方式传授给学生。这些教师善于激发学生的兴趣和好奇心，鼓励他们主动参与学习过程，培养学生的批判性思维和问题解决能力。

这些教师可能被委任为学科主管或担任课程设计的指导角色。他们参与教学团队的协作工作，与其他教师分享自己的专业知识和经验。他们组织教学研讨会，促进同行之间的互动和学习。通过这些活动，他们不仅对自己的教学技能有所提升，还对整个学校或教育机构的教学质量产生积极的影响。

通过不断精进教学技能和知识，这些教师能够为学生提供优质的教育体验和指导。他们关注学生的个体差异，采用多样化的教学方法和评估方式，以满足不同学生的学习需求。他们注重培养学生的综合素养和核心能力，包括批判性思维、创造力、合作与沟通能力等。

这些教师的努力和奉献使他们成为教育领域的推动者和改革者。他们不仅影响着自己所教的学生，还通过分享经验和成果来影响更广泛的教育社群。他们对教学的热情和追求卓越的态度激励着其他教师，并为教育领域的发展做出积极的贡献。

这些教师选择更加专注于教学，并通过不断学习和实践来提升自己的教学能力。他们成为教学领域的专家，通过优质的教育实践对学生产生重要影响，同时也为教育领域的进步和发展做出了有意义的贡献。

（二）投身于学术研究

选择专注于学术研究的职业发展路径，教师须将重心投放在研究领域，努力探索新的问题，推动知识的扩展和创新。在这个过程中，教师可以独立开展研究，也可能联合其他研究人员共同探寻未知。深入研究，掌握先进的研究方法和技巧，密切关注学术界的新动态，并积极参与国内外学术交流，与同行分享见解，共同探索问题的解决方案。

成果的呈现通常通过学术论文展现，分享到学术界和教育界。在高质量的学术期刊上发表文章，既展示了自身的研究水平，又可以进一步提升学术声誉和影响力。此外，还可以积极参与学术社群和学术组织的活动，如担任学术期刊的审稿人或学术委员会的成员，进一步扩大个人在学术界的影响力。

选择专注于学术研究的教师，通过深入的研究和学术贡献，对教育领域的发展产生实质性影响。他们的成果和见解为教育政策制定、教学实践和教育改革提供了有价值的参考。这种职业路径既能丰富教师个人的学术成就，同时也在推动教育进步和发展方面起到了重要的作用。

（三）走向学校管理或领导岗位

选择走向学校管理或领导岗位的教师在其职业规划中展现了更广泛的影响力。他们通过承担如课题组组长、系主任、教研室主任等管理职务，锻炼领导和管理能力，并对学校的教学和研究活动产生推动作用。

在组织和协调教学活动方面，这些教师负责参与制定和实施学校的教育发展计划和教学目标，以确保教学质量和学生学习成果的提升。他们的角色涵盖了与其他教师的协作，为他们的教学工作提供指导和支持，并促进教师间的专业发展和合作。此外，他们还需要与家长和学生建立积极的家校合作关系，以共同促进学生的全面发展。

在协调教研活动方面，这些教师负责组织教研讨论和研讨会，以促进教师间的学科交流和教学经验分享。他们引导教师开展教学研究，推动教学方法和策略的改进与创新。同时，他们也参与教材和课程的设计，以确保教学内容的及时性和针对性。

在学校管理和领导岗位上，这些教师承担着重要的决策和管理职责。他们需要运用领导技能，协调资源，解决问题，并推动学校的发展。他们与学校领导团队紧密合作，参与制定学校的发展战略和政策。此外，他们还代表学校参与教育机构的合作和交流，争取更多的资源和机会。

选择走向学校管理或领导岗位的教师在更广泛的层面上推动教育领域的发展。他们在领导和管理的角色中，推动学校的整体发展，提升教学质量，推动教师的专业成长，并与家长、学生和其他利益相关者共同努力，为学生的成功和教育的进步贡献力量。他们的职业规划和努力为学校和教育社区带来了积极的变化和影响。

三、教师的职业发展支持

学校和社会应为教师的职业发展提供全方位的支持，帮助教师提升专业能力、进行学术研究、规划职业发展，最终实现个人和职业的成功，其具体体现如 2—5 所示。

教师培训
支持教师职业发展的基石
研究资助
支持教师职业发展的关键
职业指导
支持教师职业发展的重要支持

图 2—5　教师的职业发展支持因素

（一）教师培训——支持教师职业发展的基石

教师培训是支持教师职业发展的基础支持。学校和社会应提供多样化的培训项目，以帮助教师提升教学技能和专业知识。这些培训项目应涵盖各个学科领域，确保教师能够获得他们所需的特定教学知识和技能。通过提供广泛而深入的培训，教师能够更好地应对不断变化的教育环境和学生需求。

除了学科专业的培训，教师培训项目还应关注教师的个人发展。这包括提供领导力培训，帮助教师发展管理和领导能力，承担更具挑战性的教学任务和管理职责。此外，培训项目还可以涵盖沟通技巧、教师间合作和团队建设等方面的内容，提高教师的人际关系和协作能力。

为了满足教师的不同需求和兴趣，培训项目应提供多样化的选择。这包括线下和线上培训形式的结合，灵活的学习时间和方式，以便教师根据自己的时间安排和学习偏好进行选择。此外，培训项目还应考虑不同教师的经验水平和专业发展阶段，提供初级、中级和高级的培训课程，以满足教师在不同阶段的成长需求。

通过多样化的教师培训项目，教师可以持续提升自己的教学能力和专业知识。这不仅对个人的职业发展有益，也对学生的学习成果和教育体验产生积极影响。因此，学校和社会应共同努力，为教师提供丰富多样的培训机会，确保他们能够成为具有高素质教育专业能力的教育者。

（二）研究资助——支持教师职业发展的关键

1.设立研究基金：支持教师研究项目

为了推动教师进行学术研究和创新，学校和社会应设立研究基金，为教师的研究项目提供资金支持。这些研究资金可以用于购买研究设备和材料、聘请研究助理、支付研究经费、参加学术会议等。研究资助的设立为教师提供了追求学术研究的机会和资源，鼓励他们在教学实践中进行深入的研究探索。

通过设立研究基金，教师可以自主选择研究主题，展开独立或合作的研究项目。他们可以深入探索感兴趣的领域，提出新的研究问题，并通过实证研究和理论构建等方式产生有价值的研究成果。研究资金的支持为教师提供了开展深入研究所需的物质条件，促进了他们的学术发展和创新能力的提升。

2.提供研究设施和资源：便利教师研究活动

除资金支持，学校还应提供相应的研究设施和资源，为教师的研究活动提供便利条件，包括研究室、图书馆、数据库、实验设备等。教师可以利用这些设施和资源进行实证研究、文献综述和数据分析等工作，提高研究的可行性和准确性。

学校图书馆应提供丰富的学术文献和数据库，以支持教师的文献综述和研究文献查阅。研究室和实验室应配备必要的研究设备和技术支持，满足教师进行实证研究和实验研究的需求。此外，学校还可以建立合作关系，与其他研究机构或行业合作，共享研究设施和资源，拓宽教师的研究空间和机会。

通过提供充足的研究设施和资源，学校为教师创造了一个有利的研究环境，激发了他们的研究热情和创新潜力。这为教师开展高质量的学术研究提供了必要的支持和条件，促进了他们在学术界的声誉和影响力的提升。

（三）职业指导——支持教师职业发展的重要支持

职业指导是帮助教师规划职业发展和解决职业问题的重要支持。为此，学校和社会应设立专门的职业指导机构，提供个人咨询、职业规划指导和职业发展研讨会等服务，以满足教师的职业发展需求。

设立职业指导机构可以为教师提供个性化的咨询和指导。教师可以通过个人咨询与专业的职业指导师进行面对面的交流，探讨自己的职业兴趣、优势和目标。职业指导师可以帮助教师进行自我评估，了解自己的职业潜力和发展方向，以制定适合自己的职业发展策略。

职业规划指导是职业指导机构提供的重要服务之一。通过职业规划指导，教师可以制定明确的职业目标，并了解达成这些目标所需的步骤和资源。职业指导师可以为教师提供职业发展规划的建议和指导，帮助他们制订可行的职业发展计划，并逐步实现自己的目标。

职业发展研讨会和培训活动也是职业指导的重要组成部分。这些活动可以帮助教师了解行业动态和趋势、不同职业发展路径的机会和挑战。

教师可以通过与其他教师和职业专家的交流和分享，获取宝贵的职业发展经验和建议，拓宽自己的职业视野。

通过设立职业指导机构和提供相关的服务，学校和社会为教师的职业发展提供了重要的支持。职业指导师的专业知识和经验可以帮助教师在职业发展过程中更好地规划和解决问题，使他们能够在教育领域中实现个人和职业的成功。

四、教师的职业满意度和保持

教师的职业满意度是评估教师职业发展的重要指标。职业满意度不仅影响教师的工作态度和效率，也关系到教师是否愿意继续从事教育工作，因此，理解和改善教师的职业满意度对保持稳定的教师队伍至关重要。

（一）工作环境

工作环境是影响教师职业满意度的重要因素。一个良好的工作环境可以提供给教师所需的支持，创造有利于工作的氛围及满足教师进行教育工作的基本需求。

1. 物理环境

物理环境主要是指教师的工作地点和设施，如教室、办公室、图书馆等。这些地方的设施和条件会直接影响教师的工作效率和舒适度。例如，一个明亮、宽敞、设备齐全的教室可以提供一个优秀的教学环境，帮助教师进行高效的教学活动。一个安静、舒适的办公室则可以为教师提供一个良好的学术研究和工作空间。此外，学校的图书馆和实验室等设施的丰富程度也能体现教师的学术资源和支持。

2. 社交环境

社交环境涉及教师与同事、学生、家长、学校领导等关系。良好的人际关系可以增加教师的职业满意度，提高工作的积极性和投入度。对于教师而言，他们需要与同事之间保持良好的沟通和合作，与学生建立互相尊重的师生关系，与家长建立有效的合作伙伴关系，以及得到学校领导的理解和支持。如果在这些社交关系中存在冲突或问题，可能会影响教师的工作情绪和表现，降低职业满意度。

3. 心理环境

心理环境指的是教师在工作中的心理感受和状态，包括对工作的满足感、工作压力的感受和对工作的认同感等。一个良好的心理环境可以提高教师的职业满意度，帮助他们充满热情和动力地进行工作。反之，如果教师感到工作压力过大，或是感到自己的工作得不到充分的认可和尊重，可能会影响他们的工作表现，降低职业满意度。

在实践中，学校应尽力创造一个良好的工作环境，满足教师的物理环境、社交环境和心理环境的需求。这可能需要学校投资改善设施，提供专业发展和支持，建立公平和尊重的工作氛围及尽力解决可能影响教师工作的问题和冲突。通过这些措施，学校可以提高教师的职业满意度，保持稳定和高效的教师队伍。

（二）待遇

待遇在教师的职业满意度中起着重要的作用，涵盖薪资、福利和工作保障等方面。当教师感到他们的待遇公平且符合其工作贡献时，会产生更高的工作满意度和投入度。反之，如果他们觉得自己的待遇不公或者低于他们所做的贡献，可能会感到不满，职业满意度也会随之下降。

1. 薪资

对于教师而言，薪资是评价其工作价值的一种重要方式。他们期望薪资能够公平地反映自己的工作量、技能水平及教育背景。如果教师觉得他们的薪资水平无法满足这些期望，或者与其他行业或学校的薪资水平存在差距，他们可能会感到不满，职业满意度降低。

2. 福利

福利是增加教师职业满意度的另一个重要因素。这包括医疗保险、退休金、教育补助、住房补助等。这些福利不仅能提升教师的生活质量，也可以提供一种激励，让他们感觉自己的工作受到了认可和尊重。

3. 工作保障

工作保障对于教师的职业满意度也非常重要。如果教师感到自己的职位稳定，可以长期在教育领域发展，他们将更有可能对自己的工作感到满意；而如果他们担忧失业或被替代，可能会产生不安和焦虑，影响其职业满意度。

在实际工作中，学校和教育机构应该努力提供公平和竞争力的待遇，以提高教师的职业满意度。他们可以通过提高薪资、增加福利或者提供更好的工作保障来达到这个目标。同时，他们也应该确保待遇的分配是公正和透明的，以消除教师的疑虑和不满。

（三）职业发展机会

职业发展机会是教师职业满意度的重要因素之一。当教师看到自己能够通过努力工作而实现职业进步时，其满意度和工作积极性通常会提高。

1. 职业晋升机会

教师的职业满意度往往与其晋升机会密切相关。如果教师看到有机会从基础的教职工作晋升到更高级或管理层次的职务，如成为系主任、学院院长，甚至是学校的高级管理者，教师会感到自己的努力有所回报，这将提高其工作满意度。相反，如果教师觉得自己被困在一个没有发展前景的职位上，则可能会感到失望和不满。

2. 专业发展机会

除了职业晋升，教师的专业发展机会也会影响其职业满意度，这包括参加专业发展培训、研讨会或者其他形式的继续教育。教师期望自己能不断提升教学技能和专业知识，以适应教育环境的变化和提高教学效果。如果教师能够获得这样的机会，他们的职业满意度就会提高。

3. 研究机会

对于一些在学术领域工作的教师，研究机会也是其职业发展的重要组成部分。这包括参与研究项目、撰写和发表学术论文，或者参加学术会议等。如果教师有机会进行研究，并因此获得职业发展和认可，他们的职业满意度会增加。

为了提高教师的职业满意度，学校和教育机构应当尽可能地提供丰富和多样化的职业发展机会。这包括设置明确和公平的晋升通道，提供专业发展培训和支持，或者鼓励并资助教师的研究活动。通过这些方式，教师可以看到自己的努力和工作能够带来职业上的回报，从而提高他们的职业满意度。

五、促进教师职业发展的策略

为了促进教师的职业发展，学校和教育机构需要采取全面而系统的策略。这些策略需要综合考虑教师的个人需求、学校的目标及教育领域的发展趋势。

（一）提供持续的专业发展机会

教育机构应当认识到教师专业发展的重要性，为此提供持续且深入的专业发展机会。这种机会可以来自多元化的渠道，涵盖不同的专业领域，以满足教师的不同需求和兴趣。

首先，提供充实的研究生课程。这种课程应包括那些能够深化教师在教育理论和实践方面知识的课程，使教师能够更深入地理解和应用教育理念。同时，研究生课程应注重研究方法的训练，使教师能够有效地进行教育研究，改进教学实践。

其次，定期举办的研讨会和工作坊也是重要的专业发展机会。通过这些活动，教师可以了解教育领域的最新研究成果，掌握新的教学策略和工具，分享自己的教学实践经验。此外，研讨会和工作坊还为教师提供了与同行交流的机会，促进了教师之间的专业合作和互助。

最后，组织专门的研究小组，让教师可以在一定的时间和空间内深入探讨特定的教育问题，也是一种有效的专业发展方式。通过研究小组，教师可以在实践中解决实际问题，提高自己的解决问题能力和创新能力。

（二）强化教师评价与激励机制

教师评价与激励机制是促进教师职业发展的关键策略，具有丰富的内涵和多元的形式。

评价机制，旨在对教师的教学实践和专业发展进行全面、公正的评估，这是提高教师工作效果和教育质量的必要手段。有效的教师评价机制应包括多元化的评价方式，如课堂观察、同行评审、学生评价等，以得到全面、多角度的教师表现信息。评价内容也应全面，既包括教师的教学技能和学生学习成果，也包括教师的专业成长和学术贡献。这样的评价可以帮助教师了解自己的优点和不足，确定专业发展的目标和方向。

激励机制，旨在通过物质和精神奖励，激发教师的积极性和创新性，从而促进教师的专业发展。物质激励包括提供适当的薪酬、福利、职务晋升等，以回馈教师的工作贡献，增强教师的工作满意度和忠诚度。精神激励包括公开表扬、授予荣誉、提供发展机会等，以肯定教师的成就，激发教师的自豪感和成就感。

无论是评价还是激励，都应以教师的专业发展为目标，以公正、尊重、合作为原则，这是实现教师评价与激励机制的基本要求。只有这样，教师才能在评价与激励的过程中不断提升自己的专业能力，实现个人价值，同时为学校和学生的发展做出更大的贡献。

（三）强化专业发展支持体系

支持教师专业发展体系对于教师的职业生涯非常关键，可以提供多元化的发展机会，帮助教师提升专业技能，进一步提高教育质量。

专业发展支持体系应涵盖多种形式的教师培训和学习机会，如教师研修课程、教师研究小组、研究项目、教育会议和研讨会等。这些活动既能提供新的教学理念和技巧，也能激发教师的思考和创新，帮助他们更新教学视角，提升教学效果。

专业发展支持体系还应提供多样的资源和服务，如教育研究资料、教学设备和技术、教育咨询和指导等。这些资源和服务能为教师的教学和研究提供必要的支持，增强他们应对教学挑战的能力，促进他们的教学创新和研究成果。

专业发展支持体系应在注重教师个体发展的同时，推动教师间的专业交流和合作，形成积极的学习社群。通过共享经验、交流观点、合作研究等方式，教师能扩大专业视野，提升专业能力，促进共同发展。

强化专业发展支持体系，需要教育机构和社会的共同参与和努力。教育机构需要制定完善的教师培训和发展策略，提供丰富的发展机会和资源，建立公平、公开的发展环境。社会需要重视教师专业发展的重要性，提供必要的资助和政策支持，鼓励和推动教师的专业发展。只有这样，教师才能在专业发展的道路上不断进步，为提高教育质量和促进社会发展做出更大的贡献。

（四）建立合作和共享的教育文化

建立合作和共享的教育文化是促进教师职业发展的重要策略。这种文化可以建立在教师间的互相尊重、理解和支持之上，促进教师共享教学经验，开展专业学习，互相学习，共同成长。

在合作和共享的教育文化中，教师被鼓励分享他们的教学经验、研究成果、教学资源等。这种共享行为不仅可以提升教师的专业能力，也可以为其他教师的教学工作提供宝贵的参考和资源。此外，教师还可以通过互相观摩教学、参与教研活动等方式，了解和学习其他教师的教学方法，提升自己的教学能力。

合作和共享的教育文化也鼓励教师之间的合作。教师可以通过合作开展教研项目，设计和实施教学活动，解决教学问题。这种合作不仅可以提升教师的专业能力，也可以拓宽他们的视野，增强他们的创新能力。通过合作，教师可以互相支持，共同面对教学挑战，提高教学效果。

建立合作和共享的教育文化需要学校和教育机构的支持和推动。学校和教育机构可以通过制定相关政策，提供相应的资源和机会，鼓励教师的共享和合作行为。此外，学校和教育机构还需要通过培训、研讨会等方式，培养教师的共享和合作精神，增强教师的团队协作能力。

（五）关注教师福利和工作满意度

对教师福利和工作满意度的关注是推动教师职业发展的重要策略。通过改善教师的待遇、优化工作环境、减轻工作压力等措施，可以提高教师的工作满意度，从而激发他们的工作热情，促进他们的职业发展。

在教师福利方面，提供公平和适当的待遇是提高教师工作满意度的关键因素。这包括提供具有竞争力的薪资、合理的福利待遇及稳定的工作保障等。通过提供这些福利，可以使教师感到他们的工作得到了合理的回报，从而提高他们的工作满意度。

在工作环境方面，优化教师的工作环境也可以提高他们的工作满意度，包括提供安全舒适的工作空间、设备齐全的教学设施及友善的工作氛围等。通过提供这些条件，可以使教师在舒适和支持的环境中进行教学工作，从而提高他们的工作满意度。

在工作压力方面，减轻教师的工作压力也是提高教师工作满意度的重要措施。教师的工作压力可能来自教学任务的繁重、学生问题的处理及教育改革的压力等。学校和教育机构可以通过合理分配教学任务，提供学生问题处理的支持及关注和反馈教育改革的影响，减轻教师的工作压力。

（六）提供多元化发展路径

提供多元化的发展路径是促进教师职业发展的关键策略。教师的职业兴趣和目标可能各不相同，因此，提供多元化的发展路径，如教学、研究、管理等多个方向，可以满足不同教师的需求，激发他们的职业激情和动力。

在教学方向上，教师可以通过深入教学实践，提升教学技能，开发新的教学方法，提升教学效果。这种发展路径适合对教学有深厚兴趣和热情的教师，可以使他们在教学工作中发挥最大的潜力。

在研究方向上，教师可以通过进行科研项目，深入研究领域，发表学术论文，提升研究能力和影响力。这种发展路径适合对学术研究有强烈兴趣的教师，可以使他们在研究工作中发挥最大的潜力。

在管理方向上，教师可以通过参与学校的管理工作，提升领导技能，影响学校的发展方向。这种发展路径适合对教育管理和领导有兴趣的教师，可以使他们在管理工作中发挥最大的潜力。

提供多元化的发展路径不仅可以满足教师不同的职业需求，也可以充分发挥教师的潜力，推动他们的职业发展。这种多元化的发展路径可以让教师根据自己的兴趣和目标，选择最适合自己的职业发展方向，从而提高他们的工作满意度和职业忠诚度。

第三章　高校教师管理的方法和策略

第一节　高校教师的招聘与选拔

在高等教育机构中，教师的招聘和选拔是影响教学质量和学校发展的重要因素。确保招聘到的教师具有所需的专业知识和教学能力，能够承担好教学和研究任务，对于提高学校的教育质量、满足学生的学习需求及推动学校的科研发展都有着重要意义。

一、招聘策略和流程

在高校教师招聘中，策略设计、流程规划及标准设定是三个关键步骤。它们决定了教师招聘的效率、公平性及结果的质量。

（一）招聘策略的设计

招聘策略的设计应当始于明确学校的教育理念、教学目标及研究定位。这些核心理念和目标会影响到招聘教师的具体要求。学校需要确定自身是否更注重教学经验丰富的教师，还是更看重具备突出研究能力的教师。这种明确的定位有助于确保招聘到的教师与学校的教育价值观和目标相一致。

首先，招聘策略的设计需要考虑市场环境。了解当前教师市场的供应状况，对于制定有效的招聘策略至关重要。如果教师市场供应充足，学校可能有更多选择，并可以更加挑剔地寻找符合要求的候选人。相反，如果教师市场供应紧张，学校可能需要采取更具吸引力的招聘策略，如提供更好的薪资福利、职业发展机会或其他激励措施等，以吸引优秀的教师加入。

其次，了解竞争对手的招聘策略也是设计招聘策略的重要因素。学校可以通过研究竞争对手的人才吸引手段和优势，从中吸取经验并找到自身的差异化优势。这有助于学校在招聘过程中更好地定位自己的特色和优势，吸引到与学校理念和目标相契合的教师。

最后，招聘策略的设计还需要考虑招聘渠道和方法。学校可以选择多种途径来发布招聘信息，如在教育专业网站、社交媒体平台、校园招聘会等发布招聘信息，以吸引更广泛的教师人群。同时，学校也可以与相关教育机构、学术机构建立合作关系，通过推荐、引进人才的方式拓展招聘渠道。

（二）招聘流程的规划

招聘流程的规划需要确保公平性和效率，以保证所有申请者都有公平的机会参与竞争并达到招聘目标。

1.公平性

公开透明的招聘信息：招聘广告应明确说明岗位要求、薪资范围、福利待遇及申请程序等关键信息，以确保申请者对招聘条件有清晰的了解。

公正无私的选拔过程：确保招聘团队成员遵循严格的道德准则和招聘政策，避免任何歧视行为或主观偏好，以公正地评估每位申请者的能力和适合度。

透明的反馈机制：为申请者提供有关其申请状态和结果的及时反馈，以增强流程的透明度和可信度。

2.效率

合理设置的流程步骤：流程规划应明确定义每个步骤的任务和目标，避免重复或冗余步骤，以提高整体效率。例如，招聘流程可以包括简历筛选、面试、背景调查和最终决策等步骤。

明确的时间线：为招聘活动制订清晰的时间计划，包括每个步骤的起止时间和期望完成时间，以确保招聘流程按计划进行，并能及时响应申请者的需求。

资源分配：评估和确定所需的人力、技术和物质资源，以支持招聘流程的顺利执行。这包括招聘人员、面试官、场地、技术设备等资源的预先安排和调配。

3. 预期招聘结果

招聘数量：明确招聘的具体数量和招聘周期，以便为流程规划和资源分配提供准确的依据。

特定需求的考虑：如果有特定领域或级别的教师需求，如某个学科的专家或高级教师，应在流程规划中重点考虑这些特殊要求，以确保找到最合适的人选。

在规划招聘流程时，需要综合考虑公平性和效率，并与相关利益相关者（如招聘团队、申请者和内部部门）进行沟通和协调，以确保最佳的招聘结果。定期评估和调整流程，根据反馈和经验教训进行改进，也是确保持续优化招聘流程的重要步骤。

（三）招聘标准和要求的设定

招聘标准和要求的设定是确保招聘质量的关键因素，它们需要明确期望的教师应具备的基本条件，并与学校的教育理念和目标相吻合。

1. 学历要求

学历要求是确定教师应具备学术背景和知识水平的基准。这可能包括学士、硕士或博士学位的要求及特定专业或领域的学习背景。通过设定学历要求，学校可以确保教师具备所需的学术基础和相关领域的专业知识。

2. 语言能力

语言能力的要求是根据学校的语言环境和需求设定的。如果学校要求教师具备双语教学能力，那么标准设定可以包括对教师的语言能力进行评估，如口语和书写能力。这确保教师能够有效地进行双语教学和与学生、家长及其他教育工作者进行交流。

3. 教学经验

教学经验要求涉及教师在教学领域的实际经验和教学能力的评估。学校可以设定期望的教学年限及特定学科或年级的教学经验要求。这有助于筛选出具备相关经验和适应学校教学要求的教师，确保他们能够胜任所分配的教学任务。

4. 研究能力

研究能力的要求可以涉及教师在学术研究领域的背景和成就。学校可能会要求教师具备一定的研究背景、发表过论文或参与过研究项目。这有助于选拔具有研究潜力和学术能力的教师，推动学校的教学和学术发展，并为学生提供更丰富的学习机会。

5. 国际化要求

国际化要求针对学校的国际化程度和多元文化环境设定。这包括对教师具备跨文化交际能力和国际教育经验的要求。教师需要能够与来自不同文化背景的学生和教育工作者建立有效的沟通和合作关系。这有助于促进跨文化理解和教育交流，为学生提供国际化的教育体验。

在设定标准时，需要考虑当前教育环境的发展趋势和学校的长远目标。招聘标准应与教育行业的最新趋势和最佳实践相一致，以确保招聘到具备现代教育技能和知识的教师。此外，标准设定还应考虑到学校的特殊需求和特色，以便找到与学校文化和教育理念相匹配的教师。

标准设定应在招聘流程中得到充分应用，从简历筛选到面试评估，以确保招聘的教师能够满足学校的期望和要求，为学生提供优质的教育。

二、教师选拔的评估标准

教师选拔的评估标准是确定教师质量的重要因素。理想的教师应具备多方面的能力，其中包括丰富的学历背景、卓越的教学经验及出色的研究能力等。这些标准的细化和具体化，能够帮助选拔出最符合学校需求的教师，如图 3—1 所示。

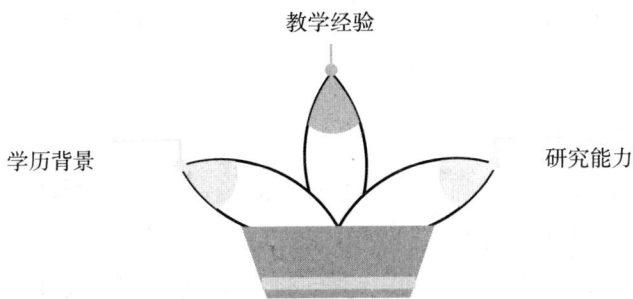

图 3—1 教师选拔的评估标准

（一）学历背景

学历背景不仅能够提供对申请者专业知识水平的直接证明，也能够展示其学习和研究能力。学历背景的具体要求可能因高校及其不同部门的需求有所不同，但一般而言，对教师的最基本要求是拥有研究生学历。

尤其是对于教授或研究型教师的职位，招聘方可能更倾向于选择拥有博士学位的申请者。博士学位不仅代表了申请者在某一领域内的深入研究和专业知识，而且意味着他们具有独立进行研究的能力。此外，博士学位也意味着申请者具有批判性思考、解决问题能力和创新能力，这些都是高校希望其教师拥有的素质。

对于申请者的学历领域，一般要求与所申请的职位相匹配。例如，申请计算机科学教师职位的申请者，其学历领域最好为计算机科学或相关领域。这是因为，只有对教学领域有深入理解的教师，才能更好地教授专业知识，指导学生的学习。

除了学历级别和领域，招聘方可能会对申请人毕业的院校级别有所关注。毕业于知名高校的申请者可能会被认为具有更高的教学和研究能力。同时，招聘方可能会对申请者的课程设置感兴趣，如他们是否修过教育学相关的课程，是否接受过教师资格认证的培训等，这些都能为他们的教学能力提供证据。

申请人是否在自己的领域进行过深入研究也是一个重要的考虑因素。

这可能通过他们的硕士或博士论文，或者他们发表的研究文章等方式体现出来。进行过深入研究的申请者通常被认为有更高的专业素养，更能进行高质量的教学和研究工作。

（二）教学经验

教学经验是评估教师质量的重要依据。一位卓越的教师不仅需要掌握扎实的专业知识，还需要具备出色的教学技巧和方法，并且能够与学生进行有效互动。在评估教师应聘者时，招聘方通常会关注其教学记录、评价报告，甚至可能会参观其实际的教学情况。

教学记录包括教师曾经执教的学校、教授的学科或课程及任教的年级或教学经历。这些记录可以展示教师在不同教育环境中的教学经验和适应能力。招聘方可以通过分析教学记录，了解教师在教学中所取得的成绩、学生的表现及教学评估等方面的情况。

评价报告可以是学生、同事、家长或上级领导对教师的评价和反馈。学生的评价反映了教师在教学过程中对学生学习和发展的影响；同事的评价可以从教师与同事合作的角度评估其教学质量和团队合作能力；家长的评价则能够反映教师在与家长沟通和合作方面的表现；而上级领导的评价则可能更关注教师在学校或教育机构的管理能力和领导潜力。

此外，招聘方还可能会参观教师的实际教学情况，以直接观察教师的教学能力和互动能力。实地观察可以帮助招聘方了解教师在课堂上的授课方式、学生与教师的互动情况及教师如何应对学生的问题和挑战等。通过实地观察，招聘方可以更全面地评估教师的教学表现和适应能力。

对于初入教育行业的申请人，教育相关的实习或志愿者经验也被认为是一种有效的教学经验。虽然这些经验可能不同于正式的教学职位，但它们可以展示申请人对教育工作的热情和教学潜力。教育实习或志愿者经验包括在学校或其他教育机构中辅导学生、参与课程设计或教育项目的组织等。这些经验可以证明申请人在教学环境中的积极参与和能力发展。

（三）研究能力

当选拔研究型教师时，研究能力是一个关键考量因素。优秀的研究能力不仅体现在研究成果的数量，更重要的是体现在研究的质量和影响力。研究成果的形式多种多样，包括在高质量期刊上发表的文章、所撰写的书籍以及在学术会议上的报告等。

发表在高质量期刊上的文章是评估研究能力的重要指标之一。这些期刊具有严格的同行评议流程，对于研究的原创性、方法学、实证分析和学术价值等方面有高要求。在这样的期刊上发表论文，表明申请人在其研究领域内做出了有质量的贡献，受到同行专家的认可。

撰写的书籍也是评估研究能力的重要参考。出版书籍需要对特定领域有深入的理解和独特的见解，这对于研究者而言是一项具有挑战性的任务。出版书籍可以展示申请人对于研究主题的深度探索和综合分析能力及对学术写作的娴熟运用。

参与学术会议并作报告也是展示研究能力的重要方式之一。学术会议提供了一个交流研究成果、与同行学者讨论和分享见解的平台。通过在学术会议上展示研究，申请人可以展示其对于研究领域的了解和研究成果的实质性进展。

除了研究成果的形式，申请人的研究方向和方法也会影响其研究能力的评估。研究方向应当与申请人所申请的教职岗位相关，并且表明其在该领域具备专业知识和广泛的背景。此外，申请人应当展示对于研究方法的熟练掌握，包括数据收集、数据分析、实证研究设计等方面的能力。

三、面试和评审过程

面试和评审过程在教师选拔中起着至关重要的角色。其目的是评估候选人的专业知识、教学技巧、沟通能力和研究潜力等。有效的面试和评审过程应该公正、透明，并能有效地识别出最符合招聘要求的候选人。面试和评审过程如图3—2所示。

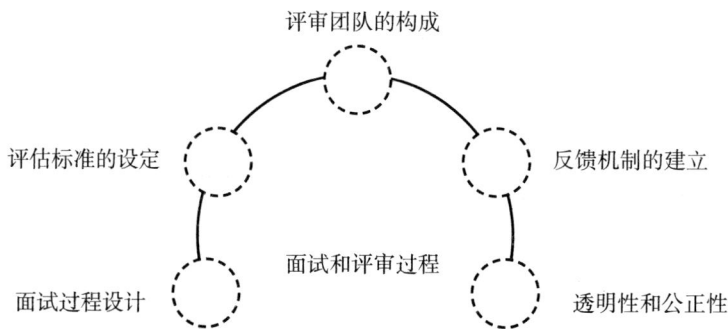

图 3—2　面试和评审过程

（一）面试过程设计

一个成功的面试过程设计需要经过精心策划，以在有限的时间内全面了解候选人的能力和潜力。

首先，除了对候选人的专业知识进行面试外，还可以引入教学演示环节。这可以要求候选人扮演教师角色，在一定时间内展示其教学能力和教学风格。通过观察他们的教学方法、内容组织和与学生互动的方式，可以评估其教学技巧、表达能力和与学生沟通的能力。

其次，可以组织研究项目讨论环节。在这个环节中，候选人可以介绍自己过去或正在进行的研究项目，并回答评委们提出的问题。这可以帮助评估候选人在研究方面的专业程度、创新能力和解决问题的能力。评委们可以就研究设计、数据收集与分析、实验过程及研究结果进行深入的讨论，以了解候选人的研究思路、方法和对于学术领域的贡献。

再次，设置小组讨论或案例分析环节。候选人可以与其他候选人或评委们一起讨论特定的教育问题或实际案例。这可以考察候选人的团队合作能力、问题解决能力、批判性思维和沟通能力。通过集体讨论，评委们可以更好地了解候选人在协作和交流方面的能力，并观察他们在团队中的角色扮演和领导能力。

最后，为了更全面地了解候选人，可以设置面试问答环节，让候选人回答与教育相关的开放性问题。这可以评估候选人的思维深度、分析能力和对教育问题的洞察力。

（二）评估标准的设定

设定明确的评估标准是确保面试过程公正和一致的关键因素。评估标准应该明确、具有度量性，并且与职位描述和要求相一致。

通过细化职位描述和要求，进而实现评估标准明确的定义所期望的能力和素质，确保每个评审员对所需的能力和素质有清晰的理解。例如，如果一个职位需要候选人具备良好的教学能力和学生互动能力，那么评估标准可以明确要求评审员观察候选人的教学演示和与学生互动的情况。

评估标准应该具有度量性，即可以量化和比较，从而使评审员能够对候选人进行客观的评估，并提供可比较的结果。例如，评估标准可以使用评分表或评分维度，将不同的能力和素质进行量化评分。这样可以使评审员能够根据标准化的评分指标对候选人进行评估，而不仅仅依靠主观印象或直觉。

评估标准的设定应与职位描述和要求一致。这意味着评估标准应该对于职位所需的关键能力和素质进行重点评估。如果一个职位需要候选人具备出色的研究能力和创新能力，那么评估标准应包括对候选人的研究成果、研究方法和创新思维进行评估。

在面试过程中，每一位评审员都应该使用相同的评估标准对候选人进行评估。这可以通过为评审员提供明确的评估指南和培训来实现。评审员应该了解每个评估标准的含义和如何使用评分指标进行评估，以确保评估结果的一致性和公正性。

评估标准的设定应该是一个综合考虑的过程，涉及多个利益相关方的意见和反馈。这包括教育机构的教学目标和价值观、学科专家的专业意见及现有教师团队的经验和建议。通过广泛的参与和讨论，可以确保评估标准的全面性和适用性。

（三）评审团队的构成

评审团队的构成对于一个全面、多角度的评估至关重要。评审团队包括以下不同成员：

1.学科专家

评审团队应包括该学科领域的专家，他们对该领域的教学和研究有深入的了解和经验。他们可以对候选人的学科知识、专业技能和研究能力进行评估。学科专家能够提供有关该领域最新趋势和标准的见解，确保评估与该领域的要求和期望保持一致。

2.人力资源管理人员

人力资源管理人员在评估候选人方面具有专业的经验和知识。他们可以帮助确保评估过程的公正性和合规性，从组织和管理的角度考虑候选人的适应性和潜力。他们可以为评审团队提供有关面试程序、评估标准和行为准则的指导。

3.跨学科教师

邀请来自其他学科领域的教师参与评审团队，可以提供跨学科的视角。这些教师可能具有不同的教学和研究背景，能够从多个学科的角度评估候选人的综合能力和适应性。他们可以提供独特的观点和反馈，促进对候选人的全面评估。

4.学生代表

邀请学生参与评审过程可以提供对候选人在教学和学生互动中的实际效果的反馈。学生代表可以分享他们对候选人教学方式、学生关系和教育体验的观察和评价。他们的参与有助于确保候选人具备与学生有效沟通和建立良好关系的能力。

综合以上成员，一个多元化的评审团队可以从不同的角度和专业领域对候选人进行评估。每个成员的专业知识和经验都可以为评审过程增加价值，并确保评估结果更全面、客观和准确。评审团队的构成应根据具体职位的需求和学校的特定情况进行灵活调整，以确保评估过程的有效性和公正性。

（四）反馈机制的建立

建立有效的反馈机制对高校教师招聘选拔过程至关重要。一个良好的反馈环境能够确保招聘过程中的信息流通，以便各方都能从中获得成长。

对于候选人，反馈机制意味着了解自身在面试和评审过程中的表现。这种反馈可以从评审团队得到，包括对他们专业知识、教学能力和研究潜力的评价。通过反馈，候选人可以了解到自己的优势和需要改进的地方。例如，如果反馈指出他们的教学演示表现出色，那么他们就可以知道这是自己的一个优势。相反，如果反馈指出他们在某一领域的专业知识不足，那么他们就知道这是一个需要提升的地方。

同时，反馈机制对评审团队也同样重要。评审团队可以通过接收来自候选人和其他评审员的反馈，来了解和反思自己的评估方式和准则。例如，如果多个候选人都反馈说某一评估标准不够清晰，那么评审团队就需要重新考虑和明确这一标准。此外，通过反馈，评审团队还可以发现并纠正任何潜在的评估偏见，以确保评审过程的公正性。

建立有效的反馈机制需要清晰的沟通渠道及对反馈信息的重视和尊重。只有当反馈被认真对待，并用于改进招聘选拔过程，反馈机制才能发挥出最大的作用。因此，高校在设计招聘选拔过程时，需要认真考虑如何建立和运用反馈机制，以优化选拔过程，选拔出最符合要求的教师。

（五）透明度和公正性

透明度和公正性是面试和评审过程中至关重要的原则。

1.公开公告和说明

在招聘过程中，应该公开公告面试的要求、程序和评估标准。这样，所有的候选人都可以在相同的条件下了解面试的流程和评估的标准，从而有机会充分准备。公开的说明还可以让候选人知道他们在面试过程中将如何被评估。

2.一致的评估标准

评审团队应该共同遵守一致的评估标准和行为准则。这些标准和准则应该在面试前明确沟通给评审团队的每个成员，并确保他们对标准的理解和应用是一致的。这样可以避免评审团队个体主观偏见对候选人评估的影响，确保公正性和一致性。

3.结构化面试和评估

面试过程应该是结构化的，即使用相同的问题和评估指标来评估每位候选人。这样可以确保每位候选人在相同的标准下进行评估，避免对不同候选人的评估存在偏见或不一致性。

4.透明的评估流程

评审团队应该向候选人解释整个评估流程，并确保候选人了解每个阶段的目的和时间安排。这样可以减少候选人对于评估过程的疑虑和误解，增加他们对于整个过程的信任和参与度。

5.提供充足的反馈和理由

所有的评审决定都应该能够提供充足的理由，以便候选人了解评审结果的依据和原因。候选人应该有权要求反馈，并得到详细的解释和指导，以帮助他们理解自己的优势和发展领域。

6.监督和复核机制

建立评审团队的监督和复核机制，以确保评估过程的公正性和准确性。这包括内部评审和外部监督，以确保评审团队的行为和决策符合公正和透明的原则。

通过确保透明度和公正性，可以建立一个公正、公开和可信的面试和评审过程。这有助于吸引优秀的候选人，并增强组织对于候选人选择的合理性和公信力。

第二节　高校教师的培训与发展

在教育领域，尤其是高等教育领域，教师的职业发展至关重要。教师是知识的传递者和学生学习的引导者，他们的教学质量直接影响到学生的学习效果和学校的教育质量。因此，高校教师的培训和发展对于高校教育的成功至关重要。

一、教师培训的需求

（一）职业技能培训需求

职业技能培训需求对于高校教师具有重要性。除了丰富的专业知识外，需要具备团队协作能力、沟通能力和领导力等职业技能。团队协作能力对于教师而言至关重要，它使他们能够与同事合作开展项目，共同解决问题，并促进教学团队的协同工作。在教学环境中，教师们通常需要与其他教师、教育专业人员及学校管理层进行密切合作。通过团队协作培训，教师们可以学习如何有效地与不同背景和专业知识的人合作，提高整体团队的绩效。

沟通能力是一项关键的职业技能，对于教师与学生、同事和家长之间的沟通和交流至关重要。通过良好的沟通，教师能够准确传达信息、倾听他人的需求和关注，并建立起良好的师生关系和同事关系。教师可以通过沟通技巧的培训来提高自己的表达能力、倾听技巧和解决冲突的能力。这样的培训可以帮助教师更好地理解学生的需求，与同事进行有效合作，并与家长进行积极的沟通和合作，从而为学生的学习和发展创造更好的环境。

领导力能力在教师的职业发展中起着重要的作用。教师拥有领导力能力可以在学校中承担更多的责任和领导角色，如指导其他教师、参与决策制定和推动教学改革等。领导力的培训可以帮助教师发展自己的领导潜力，并学习有效地管理团队、激励他人和解决问题。教师通过领导力培训可以提高自己的组织和管理能力，更好地应对学校的挑战和变革，并为学校的整体发展做出贡献。

（二）教学能力培训需求

教学能力培训需求对于高校教师而言至关重要，因为他们的核心任务是进行有效的教学。教师需要具备高效的课程设计能力，能够根据学生的需求、学科的特点及教育目标设计富有启发性和互动性的课程。培训可以帮助教师学习如何设计课程框架、确定学习目标、选择适当的教材和资源，并利用多样化的教学活动激发学生的兴趣和参与度。

教学方法运用能力是指教师能够灵活运用各种教学方法和策略，以满足不同学生的学习需求。培训可以帮助教师了解和掌握多种教学方法，如讲授法、讨论法、案例分析法、合作学习等，并教导他们如何根据不同的教学情境选择合适的教学方法。通过培训，教师可以提高他们的教学灵活性和适应性，创造出更具启发性和互动性的学习环境，满足学生的不同学习风格和需求。

教学评估能力是教师准确评估学生学习进展和掌握程度的能力。通过评估，教师可以了解学生的学习成果，发现学生的弱势领域，并为后续的教学调整提供依据。培训可以教导教师如何选择和运用不同的评估方法，包括考试、作业、课堂参与、项目作品等，以获得全面而准确的学生评价信息。此外，培训还可以帮助教师学习如何利用评估结果进行个性化指导，以支持学生的学习和发展。

通过教学能力培训，教师可以提高他们的教学水平和效果。他们将能够设计出更具启发性和互动性的课程，应用多样化的教学方法，准确评估学生的学习成果。这将有助于创造积极的学习环境，激发学生的学习动力，提高学生的学习成绩和综合能力。教师培训可以提供专业的指导和实践机会，帮助教师不断发展和完善自己的教学能力，为学生提供更优质的教育。

（三）科研能力培训需求

科研能力培训需求在高校教师中具有重要性，因为科研是他们的职责之一，也是学术发展和知识创新的关键驱动力。

研究方法培训对于教师学习和应用科学研究方法与技巧至关重要。这方面的培训可以帮助教师了解和掌握不同学科领域的研究方法，包括实证研究、定性研究、实验设计、问卷调查、访谈技巧等。通过培训，教师可以学习如何选择和应用适当的研究方法，以获取准确和可靠的研究结果。

研究计划的制订培训帮助教师学习如何制订科学合理的研究计划。培训内容包括确定研究问题、设置研究目标、设计研究框架和时间表、选择合适的样本和数据收集方法等。通过系统的培训，教师可以更好地规划和组织自己的研究工作，确保研究目标的明确性和可行性。

此外，科研成果的撰写与发布培训可以帮助教师学习如何将研究成果写作成学术论文，并了解学术期刊投稿和学术会议报告的要求。培训可以涵盖论文结构、科学写作风格、引用规范审稿流程等方面。教师通过培训，可以提高自己的学术写作能力，提升论文的质量和影响力，并增加自己的学术声誉。

通过科研能力的培训，教师可以提升自己的科研水平，为学术界的发展做出贡献。这样的培训可以帮助教师更好地理解科学研究的原则和方法，提高研究设计的严谨性和可靠性，增强数据分析和解读的能力。此外，培训还可以帮助教师了解学术界的最新发展趋势和前沿领域，促使他们保持学习和创新的态度，持续提升自己的学术实力。

（四）个人发展需求

个人发展需求对于教师而言是非常重要的。教师也是个体，除了专注于职业技能和专业能力的提升，他们也会有个人发展的追求和需求。

其中，职业发展机会是一种常见的个人发展需求。许多教师渴望在职业道路上取得进步，追求更高级别的职位或承担更具挑战性的职责。他们可能希望晋升为部门主任、学科负责人、教务主管或其他管理职位。针对这一需求，培训可以提供关于晋升要求、管理技巧和领导能力的指导，帮助教师了解并准备好迎接更高级别的职业角色。

领导力发展是教师个人发展的重要方面之一。教师不仅需要在课堂上担任教育者的角色，还需要在学校内部或专业组织中发挥领导作用。领导力发展培训可以帮助教师提升领导技能、团队管理能力和决策能力，使他们能够更好地承担起领导职责，并影响和推动教育领域的发展。

教师的心理健康也是个人发展的重要方面。教师工作可能面临压力和挑战，如大量的工作量、时间压力，与学生、家长或同事之间的沟通和处理问题等。因此，教师需要学习如何管理工作压力、保持心理平衡和提高自我关怀能力。心理健康方面的培训可以提供心理健康知识、应对策略和自我调节技巧，帮助教师建立积极的工作态度和健康的心理状态。

通过满足教师个人发展的需求，培训可以帮助他们实现职业和个人目标，提高整体幸福感和满意度。教师将能够更好地发展自己的职业生涯，拓展职业发展机会，并通过提升领导力和心理健康，更好地应对工作中的挑战，提升工作效能。教师个人发展的培训也有助于建立积极的工作环境和组织文化，进一步提升教育质量和学生的学习成果。

二、教师培训的内容

通过广泛而有针对性的培训内容，教师可以全面提升教学能力、科研能力和教育技术应用能力。这将有助于教师更好地满足学生的学习需求，推动教育质量的提升，促进教育领域的创新与发展。教师培训应不断更新，紧跟教育领域的发展趋势，以满足不断变化的教师需求。

（一）教学法

教师培训中的教学法是非常重要的内容，因为不同的教学法可以帮助教师更好地激发学生的学习兴趣，提高教学效果。

教学法是指教师在教学过程中所采用的教学方法和策略。在教师培训中，应该涵盖多种教学法，以便教师能够根据不同的教学目标和学生的需求选择适当的教学方法。

1.讲授法（Lecture Method）

讲授法是最常见的教学方法之一，教师通过讲解知识内容，向学生传授信息。在培训中，教师可以学习如何设计清晰的讲授内容、如何运用生动的语言和示例及如何与学生进行有效的互动和提问。

2.启发式教学法（Heuristic Teaching）

启发式教学法鼓励学生主动探索和发现知识，培养他们解决问题的能力。培训中可以介绍如何设计启发性的问题和情境，如何引导学生进行探索和思考及如何提供适当的指导和反馈。

3.案例教学法（Case—based Teaching）

案例教学法通过真实或虚拟的案例来激发学生的学习兴趣，培养他们的问题分析和解决能力。培训中可以介绍如何选择和设计具有代表性和挑战性的案例，如何引导学生进行案例分析和讨论及如何帮助学生从案例中获取有价值的经验。

4.翻转课堂（Flipped Classroom）

翻转课堂是一种颠覆传统教学模式的方法，学生在课堂上进行问题解决和实践活动，而通过预习和在线学习等方式获取知识。培训中可以介绍如何设计和组织翻转课堂的学习活动，如何利用技术工具支持学生的自主学习及如何在课堂上进行指导和辅导。

除了上述提到的教学法，还有其他一些教学方法，如小组合作学习、项目式学习、游戏化学习等，都可以成为教师培训中的内容。通过了解和掌握不同的教学法，教师可以根据具体情况选择最适合的方法，提供更丰富多样的学习体验，激发学生的学习热情和创造力。

在教师培训中，除介绍各种教学法的理论基础和实践案例，还应提供反思和实践的机会，让教师能够将所学的教学方法应用到实际教学中，并不断反思和改进自己的教学实践。这样的培训方式可以帮助教师提升教学能力，创造更有成效和有意义的教学环境。

（二）课程设计

在教师培训中，课程设计是一个重要的内容，涉及如何根据教学目标、学科要求和学生需求设计具有连贯性和启发性的课程。

1.教学目标

培训中应该帮助教师明确教学目标的重要性及如何制定清晰、具体的教学目标。教师需要了解如何根据学科知识和学生能力水平确定目标，并确保目标与教学内容和评估方法相一致。

2.学科要求

教师需要了解学科要求，包括课程标准、教材要求和学科发展趋势等。培训中可以介绍学科要求的最新动态，帮助教师了解学科知识的核心概念和重要内容，以便在课程设计中进行合理的选择和安排。

3.学生需求

教师培训中应关注学生的需求和特点。教师需要了解学生的背景、兴趣、学习风格和学习能力等，以便在课程设计中考虑到不同学生的差异性和个体需求。培训中可以介绍如何通过多样化的教学策略和资源来满足学生的不同需求。

4.连贯性和启发性

课程设计具有连贯性，即不同的课程内容之间有逻辑的衔接和承接关系，构建起一个完整的知识体系。培训中可以介绍如何设计有序的教学计划和课程结构，使学生能够逐步建立起对知识的全面理解和应用能力。

同时，课程设计也应具有启发性，激发学生的学习兴趣和主动性。培训中可以介绍如何设计富有挑战性和探究性的学习任务与活动，鼓励学生进行思考、合作和创新，培养他们的问题解决和批判性思维能力。

5.教学活动的组织和安排

培训中可以介绍如何设计多样化和有效的教学活动，包括讲解、讨论、实验、项目等。教师需要学习如何选择适当的教学方法和工具，如何组织和引导学生的学习活动及如何提供及时的反馈和评价。

6.评估学生

课程设计需要考虑如何评估学生的学习成果和能力发展。培训中可以介绍不同类型的评估方法，如作业、考试、项目评价和口头表达等。教师需要学习如何设计有效的评估工具和标准，以便全面了解学生的学习情况，并根据评估结果进行教学调整和反馈。

通过全面的课程设计培训，教师可以更好地理解教学目标、学科要求和学生需求，设计出具有连贯性和启发性的课程，提高课程的质量和教学效果。

（三）学术研究方法

学术研究方法是教师培训中的一个重要内容，涉及从事科研工作的教师需要掌握的科学研究方法和技巧。

1.研究设计

培训中应介绍不同类型的研究设计，如实验研究、调查研究、案例研究等。教师需要了解每种研究设计的特点、适用场景和步骤，并学习如何选择和设计合适的研究设计来回答自己的研究问题。

2.数据收集和分析

培训中涵盖各种数据收集和分析的技巧与方法。教师需要学习如何设计问卷、采访指导和观察记录等数据收集工具，并了解如何运用统计分析软件和方法来处理和解释研究数据。

3.论文写作和学术出版

教师需要学习如何撰写规范的学术论文和研究报告。培训中可以介绍论文写作的结构和要点，包括摘要、引言、方法、结果和讨论等部分。此外，还应介绍学术出版的流程和规范，以便教师了解如何提交和发表研究成果。

4.评估和应用研究成果

培训中应强调研究成果的评估和应用的重要性。教师需要学习如何评估研究的可靠性、有效性和适用性，以确保研究成果的质量和可信度。同时，教师还应了解如何将研究成果应用到实际教学和学科领域的发展中，为教学实践和学科发展做出贡献。

通过学术研究方法的培训，教师可以提高科研能力，掌握科学的研究方法和技巧，从而能够开展独立的学术研究，并为学科领域的发展做出贡献。这有助于教师在教学实践中更加注重科学研究的支撑，提高教学质量和教学效果。

（四）教育心理学

教育心理学是教师培训中的重要内容，涉及教师了解学生的心理特点和需求，运用心理学原理指导教学，促进学生的学习动机和情绪管理。

1.学生发展理论

培训中可以介绍不同学生的发展理论，如皮亚杰的认知发展理论、埃里克森的心理社会发展理论等。教师需要了解学生在不同年龄阶段的认知、情感、社会和身体发展特点，以便在教学中根据学生的发展水平和需求进行合适的教学设计与支持。

2.学习理论

教师需要了解不同的学习理论，如行为主义学习理论、认知学习理论、建构主义学习理论等。培训中可以介绍这些理论的核心概念和教学应用，帮助教师了解学生的学习过程和思维方式，从而够设计适合学生学习的教学策略和活动。

3.教育评估

培训中应该涵盖教育评估的基本概念和方法。教师需要了解如何进行诊断性评估（ative assessment）和终结性评估（summative assessment)，如何设计有效的评估工具和任务及如何使用评估结果来调整教学和提供有针对性的反馈。

4.个体差异

教师需要了解学生之间存在的个体差异，包括认知能力、学习风格、兴趣和情绪等方面。培训中可以介绍如何识别和应对个体差异，如个性化教学的策略和方法，以便教师能够更好地满足不同学生的学习需求，并创造积极的学习环境。

通过教育心理学的培训，教师可以更好地了解学生的心理特点和需求，运用心理学原理指导教学实践。教师能够更好地应对学生的个体差异，创造积极的学习环境，并促进学生的学习动机和情绪管理。这将有助于提高学生的学业成就和整体发展。

（五）教育技术应用

随着教育技术的迅猛发展，教师培训应重点关注教师在教育技术应用方面的能力。

1.在线教学平台的使用

培训中应介绍不同类型的在线教学平台，如学习管理系统（LMS）、在线课堂工具等。教师需要学习如何使用这些平台进行课程设置、教学资源上传和学生管理等操作，以便能够利用在线平台进行远程教学和学习。

2.多媒体教学工具的应用

培训中可以涵盖多媒体教学工具的应用，如幻灯片演示、视频资源、交互式教学软件等。教师需要学习如何设计和制作富有吸引力与互动性的教学材料，以增强学生的学习兴趣和参与度。

3.教学资源的开发和分享

培训应该教授教师如何开发和分享教学资源。教师可以学习如何制作教学视频、课件和教材及如何将这些资源进行整理和分享，以便学生和其他教师能够更好地利用和共享教学资源。

4.教育游戏和仿真的应用

培训中可以介绍教育游戏和仿真技术在教学中的应用。教师可以学习如何选择和使用适当的教育游戏和仿真软件，以创造沉浸式的学习体验，提升学生的参与度和学习效果。

5.创新教学方式的探索

教师培训应鼓励教师探索创新的教学方式，如翻转课堂、协作学习、项目式学习等。培训中可以介绍这些创新教学方式的理念和实践案例，帮助教师了解如何设计和组织这些教学方式，以提高学生的学习效果和创造力。

通过教育技术应用的培训，教师可以学习如何选择和使用适当的教育技术工具，以提升教学效果、增强学生的参与度，并拓展教学的创新方式。教师能够更好地利用在线平台进行远程教学和学习，设计和制作多媒体教学材料，开发和分享教学资源及探索创新的教学方式。这将丰富教学手段，提高教学效果并促进教育领域的创新与发展。

三、教师培训的形式

高校教师的培训形式可以分为多种，其中包括研讨会、培训班和在线学习等。每一种培训形式都有其特定的优势，根据教师的需求和实际情况选择适合的培训方式。

（一）研讨会

研讨会作为教师培训的一种形式，具有多个优点，如高效的信息交流、协作学习的机会及新的教学观念和实践的介绍。

在高等教育环境中，研讨会通常以讲座、小组讨论、案例分析或者专题讨论的形式进行。这些活动的主题包括新的教学方法、课程设计、学生评估、教学技术、学术研究等。通过这些活动，教师们可以共享自己的知识和经验，发现并了解最新的教学理念和实践。

研讨会提供了一个面对面交流的环境，其对于建立人际关系、促进共享思考及创新解决问题都是非常有利的。在研讨会中，教师们可以通过直接的沟通和讨论，更好地理解和吸收新的知识。此外，面对面的交流也能帮助教师们建立更深的职业联系，这对于未来的合作和职业发展都是有益的。

然而，研讨会也有局限性。例如，研讨会通常需要大量的时间和资源来组织，可能对教师的日常教学工作造成干扰。此外，研讨会的效果在很大程度上取决于参与者的积极性和活动的设计方案，如果没有得到有效的组织和引导，可能无法达到预期的学习效果。

（二）培训班

培训班以其系统性和全面性成为教师培训的重要方式。其独特性主要体现在以下两个方面：

系统性是培训班的核心优势。它提供了一个全面的学习环境，将教育理论与实践紧密地结合在一起。课程通常设计得十分全面，覆盖了教师需要的各种专业知识和技能，如教学法、学生评估、课程设计、教学技术、学术研究等。这种系统性的学习方式有助于教师全面提高教学能力和学术研究能力。

另一个优势，培训班通常由一支专门的教学团队负责。这个团队包括有丰富教学经验和研究背景的专家、教授，他们能够针对教师的需求和问题，提供具有针对性的指导和帮助。这种个性化的指导有助于解决教师在教学和研究中遇到的具体问题、提高教师的教学质量和学术水平。

然而，培训班也有局限性。最显著的问题是，由于培训班通常需要一段相对较长的时间，这可能会对教师的日常教学和研究工作产生影响。对于那些时间表已经排得很满的教师而言，参加培训班可能会带来一定的困难。另外，对于一些地理位置偏远的教师而言，参加需要面对面交流的培训班可能也会有一定的挑战性。

（三）在线学习

在线学习作为教师培训的一种形式，由于其方便性和灵活性，近年来越来越受到教育者的青睐。此种培训形式的优势主要体现在以下几个方面：

在线学习克服了时间和地点的限制，提供了随时随地学习的可能性。教师们可以根据自己的时间安排，选择在最适合自己的时间进行学习，无须考虑地点因素。这种学习方式非常适合那些日程安排较为紧密，或者居住在偏远地区无法参加现场培训的教师。

在线学习平台通常提供丰富的学习资源，涵盖了各种主题和专业领域。教师可以根据自己的需求选择最适合的学习内容，从而进行有针对性的学习。这种灵活性不仅可以帮助教师提高学习效率，也可以满足他们不断变化的学习需求。

一些在线学习平台还提供"一对一"的指导服务。在这种模式下，教师可以直接向专业的导师提问，得到即时的反馈和指导。这种个性化的服务可以帮助教师更好地理解和吸收学习内容，提高学习效果。

虽然在线学习带来了诸多便利，但需要教师具备良好的自我管理能力。在自主学习过程中，教师需要制订学习计划，坚持定时学习，否则可能会受到诸多因素干扰，影响学习效果。此外，技术问题也可能成为在线学习的一个挑战，对网络连接质量、设备配置都有一定的要求。

四、教师培训的效果评估

评估教师培训的效果是确保培训活动对教师的专业发展和学生学习产生积极影响的重要环节，如图 3—3 所示。

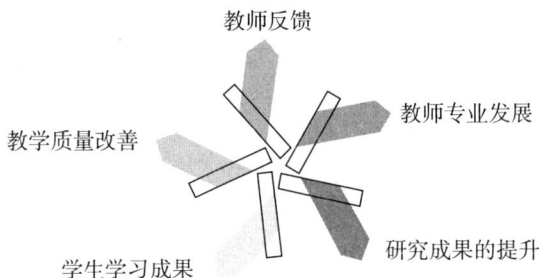

图 3—3　教师培训的效果评估

（一）教师反馈

教师反馈是评估教师培训效果的重要组成部分。通过教师的反馈，可以深入了解他们对培训的体验和认知及培训对他们的教学实践产生的影响。教师反馈的收集可以采用多种形式，包括问卷调查和面对面访谈。

问卷调查是一种常见的方法，用于收集教师对培训的反馈。问卷可以包含多个方面，如教师对培训内容的理解和适用性的评价、培训组织和资源的满意度、培训对其教学实践的影响等。通过定量评分和开放性问题，问卷可以提供量化和定性的反馈数据，帮助评估培训的效果。

面对面访谈是一种深入了解教师反馈的方法。通过与教师进行个别或小组访谈，评估人员可以提出针对性的问题，探讨教师对培训的观点、经验和应用情况。面对面访谈可以促进更深入的对话和交流，教师可以更充分地表达他们的意见、提供具体的案例，并提供有关培训效果的更加详细和全面的信息。

教师反馈的收集不仅可以帮助评估培训的效果，还可以为改进和优化未来的培训提供有价值的反馈。通过综合分析教师反馈的结果，培训机构和教育管理者可以更好地了解教师的需求和期望，针对性地调整培训计划，以实现更好的教学质量和专业发展。

（二）教学质量改善

评估教师培训效果的一种方法是通过比较教师在培训前后的教学表现来确定教学质量的改善情况。这可以通过收集和比较多种数据来实现，如学生的学习成绩、参与度、课堂管理等方面的指标。通过分析这些数据的变化，可以判断教师培训是否对教学质量产生了积极的影响。

另一种评估教师教学实践改善的方法是通过观察和评估教师的课堂教学录像或进行实地观察。这可以提供对教师在教学过程中应用培训中学到的技能和知识的直接观察。评估人员可以关注教师的教学方法、互动方式、学生参与程度、课堂组织等方面，以判断教师培训对教学实践的改善效果。

教学质量改善的评估应综合考虑多个因素，并使用多种数据收集方法。除了比较教师培训前后的数据，还可以采用教学观察工具、课堂评估表等工具来收集直接观察的数据。这样可获得更全面和客观的教学质量改善情况，帮助培训机构和教育管理者了解培训的实际影响，并针对性地进行改进和提升。

（三）学生学习成果

学生学习成果是评估教师培训效果的重要方面之一。通过比较教师培训前后学生的学习成绩、学习动机、学习参与度等指标变化，可以间接评估教师培训对学生学习成果的影响。

1.学习成绩的改善

教师培训的目标之一是提高学生的学习成绩。通过比较培训前后学生的学习成绩，可以评估教师培训对学生学术表现的影响。这可以通过收集学生的考试成绩、作业完成情况、课堂测验结果等数据来实现。如果学生的学习成绩在培训后有所提高，这可以被视为教师培训对学生学习成果的积极影响。

2.学习动机和参与度的提升

教师培训的另一个目标是提高学生的学习动机和参与度。学习动机和参与度的提升可以通过观察学生在培训后的学习态度、学习兴趣及积极参与课堂讨论和活动的程度来评估。如果学生在培训后表现出更高的学习动机和积极的学习参与度，这可以视为教师培训对学生学习成果的间接促进。

3.综合学生评价

除了学习成绩和学习参与度，教师培训的效果还可以通过收集学生的反馈和评价来评估。可以设计问卷或进行小组讨论，询问学生对教师培训后的教学体验、学习收获及教学方法和资源的评价。学生的积极反馈和肯定评价可以间接反映教师培训对学生学习成果的正面影响。

通过综合分析学生学习成果的变化和学生的反馈，可以评估教师培训对学生学习成果的效果。这样的评估可以帮助培训机构和教育管理者了解教师培训的实际影响，并根据需要进行改进和优化，以进一步提高学生的学习成果。

（四）教师专业发展

教师专业发展是评估教师培训效果的重要方面之一。

1.教学方法、课程设计和评估策略的改变

教师培训的目标之一是提升教师在教学方法、课程设计和评估策略等方面的能力。评估教师培训的效果可以考察教师在培训后是否改变了他们的教学做法。这可以通过观察和评估教师的教学实践来实现，包括课堂观察、课程设计评估和评估工具的分析等。如果教师在培训后采用了新的教学方法、改进了课程设计或改善了评估策略，可以被视为教师培训对教师专业发展的积极影响。

2.进一步专业发展活动的参与

评估教师培训的效果还可以考察教师是否在培训后继续参与进一步的专业发展活动，包括教师参与研讨会、学术会议、研究项目等情况。通过了解教师是否积极参与进一步的专业发展活动，可以评估教师培训对教师的激发和影响程度。如果教师在培训后持续进行专业发展并积极应用所学的知识和技能，这可以被视为教师培训的正面结果。

综合评估教师专业发展的方法可以包括教师自我评估、同行评估、教学组织的评估和教学成果的评估等。通过综合分析教师在专业发展方面的改变和参与进一步专业发展活动的情况，可以评估教师培训对教师专业发展的效果。这样的评估有助于了解教师培训的实际影响，并为进

一步支持教师的专业成长提供有针对性的措施和支持。

（五）研究成果的提升

评估教师培训效果时，可以考虑教师在研究成果方面的提升。

1.教师参与研究项目的数量和质量

评估教师培训效果的一个指标是教师参与研究项目的数量和质量，包括教师在培训后是否积极参与研究项目及他们在项目中的角色和贡献。可以考虑教师参与科研项目的数量、项目的规模和影响力及教师在项目中的研究成果，如论文发表、专利申请等。

2.发表论文或教学资源的数量

教师培训的效果还可以通过评估教师在学术期刊或其他出版物上发表的论文数量来衡量。这可以反映教师培训对教师的研究能力和学术产出的影响。此外，还可以考虑教师在教学资源的开发方面的贡献，如编写教材、设计课程资料等。这些都可以作为评估教师培训效果的重要指标。

3.教师在教育研究领域的影响力

教师在教育研究领域的影响力也是评估教师培训效果的一个关键因素。可以考察教师在学术界、专业组织或教育社区中的声誉和影响力。这可以通过他们在会议上的演讲、担任重要职务、获得荣誉或奖项等方面来评估。教师在教育研究领域的影响力可以间接反映教师培训对教师学术能力和学术影响力的提升。

评估教师培训对研究成果的提升需要综合考虑教师的学术产出、参与研究项目的数量和质量及教师在教育研究领域的影响力等方面的数据。这样的评估可以帮助了解教师培训的实际影响，并为其提供更有针对性的专业发展支持和培训机会提供依据。

五、培训对于教师职业发展的影响

良好的培训对教师职业发展的积极影响可以增强教师的职业满意度和教学效果。教师通过培训获得的专业知识、技能和支持将有助于提升他们的自信心和教学能力，进而提高教学质量和学生学习成果。同时，教师的职业满意度也会得到增强，因为其感受到关注、支持和认可，并有机会不断发展和提升自己的教育专业水平。

（一）提供专业知识和技能

良好的培训不仅提供了教师所需的专业知识和技能，还帮助他们更好地应用于教学实践中。培训通过教授最新的教育理论和实践经验，使教师了解最佳的教学方法和策略。教师可以学习到如何根据学生的学习需求进行个性化教学，如何设计富有创意和互动性的课程内容及如何利用技术工具和资源进行教学。这些知识和技能的掌握可以提高教师的教学能力，使他们能够更好地满足学生的学习需求，提高教学效果。

培训还可以帮助教师发展教育领域的专业素养和专业发展。通过接触和学习最新的教育研究成果，教师可以拓宽自己的视野，增强对教育领域的了解。他们可以深入研究特定领域的教育问题，并将研究成果应用于实际教学中。此外，培训还为教师提供了与其他教育从业者交流和合作的机会，促进了专业间的交流与学习。通过与同行的互动和分享，教师可以从彼此的经验中学习，不断提高自己的专业素养。

（二）促进专业成长和反思实践

培训为教师提供了与其他教育专业人士交流和合作的机会。教师可以参加培训班、研讨会和专业组织活动，与来自不同背景和经验的教师进行互动与合作。这样的交流可以帮助教师了解不同教学环境下的教学挑战和解决方案，从其他教师的实践经验中获取启发。通过与其他专业人士的交流，教师可以扩展自己的教育视野，获取新的教学思路和方法。

教师在培训过程中会被引导去审视自己的教学实践，反思教学策略的有效性及学生的学习成果和需求。通过自我反思和评估，教师可以识别自身的教学优点和改进空间，并制订改进计划。这种反思实践的过程使教师更加敏锐地观察和应对教学挑战，提高自身的教学能力。

培训还提供了教师专业发展的工具和资源。教师可以通过培训获得最新的教育理论、研究成果和教学资源。培训机构通常会提供相关的教材、案例研究和实践指导，帮助教师更好地理解和应用所学的知识和技能。这些工具和资源可以支持教师在教学实践中进行创新和改进，促进其专业成长和提升教学效果。

（三）提供支持和反馈机制

良好的培训不仅提供了教师所需的专业知识和技能，还为教师的职业发展提供了支持和反馈机制。

培训通常会提供教学指导，帮助教师在教学实践中获得指导和支持。这包括教师观察和评估、导师或专业教师的指导及课堂教学反馈。教学指导可以帮助教师识别自己的教学强项和改进点，提供针对性的建议和指导，帮助他们在教学实践中不断提高。

教师可以与其他参与培训的教师进行交流、分享经验和教学策略，并从中获得互相支持和启发。同伴合作可以促进教师之间的学习和互助，帮助他们共同解决教学中的问题，分享成功经验，并共同探索教育创新。

培训还可以提供导师支持，为教师提供个人指导和辅导。导师通常是经验丰富的教师或专家，可以与教师进行"一对一"的交流和反思，帮助他们制订职业发展计划，并提供实用的建议和支持。导师支持可以帮助教师建立自信、解决问题和应对挑战，从而促进其职业发展和提高教学效果。

（四）培养领导能力和专业发展机会

良好的培训在教师职业发展中还扮演着培养领导能力和提供专业发展机会的重要角色。

培训可以帮助教师培养管理和领导团队的能力。培训课程通常涵盖管理技能、团队合作和领导力发展等方面。教师可以学习如何组织和管理教学活动，如何与学校管理层、同事和家长进行有效的沟通和合作。培训还可以提供领导技巧的指导，帮助教师发展自己的领导风格，激发团队的潜力，有效地引导和管理教育团队。

培训为教师提供了参与专业发展的机会，包括参与研究项目、发表论文、参加学术会议和研讨会等活动。教师可以通过参与研究项目深入研究教育问题，拓展自己的研究能力和学术影响力。他们可以发表论文、分享研究成果，从而在学术界建立声誉和影响力。此外，参加学术会议和研讨会也为教师提供了与其他专业人士交流和分享的机会，扩大教育网络和合作伙伴关系。

通过培训提供的领导能力和专业发展机会，教师可以扩展职业发展路径，增强自身的职业竞争力。教师可以选择在教学领域内担任领导职位，如教研组组长、课程设计师、教务主任等，发挥领导作用，推动教育改革和创新。同时，专业发展机会也为教师提供了与其他专业人士的合作和交流平台，进一步提升自己的专业知识和能力。

第三节　高校教师的激励与保障

在高校教育领域，教师是教学质量和学校发展的核心因素之一。为了提高教师的工作积极性、效率和满意度及促进其教学质量的保持，激励和保障成为至关重要的议题。

一、教师激励的理论

（一）心理学角度

心理学角度关注个体内部的心理需求和动机因素对激励的影响。在教师激励方面，以下理论具有重要意义：

1.马斯洛的需求层次理论

马斯洛认为人类有多个层次的需求，包括生理需求、安全需求、社交需求、尊重需求和自我实现需求。教师激励应关注满足教师在各个层次上的需求，如提供合理的薪酬和福利以满足基本生理和安全需求，创建良好的人际关系和合作机会以满足社交需求，提供成长和发展的机会以满足尊重和自我实现的需求。

2.赫茨伯格的双因素理论

赫茨伯格认为，工作激励因素分为动机因素和卫生因素。动机因素涉及个体在工作中实现成就感、成长和发展的机会，而卫生因素涉及工作环境、薪酬和福利等条件。教师激励应关注提供具有挑战性和成长空间的工作任务，并提供公平的薪酬、奖励机制和良好的工作条件，从而激励教师的工作表现。

（二）组织行为学角度

组织行为学角度关注组织环境和管理措施对教师激励的影响，以下理论对教师激励具有启示作用。

1.期望理论

期望理论认为个体在决定行为时考虑到期望和价值的关系。教师激励应设立明确的目标和奖励机制，并提供必要的支持和培训，以增强教师对于努力付出和出色表现所能获得奖励的期望，从而激发他们的工作积极性。

2.公平理论

公平理论认为个体对待公平和平等的感知对激励有重要影响。教师激励应确保薪酬体系、晋升机会和决策过程的公正性，以建立教师对公平的感知，从而增强其工作动机和效能。

二、教师激励的方法

采取一系列的教师激励方法，可以提高教师的工作积极性和效率，增强他们的职业满意度，进而促进学校的发展和提高教学质量。然而，需要根据具体情况和学校的资源状况，制订适合的激励计划，并定期评估和调整，以确保其有效性和可持续性。

（一）提供公平的薪酬和福利

确保教师的薪酬体系公平、合理，需要制定明确的薪酬政策和标准，并建立公正的评估体系。薪酬应根据教师的工作成果、质量和教学表现进行评估，以确保薪酬与个体的付出和贡献相匹配。

公平的薪酬不仅涉及教师之间的内部公平，还需要与行业标准和市场水平相协调。对于优秀的教师，可以考虑给予额外的激励回报，如年终奖金、绩效奖金或提升薪酬级别等。同时，透明的薪酬制度可以让教师了解自己的薪酬构成和发展空间，增加他们的满意度和参与感。

除了薪酬，提供其他福利待遇也是重要的教师激励手段。医疗保险、养老金计划、带薪假期、灵活的工作时间等福利可以提高教师的生活质量和安全感。这些福利应该以公正和平等的原则提供给所有教师，满足他们的基本生活需求，减轻经济压力，并为他们创造良好的工作生活平衡。

为了确保公平的薪酬和福利，建议建立一个专门的薪酬和福利委员会或小组，由教师代表和管理层共同参与。他们可以制定薪酬和福利政策，监督其执行情况，并根据需要进行调整和改进。透明的决策过程和广泛地参与可以增加教师对薪酬和福利制度的信任和认同，提高整体的满意度和工作动力。

（二）实行绩效奖惩制度

设立奖励机制是教师激励的重要方法之一，可以有效地激发教师的工作动力和竞争意识。

1. 设立奖学金

设立奖学金以奖励教师在教学和学术研究方面的出色表现。这些奖学金可以针对不同层次的教师，如优秀教师奖学金、青年教师奖学金等，以鼓励教师在自身专业发展和学术成就上的持续努力。

2. 颁发荣誉称号

通过颁发荣誉称号，如年度最佳教师、优秀教学团队、学术领军人物等来表彰教师在教学和学术方面的杰出贡献。这不仅是对教师个人的肯定，也可以激发其他教师的学习热情和工作动力。

3. 职位晋升

制定明确的晋升渠道和条件，通过晋升来激励教师不断提升自身能力和业绩。晋升可以涵盖教学和管理方面，如教授职位、系主任职位等，为教师提供更广阔的发展空间和更高的社会地位。

4.学术资助和项目支持

提供学术研究项目的资助和支持，鼓励教师参与科研活动。这包括资助教师参加学术会议、研究基金和科研项目及提供实验室设备和研究资源等支持。通过这些资助和支持，教师可以更好地开展研究工作，提升学术水平和影响力。

5.教师表彰和分享平台

建立教师表彰制度，定期评选和公示在教学和学术方面表现优秀的教师。此外，还可以设立教师分享平台，鼓励教师在教学实践、教学创新和教学经验方面进行交流和分享。这种交流平台不仅可以激励教师的创新思维，还能够促进教学质量的提升和教师之间的互相学习。

综合上述方法，建立奖励机制可以有效激励教师的工作动力和竞争意识，进一步提升他们的教学质量和专业发展。这些奖励措施应具备明确的评选标准和公正的评选过程，以确保公平性和透明度。同时，教师激励不仅关注个体教师的奖励，还应考虑团队合作和共同成长的激励机制，以营造积极的工作氛围和促进整体学校发展。

（三）提供职业发展支持

提供职业发展支持是教师激励的重要方面。为教师提供职业发展机会和培训资源是一种有效的激励方法，可以帮助他们提升教学和专业能力，进一步提高教学质量和个人成长。

1.资金支持

为教师提供资金支持，使他们能够参加学术会议、研修班和培训课程。这样的支持可以帮助教师与同行交流、获取最新的教育研究成果和教学方法，拓宽专业视野，提高教学水平。

2.教研活动和项目参与

鼓励教师积极参与教研活动和课程开发项目。这些活动可以提供与其他教师合作的机会，共同研究和探索教学问题，促进教师之间的互相学习和成长。

3.学术指导和辅导

为教师提供学术指导和辅导，帮助他们发展个人的教学风格和专业方向。这包括定期的教学观摩、教学反馈和指导及个别的专业咨询和指导，使教师能够获得针对性的支持和建议。

4.提供教学资源和技术支持

为教师提供必要的教学资源和技术支持，以提升他们的教学效果和创新能力。这包括教学材料、教学技术培训、教育技术设备和软件等方面的支持，使教师能够更好地运用现代教育技术和工具进行教学。

5.职业规划和晋升机制

建立职业规划机制，为教师提供明确的晋升渠道和职业发展路径。制订职业发展计划，帮助教师设定个人目标，并提供相关的培训和发展机会，以促进他们在教学领域中的专业成长和晋升。

通过提供职业发展支持，可以激励教师积极学习和更新知识，提高教学水平和专业能力。这不仅能满足教师对于成长和发展的需求，还能够增加教师的工作满意度和忠诚度，促进他们在教学岗位上的长期发展和贡献。

（四）营造良好的工作环境

1.支持性和合作的工作环境

创造一个支持性和合作的工作环境，使教师感受到被尊重、关心和支持。鼓励教师之间相互合作、分享经验和资源，促进协作和团队精神的形成。这样的工作环境能够增强教师的工作动力，提高工作效率和质量。

2.建立良好的沟通渠道

建立畅通的沟通渠道，鼓励教师与管理层、同事之间进行有效的沟通和交流。可以通过定期的教师会议、工作坊、团队讨论和电子邮件等方式实现。教师应被鼓励参与决策过程，并有机会表达自己的意见和建议。

3.提供必要的教学资源和设施

为教师提供必要的教学资源和设施，确保他们能够顺利开展工作。这包括教学材料、实验室设备、图书馆资源、计算机和教育技术设备等。通过提供充足和先进的教学资源，可以提高教师的教学效果和创新能力。

4.提供工作上的支持和指导

建立支持和指导机制，为教师提供必要的工作上的支持和指导。这包括为新教师提供导师制度，让他们获得帮助和指导；定期进行教学观摩和评估，以提供专业的反馈和指导；组织专业发展活动，如教学研讨会和培训课程等，以提供教学技巧和方法的更新。

5.关注教师福祉和健康

关注教师的福祉和健康，为他们提供必要的支持和关怀。这包括定期组织健康检查和体育活动，提供心理咨询服务，建立工作和生活平衡的机制。关注教师的福祉和健康不仅有助于提高工作满意度，还能减少工作压力和疲劳，提高工作效率。

通过营造支持性、合作性的工作环境，建立良好的沟通渠道，提供必要的教学资源和设施，以及为教师提供工作上的支持和指导，可以增强教师的工作积极性、提高工作效率，并增加工作的满意度和幸福感。这样的工作环境将有助于吸引和留住优秀的教师，促进学校的发展和提高教学质量。

（五）鼓励创新和专业成长

鼓励创新和专业成长是教师激励的重要方面，可以激发教师的创造力和学术热情，提高他们的教学质量和专业水平。

1.鼓励教学创新

鼓励教师进行教学创新，尝试新的教学方法、教学工具和评估方式。学校可以设立教学创新基金或项目，为教师提供资金和支持，以推动他们开展创新的教学实践。此外，可以定期组织教师分享会或展示活动，让教师有机会展示他们的教学创新成果，并鼓励其他教师借鉴和学习。

2.学术研究项目参与

支持教师参与学术研究项目，如科研课题、教育科研基金等。为教师提供研究经费和研究资源，让他们能够深入探究教育领域的问题，推动学术发展。通过参与研究项目，教师可以拓宽学术视野，提高研究能力，并将研究成果应用到教学实践中。

3.教学改革和课程发展

支持教师参与教学改革和课程发展工作。学校可以设立教学改革项目，邀请教师参与课程设计、教学资源开发和评估改进等工作。同时，提供培训和指导，帮助教师掌握教学改革的理念和方法，促进教学的创新和改进。

4.教育技术应用和数字化教学

鼓励教师参与教育技术应用和数字化教学的实践。提供培训和支持，帮助教师掌握教育技术工具和平台的使用，将其融入教学过程中。同时，鼓励教师在教学实践中探索和创新，开展在线教学、混合式教学等多样化的教学模式。

5.分享经验和互相学习

建立分享经验和互相学习机制，让教师之间可以相互借鉴和合作。组织定期的教学研讨会、教师分享会或工作坊，让教师有机会分享成功的教学经验和教学资源。此外，可以建立教师合作研究小组，共同研究教学问题，互相支持和激励。

通过鼓励创新和专业成长，可以激发教师的学术热情和创造力，提高他们的教学质量和专业水平。这不仅能够增强教师的工作满意度和职业发展，还能够促进学校的创新和提高整体的教学质量。

三、教师保障的需求

教师对于工作保障、生活保障、职业发展和社会地位的需求和期望是其工作的必要前提，满足这些需求可以帮助教师更好地投入到教学工作中，提高教学质量和教育水平。同时，学校和社会应该重视并积极回应教师的保障需求，为教师提供良好的工作环境和福利待遇，建立稳定和可持续的教育体系。

（一）工作保障

工作保障对于教师而言至关重要。教师希望能够获得稳定的工作保障，这意味着他们可以在一个长期而可持续的职业环境中工作，避免频繁的调动或裁员风险。稳定的工作保障为教师提供了一种安全感，使他们能够更好地专注于教学和学生发展，减少不必要的担忧和不确定性。

长期的聘用合同对于教师的工作保障至关重要。通过与学校签订长期合同，教师可以获得明确的聘用期限和工作条件，从而确保他们在学校中有一个稳定的职位。长期合同不仅为教师提供了工作的稳定性，也为他们的个人和家庭的规划提供了可靠的基础。教师在拥有长期聘用合同的情况下，可以更加安心地投入到教学工作中，追求教育的目标，同时也更有动力和责任感去发展自己的专业能力和教学水平。

稳定的工作岗位是教师工作保障的重要组成部分。教师希望能够在一个稳定的工作岗位上长期发展，不受频繁的调动或裁员风险的困扰。稳定的工作岗位可以让教师在同一所学校中建立起深厚的师生关系，熟悉学校的教学环境和文化，并有更多的时间去关注和满足学生的需求。此外，稳定的工作岗位也为教师提供了更多的机会去深入研究和探索自己的教学领域，提高教学水平和专业素养。

教师的工作保障不仅对个人具有重要意义，也对学校的教学质量和稳定性具有积极影响。稳定的教师队伍可以建立起良好的师生关系，提供持续的教学支持和指导，从而提高学生的学习效果和综合素养。同时，教师的工作保障也有助于吸引和留住优秀的教育人才，形成学校的核心竞争力和品牌形象。

因此，学校和教育机构应重视教师的工作保障需求，为教师提供长期的聘用合同和稳定的工作岗位。这将有助于建立稳定的教师队伍，提高教学质量，促进学生的全面发展。同时，政府和教育管理部门也应采取相应的政策措施，为教师的工作保障提供更加有力的支持和保障。

（二）生活保障

生活保障是教师工作中的重要需求之一。教师期望能够获得合理的薪酬和福利待遇，以满足基本的生活需求，并为自己和家庭提供稳定的经济支持。

合理的薪酬是教师生活保障的关键。教师希望获得与其工作量、贡献和职责相匹配的薪酬水平。公平合理的薪酬体系可以激励教师的工作积极性和专业发展，提高他们的工作满意度和工作动力。通过薪酬的激励，教师可以更好地投入到教学工作中，提供高质量的教育服务。

教师也期望能够享受医疗保险、养老金计划和带薪假期等福利待遇。医疗保险可以为教师提供医疗费用的报销和健康保障，使他们能够及时获得医疗服务。养老金计划则为教师的退休生活提供保障，确保他们在退休后能够享受到稳定的经济来源。此外，带薪假期可以让教师有时间休息和调整，提高工作效率和生活质量。

教师的生活保障不仅对于个人具有重要意义，也对学校和教育体系的稳定运行至关重要。合理的薪酬和福利待遇可以吸引和留住优秀的教育人才，提高教师的工作满意度和职业忠诚度，增强学校的整体竞争力和形象。此外，良好的生活保障也有助于减少教师的经济压力和心理负担，提高他们在教学工作中的投入和专注度。

学校和教育管理部门应重视教师的生活保障需求，确保教师获得合理的薪酬和福利待遇。同时，政府和相关部门也应制定相关政策，为教师的生活保障提供支持和保障。这将有助于构建一个良好的教育生态系统，促进教育事业的可持续发展。

（三）职业发展保障

教师对于职业发展的保障需求是教师激励和满意度的重要方面。他们希望有机会不断提升教学和专业能力，参与培训和学术研究，以提升自身的教学水平和专业发展。

首先，教师渴望获得职业发展机会和培训资源。学校应提供多样化的职业发展机会，如定期的教师培训课程、研讨会和学术研究项目等。

这些机会可以帮助教师不断更新教育理念、教学方法和专业知识，提高教学能力和教育水平。通过参与培训和学术研究，教师能够开扩视野，拓宽专业领域，提高自身的教学能力和创新能力。

其次，教师期望获得公平的晋升机会和职业发展路径。学校应建立公正透明的晋升评价制度，确保教师在晋升过程中得到公平的评估和认可。同时，学校还应提供明确的职业发展路径，让教师知道他们在职业生涯中的前进方向和发展阶段。这将激励教师不断努力提升自身能力，追求更高级别的职位，并在教育领域中发挥更大的影响力。

教师的职业发展保障不仅对个人具有重要意义，也对学校和教育体系的发展至关重要。稳定的职业发展机会和公平的晋升机制可以吸引和留住优秀的教育人才，提高教师的职业满意度和职业忠诚度。同时，优秀的教师职业发展也将对学校的教学质量和声誉产生积极影响，推动整个教育体系的进步和发展。

因此，学校和教育管理部门应重视教师的职业发展保障需求，建立完善的职业发展体系和晋升评价机制。提供多样化的培训和学术研究机会，激励教师不断提升教学能力和专业素养。通过为教师提供职业发展保障，可以增强教师的工作动力和满意度，促进教育事业的长期发展。

（四）健康和安全保障

健康和安全保障是教师工作中至关重要的一环。教师希望能够在安全和健康的工作环境中开展教学工作，以保障他们自身和学生的人身安全和健康。

学校应提供安全的教学设施和设备，确保教师和学生在校园内的各个区域都能够安全地进行教学活动。这包括维护校园的基础设施，确保教室、实验室、体育场馆等场所的安全性和功能性。学校还应建立健全安全管理机制，包括灾害事故应急预案、防火安全措施、校园安全巡查等，以确保教师和学生的人身安全。

关注教师的心理健康也是重要的一环。教师面临着工作、教学挑战和人际关系等方面的压力，因此学校应提供心理咨询和支持服务，帮助教师应对和缓解工作压力，提高心理健康水平。这包括设立心理健康咨询室或热线，为教师提供专业的心理辅导和支持，同时还可以开展心理健康培训，提升教师的心理抗压能力和应对能力。

教师的健康和安全保障不仅对于个人具有重要意义，也对学校和教育体系的稳定运行和可持续发展至关重要。一个安全、健康的工作环境可以提升教师的工作满意度和工作质量，增强教师的工作动力和创造力。同时，关注教师的心理健康有助于构建积极向上的教学氛围和团队文化，为学生提供良好的教育环境。

因此，学校和教育管理部门应重视教师的健康和安全保障需求，制定并落实相应的安全管理制度和心理健康支持措施。通过提供安全的教学设施、设备和心理支持，可以增强教师的工作安全感和幸福感，提升教师的工作质量和教育水平。这将为学校创造一个安全、健康和积极向上的教育环境，为教师和学生的发展提供有力的保障。

（五）社会地位和认可保障

社会地位和认可保障对于教师职业的发展至关重要。教师希望获得社会的认可和尊重及合理的社会地位，这体现了对教师职业的价值和贡献的认可。

教师希望公众能够正确理解和认知教师职业的价值。教师在教育事业中扮演着重要的角色，他们是社会的栋梁之才，培养和引导着下一代的成长。公众应该认识到教师的责任重大，对其付出和贡献给予尊重和回报。这可以通过宣传教师的优秀事迹和教育成果，提高公众对教师职业的认知度，强化社会对教师的认可和尊重。

教育机构和政府部门应该给予教师相应的待遇和权益保障，这包括合理的薪酬待遇、职业发展机会、福利待遇、退休保障等。适当的薪酬和福利待遇可以确保教师的生活质量和稳定性，激励教师更加投入到教学工作中。同时，提供职业发展机会和晋升通道，可以激发教师的工作动力和积极性，使教师职业具有可持续发展的前景。

教师职业的社会地位和认可保障不仅对于个人具有重要意义，也对整个教育体系的发展具有积极影响。当教师职业受到社会的尊重和认可时，将能够吸引更多优秀的人才投身于教育事业，提高教育的整体素质和水平。同时，合理的社会地位和待遇也有助于激发教师的教学热情和创造力，进一步提升教学质量和学生成长。

因此，社会各界、教育机构和政府部门应共同努力，推动教师职业的社会地位和认可保障。这可以通过宣传教师的优秀事迹、加强师德师风建设、制定相关政策和法规等方式实现。只有给予教师足够的社会认可和保障，才能吸引和留住优秀的教育人才，推动教育事业的可持续发展。

四、教师保障的措施

对教师保障措施的提供，不仅有助于提高教师的工作满意度和教学质量，也能够吸引和留住优秀的教育人才，促进学校的发展和提升整个教育体系的水平。然而，要确保这些保障措施的有效性和可持续性，需要学校和教育管理部门的持续关注和努力。

（一）合理的工作时间和负荷

学校和教育管理部门应确保教师的工作时间和负荷合理安排，避免长时间的加班和过度的工作压力。建立合理的教学计划和排班制度，平衡教师的教学、备课和评估工作，为他们提供足够的时间进行教学准备、教学反思和专业发展。

（二）健康和安全的工作环境

学校应重视教师的健康和安全，提供安全、整洁、舒适的工作环境。包括维护校园的基础设施和设备，确保教室、实验室和其他教学场所的安全性。同时，应加强校园安全管理，包括制定应急预案、加强安全巡查和培训教师应对突发事件的能力等，确保教师和学生的人身安全。

（三）职业发展支持

学校应提供持续的职业发展支持，包括培训机会、学术研究支持和专业成长计划。通过组织教师培训课程、学术交流会议、教学研讨会等活动，帮助教师更新教学理念和方法，提升专业能力。此外，学校还应设立职业发展通道和晋升机制，为教师提供晋升和职业发展的机会，激励他们不断进取和提升自身的教学水平。

（四）福利保障

学校应提供合理的福利待遇，包括薪酬福利、医疗保险、养老金计划、带薪假期等。薪酬福利应与教师的工作贡献和职责相匹配，确保教师能够满足基本的生活需求。医疗保险和养老金计划可以为教师的健康和退休提供保障。此外，带薪假期可以让教师有时间休息和充电，提高工作效率和工作满意度。

第四章　教学绩效考核的理论与实践

第一节　教学绩效考核理论

一、教学绩效考核的定义与重要性

（一）教学绩效考核的定义

教学绩效考核是对教师在教学工作中表现和成效的评估与评价过程。涉及评估教师在教学设计、教学实施、学生学习成果等方面的绩效，并通过量化或定性的方式提供有针对性的反馈和改进建议。教学绩效考核的目标是全面了解教师的教学能力、教学质量和专业发展状况，以推动教学质量的提升和教师个人的职业成长。

（二）教学绩效考核的重要性

1.促进教学质量提升

教学绩效考核帮助教师发现问题和不足，并进行针对性的改进。通过评估教学方法、教学效果等，教师可以了解自己的教学优势和不足之处。如果一个教师的教学方法被评估为过于传统，可能会影响学生的学习兴趣和效果，那么他（她）可以通过培训学习新的教学方法，如项目式学习、翻转课堂等，以提高教学质量。教学绩效考核为教师提供了持续的反馈和改进机会，帮助他们不断提升自己的教学能力。

教学绩效考核有助于学校和教育机构了解教师的教学能力，为他们提供更好的支持和资源。通过评估教师的教学绩效，学校可以了解到教师的强项和改进方向，并为其提供有针对性的专业发展计划和培训机会。学校可以根据教师的需求，提供相应的教学资源和支持，帮助教师在教学中取得更好的成效。

通过对教师教学工作的全面评估，学校向师生和家长传递了对教学质量的重视，并鼓励教师不断提高自己的教学能力。这种评估可以激励教师们相互学习、交流教学经验，形成合作共享的教学氛围，从而提升整个学校的教学质量。

教学绩效考核是促进教学质量提升的重要手段。通过全面评估教师的教学工作，帮助教师发现问题和不足，并提供相应的支持和资源，可以不断提升教师的教学能力和教学效果，建立积极的教学环境，提高学生的学习成果。

2.优化学生学习成果

对学生学习成果的评估是教学绩效考核的一个重要方面。通过评估教师对学生学习的影响力，可以帮助学校和教师了解学生的学习情况和成绩表现，并采取相应的措施优化学生的学习成果。

教学绩效考核可以帮助教师及时发现学生的学习困难。通过评估学生的学习成果，可以发现学生在某些知识点或技能方面存在的困难和薄弱之处。教师可以根据评估结果，有针对性地进行教学调整和辅导，提供额外的学习支持，帮助学生克服困难，提高学习效果。

教学绩效考核可以采取措施解决学生的学习困难，以提高学生的学习成果。通过评估学生的学习成果，可以发现不同学生的学习差异和需求。教师可以根据学生的个体差异，采用灵活多样的教学策略和教学方法，以满足学生的学习需求。同时，学校可以提供相应的资源和支持，如提供个性化学习计划、辅导课程或学习支持小组等，帮助学生克服困难，提高学习成果。

通过对学生学习成果的评估，学校和教师能够了解学生的学习状况，并及时采取相应的教学和管理措施。这种关注和重视可以激发学生的学习动力，提高他们的学习积极性和自信心，从而促进学生的学习成果的提升。

教学绩效考核通过评估学生的学习成果，可以及时发现学生的学习困难并采取相应措施加以解决，提高学生的学习效果和学习成果。这种评估帮助教师针对学生的个体差异和学习需求进行教学调整，学校提供相应的资源和支持，同时也激发学生的学习动力和自信心，推动学生的全面发展。

3.为教师职业发展提供指导

教学绩效考核在教师职业发展中扮演着重要的角色，可以为教师提供指导和支持，促进其个人的成长和进步。

通过评估教师的教学绩效，可以客观地了解教师在教学方面的优势和不足。这种评估可以帮助教师认识自己的教学风格、教学方法和教学效果，了解自己的教学强项和改进空间。教师可以根据评估结果，有针对性地进行自我反思和提升，发展自己的教学能力。

教学绩效考核为教师提供个性化的发展指导。通过评估教师的教学绩效，可以发现教师在特定领域或教学方法上的需求和不足。学校和教育机构可以根据评估结果，为教师提供相应的培训和专业发展机会。例如，如果一个教师在项目式学习方面的表现较弱，学校可以提供相关培训和资源，帮助教师学习和应用项目式学习的教学方法。这样的个性化指导有助于教师针对自身的发展需求进行有针对性的提升，推动其职业发展。

通过评估教师的教学绩效，学校和教育机构可以发现教师的潜力和发展方向，为其提供更广阔的职业发展机会。例如，一位表现出色的教师可能会被提供更多的教研或课程设计的机会，甚至晋升为教研组长或教务管理职位。这样的职业发展机会激励教师不断提升自己的教学能力和专业素养，实现个人的成长和进步。

教学绩效考核通过评估教师的教学绩效，可以帮助教师了解自己的教学能力和发展需求，并提供个性化的发展指导和职业发展机会。这种指导和支持有助于教师实现个人的成长和进步，提升教学质量，为学生提供更好的教育服务。

4.促进教育改革与发展

通过评估教师的教学能力和教学质量，可以揭示教育体制中的短板和不足之处。这些问题可能涉及教学方法、课程设置、教学资源等方面。评估结果可以帮助决策者了解当前教育体制的弊端和挑战，为教育改革的方向和重点提供依据。

教学绩效考核为教育政策的制定提供数据支持。通过评估教师的教学绩效，可以收集到大量关于教学质量和学生成绩的数据。这些数据可以帮助政策制定者了解教育系统的整体状况和现实问题，为制定教育政策和改革措施提供科学依据。政策制定者可以根据评估结果，调整教育政策的方向和目标，优化教学管理和资源配置，推动教育的改革和发展。

通过评估教师的教学绩效，可以鼓励教师积极探索创新的教学方法和策略，提高教学质量和效果。教师们可以借助评估结果，了解自己在教学中的不足和改进方向，进一步提升自己的专业素养和教育教学能力。这种积极的专业发展和教学创新有助于推动教育体制的改革与发展。

教学绩效考核作为评估教师教学能力和教学质量的手段，在促进教育改革与发展方面具有重要意义。通过发现问题、提供数据支持和促进教师的专业发展与创新，教学绩效考核为教育改革提供了有益的参考依据，推动教育的不断发展与进步。

二、教学绩效考核的目标

综合考虑下列各个目标和评估维度，教学绩效考核可以进一步全面地评估教师在教学工作中的表现和成效。通过对其目标的评估，学校和教师可以更好地了解教学的优势和不足，并提供有针对性的反馈和改进建议，以进一步提升教学质量和教师的专业发展水平。

（一）教学效果

教学绩效考核的目标之一是评估教师的教学效果，即教师在教学过程中对学生学习成果的影响。教学效果评估旨在了解学生的学习表现、知识掌握程度、技能发展和学术成果等方面的情况。这样的评估可以通过多种方法进行，包括考试成绩、学术作品、学生作品展示等形式，以量化或定性的方式对教学效果进行评价。

评估教学效果的目的是全面了解教师在教学中的成果和学生的学习状况。通过考察学生的学习成果，可以判断教师的教学方法是否有效，是否能够帮助学生达到预期的学习目标。教学效果评估不仅关注学生的学术成绩，还包括对学生能力、思维方式、创造力等方面的培养和发展。评估结果可以为教师提供反馈信息，帮助他们发现自己的教学优势和改进方向，进而提高教学质量和效果。

教学效果的评估对于教育机构和学校的决策制定也具有重要意义。通过评估教师的教学效果，可以了解教育机构整体的教学质量和学生学习成果的水平。这种信息可以为学校的教育改革和发展提供参考依据，促进教学方法的创新和改进。同时，学校可以根据评估结果，对教师进行培训和支持，提供专业发展的机会，以提高整体教学效果和学生的学习成果。

（二）学生满意度

学生满意度评估是教学绩效考核中的一个重要方面，旨在了解学生对教师教学的满意程度及对教学内容的理解和接受程度。通过学生满意度的评估，可以获取学生对教学质量和教学体验的反馈信息，为提升教学质量和满足学生需求提供有价值的参考。

评估学生满意度可以采用多种方法，包括问卷调查、访谈、反馈意见等方式。问卷调查是一种常用的收集学生满意度数据的方法，可以提供大量的定量数据。通过设计合适的问卷，包括评价教师的教学效果、教学内容和教学方法等方面的问题，学生可以根据自己的实际体验和感受进行评价。访谈和反馈意见则可以提供更加详细和深入的学生观点和建议，通过与学生的面对面交流，可以进一步了解学生对教学的认知和期望。

学生满意度的评估对于教师和学校都具有重要意义。对于教师，学生满意度评估可以帮助他们了解自己在学生心目中的形象和教学效果，及时发现问题和不足，并采取改进措施。教师可以根据学生的反馈意见，调整教学策略、改进教学方法，以提高学生的满意度和学习效果。对于学校，学生满意度评估可以为学校管理和决策提供重要参考。学校可以根据评估结果，调整教学资源的分配和教学环境的改善，提供更好的学习体验和支持，促进学校整体的发展。

（三）课程设计与教学策略

评估教师在课程设计和教学策略选择上的能力与创新性是教学绩效考核的重要内容之一。这方面的评估旨在了解教师在教学过程中课程设计的质量、教学材料的选择与设计、教学活动的安排与组织及多样化教学方法的运用等方面的表现。评估可以通过对教学设计文档的审查、教学观察和反思等方式进行。

课程设计评估关注教师如何根据学科要求和学生需求，设计具有合理结构和丰富内容的教学计划。评估教师的课程设计可以通过审查教师提交的教学设计文档，分析其设计的目标、内容和教学活动的合理性及对学生的学习需求是否充分考虑等。这样的评估可以帮助教师发现自己课程设计中的不足之处，并在日后的教学中进行改进。

教学材料评估关注教师如何选择和设计适合教学目标与学生水平的教材和教辅材料。评估可以通过观察和审查教师使用的教材和教辅材料，分析其质量、适用性和与教学目标的匹配度等。评估结果可以帮助教师选择更适合的教材和教辅材料，并根据学生的需求进行必要的改进和定制。

教学活动评估关注教师如何合理安排和组织教学活动，以达到教学目标并激发学生的学习兴趣和参与度。评估可以通过教学观察和反思等方式进行，观察教师在课堂中的教学活动设计和组织，分析其是否有利于学生的参与、互动和探究等。评估结果可以帮助教师优化教学活动的安排，提高学生的参与度和学习效果。

教学方法评估关注教师如何运用多种教学方法和策略，以满足学生的不同学习需求和学习风格。评估可以通过观察教师在教学中所使用的教学方法，分析其多样性和适用性，并了解学生对不同教学方法的反应和学习效果。评估结果可以帮助教师更好地调整和选择教学方法，以提高教学质量和学生的学习成果。

（四）教学资源利用

教学资源的选择和利用是评估教师教学绩效中的一个重要方面。教学资源包括教材、多媒体工具、实验设备等，对于支持教学过程和提升学生学习效果起着重要的作用。评估教师在教学资源的选择和利用上的能力，可以通过观察教学过程中教师对资源的合理利用程度、教学环境的舒适度等进行评价。

评估教师的教学资源利用能力，可以从多个角度进行评估。

首先，评估教师对教材的选择和使用。教师需要根据学科特点和学生需求，选择合适的教材，确保教材内容与教学目标的一致性。评估可以观察教师在教学中如何利用教材，包括是否能够充分利用教材中的资源和活动，以促进学生的学习和参与。

其次，评估教师在多媒体工具和技术利用上的能力。随着科技的进步，多媒体工具在教学中发挥着越来越重要的作用。评估可以观察教师在教学中如何有效地利用多媒体工具，包括投影仪、电子白板、教学软件等，提供丰富的教学资源和呈现方式，增强学生的学习兴趣和参与度。

再次，评估教师对实验设备和实践机会的利用。某些学科或课程可能需要实验设备和实践机会来加深学生的理解和应用能力。评估可以观察教师如何充分利用实验设备和实践机会，提供实践性的学习体验，促进学生的实际操作和实验能力的培养。

最后，评估教师在教学环境的舒适度和资源的合理配置。评估可以观察教师在教学环境的布置上是否能够为学生创造一个舒适和有利于学习的氛围。同时，评估还可以观察教师对教学资源的合理配置，以确保学生能够充分利用资源进行学习。

（五）教学反馈和改进

评估教师的教学反馈和改进能力是教学绩效考核中的关键方面。这方面的评估旨在了解教师对学生学习情况的观察和反馈能力及教师对自身教学的反思和改进能力。

教学反馈和改进能力涉及教师对学生学习过程中的困难和问题的发

现与解决及对教学效果的评估与调整。评估教师的教学反馈能力可以观察教师在教学过程中是否能够及时发现学生的学习困难、理解学生的学习进展，并能够针对性地给予指导和支持。教师应能够通过各种途径，如课堂观察、作业批改、学生反馈等了解学生的学习情况，包括他们的理解程度、掌握程度及面临的困难等。教师可以根据这些观察和反馈，采取相应的教学策略和辅导措施，帮助学生克服困难，提高学习效果。

另外，评估教师的教学改进能力可以观察教师对自身教学的反思和改进。教师应能够对自己的教学效果进行客观评估，并根据评估结果调整和改进自己的教学策略和方法。教师可以通过反思教学过程、倾听学生的反馈、参加专业培训等方式，不断提升自己的教学能力和教学效果。评估教师的教学改进能力可以观察教师在课程设计、教学方法和教学资源利用等方面的创新和改进及教师对教学效果的持续监测和调整。

教学反馈和改进的能力对于教师的教学质量和学生的学习效果具有重要影响。教师的及时反馈和有效改进能力可以帮助他们更好地满足学生的学习需求，提高学生的学习效果和满意度。同时，教师的持续反思和改进能力也有助于推动教育的不断发展和创新。

（六）专业发展和合作精神

评估教师在个人专业发展和合作精神方面的表现是教学绩效考核的重要组成部分。这方面的评估旨在了解教师在个人专业发展和团队合作方面的积极性和贡献。

个人专业发展评估关注教师在教育培训、学术研究和教学方法改进等方面的积极性和进步。评估可以观察教师是否主动参与专业培训和学术研究活动，持续提升自己的专业知识和教学能力。教师可以通过参加教育机构或学校组织的培训课程、研讨会、学术会议等方式，不断更新教育理念、教学方法和学科知识，以提高自身的专业水平。评估结果可以帮助教师了解自己在个人专业发展方面的努力和成果，并为其提供继续发展的建议和支持。

团队合作评估关注教师在教学团队和学校组织中的合作精神和贡献。评估可以观察教师在教学团队中的积极参与和贡献，包括与同事合作开展课程设计、教学研讨和教学资源分享等方面的合作行为。评估还可以考察教师在学校组织的教研活动、评课活动和教学交流中的积极参与与分享经验的态度。教师的合作精神和贡献有助于提升整个教学团队的效能和提高学校的教学质量。

个人专业发展和合作精神的评估对于教师和学校都具有重要意义。对于教师而言，个人专业发展的评估可以帮助他们了解自己的成长和进步，同时也为教师提供继续发展的机会和方向。团队合作的评估可以促进教师之间的交流与合作，提升整个教学团队的效能和学校的教学水平。

三、教学绩效考核的影响

教学绩效考核对教师的教学行为、职业发展和工作满意度有着显著的影响，如图4—1所示。

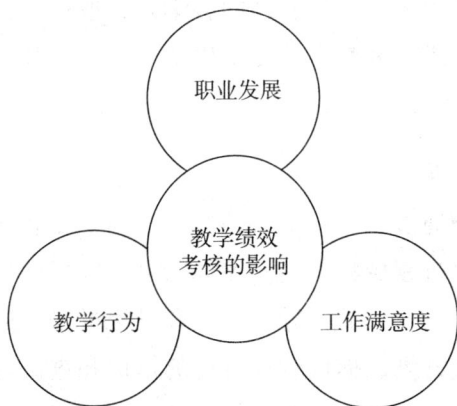

图4—1 教学绩效考核的影响

（一）教学行为

教师在绩效考核中了解到自己的绩效将受到评估，并与他人进行比较。这种认识促使教师更加努力地改进自己的教学方法和技能，以提供高质量的教学。教师可能会加强教学准备的深度和广度，更加充分地了解教学内容，并提前预测和解决可能出现的问题。他们会投入更多的时间和精力，以确保教学准备的全面性和有效性。

绩效考核还鼓励教师使用多种教学策略，以满足不同学生的学习需求。教师会主动探索和应用创新的教学方法，如合作学习、问题解决、探究式学习等。他们会灵活运用各种教学资源和工具，以提供多样化的学习体验，激发学生的兴趣和参与度。教师也会不断反思和调整教学策略，以寻找最适合学生的教学方式。

首先，绩效考核促使教师积极参与学生的学习过程。他们会更加关注学生的学习成果，注重学生的理解和应用能力，而不仅仅是关注课程的覆盖和内容的传授。教师会鼓励学生提出问题、参与课堂讨论，并及时给予反馈和评估。他们会关注学生的学习进展，通过个别辅导和额外支持，帮助学生克服困难，实现个人学习目标。

其次，教师在绩效考核中也会更加关注学生的学习成果。他们会倾听学生的意见和反馈，了解学生对教学的感受和理解程度。通过评估学生的学习成果，教师可以了解自己的教学是否取得了良好的效果，并做出相应的调整和改进。教师会关注学生的学习进步和成就，以验证自己的教学方法和策略的有效性。

（二）职业发展

教学绩效考核通过对教师绩效的评估，为学校和教育机构提供了了解教师的优势和改进领域的机会。评估结果可以帮助教师了解自己的教学表现，并获得专业发展的指导。学校和机构可以根据评估结果为教师制订个性化的发展计划，提供有针对性的培训和进修机会。这些培训和进修活动可以帮助教师进一步提升教学技能，拓宽教学视野，并与其他教育专业人士进行交流和合作。

第一，绩效考核结果也可以作为教师晋升和晋级的依据。在竞争激烈的教育环境中，教师需要通过不断提升自己的绩效来获得更高的职位和更好的待遇。教学绩效考核成为评估教师能力和潜力的重要指标，优秀的绩效评价可以增加教师晋升的机会。例如，优秀的绩效评价可以成为晋升为教研组组长、年级组组长、学科带头人或教学督导等职位的先决条件。

第二，绩效考核还为教师提供了更广阔的职业发展前景。通过不断努力提高自己的绩效，教师可以获得更多的职业机会和挑战。他们有可能被选拔为教育项目的负责人、教育管理岗位的候选人或教育研究团队的成员。优秀的绩效评价也可以为教师获得教育界的认可和尊重，提高自己在教育领域的影响力和声誉。

第三，绩效考核还可以激励教师不断追求专业发展和自我提升。教师意识到他们的绩效将受到评估，他们会更加积极地参加各种教育研讨会、学术会议和专业培训，不断学习更新的教育理念和教学技术。这种持续的专业发展不仅可以提升教师的绩效，还可以丰富他们的教学经验，增加专业素养，为职业发展打下坚实的基础。

（三）工作满意度

教学绩效考核对教师的工作满意度有着重要影响，其具体体现如下：

1. 公正和准确的评估

当教师感到他们的绩效考核是公正和准确时，他们更可能对评估结果感到满意。如果绩效考核使用明确的标准和客观的评估方法，并且与教师的实际教学表现密切相关，教师会认为他们的工作得到了公正的认可。这种认可和肯定可以提升教师的自信心和满意度，使他们对自己的工作感到满足和有成就感。

2. 动力和激励

教学绩效考核可以激励教师更加努力地提供高质量的教学。当教师知道他们的绩效将被评估并与其他教师进行比较时，他们会更有动力地去改进自己的教学行为。通过积极地应对绩效考核，教师可以提高自己的绩效，从而提高他们的工作满意度。这种动力和激励可以推动教师不断进步和追求卓越，使他们对自己的工作充满热情。

3. 透明度和反馈

一个透明的绩效考核制度可以提高教师的满意度。当教师了解评估标准、评估过程及结果反馈时，他们会感到制度是公正和可信的。透明的评估过程可以减少教师对于评估结果的怀疑和不满，增强他们对考核制度的信任。此外，及时和有建设性的反馈也对教师的满意度产生积极影响。教师可以通过反馈了解自己的优点和改进空间，从而改进自己的教学，进一步提高工作满意度。

4.教师支持和发展机会

绩效考核还可以提供教师支持和发展的机会，从而增加他们的工作满意度。当学校或教育机构根据绩效评估结果为教师提供有针对性的专业发展机会时，教师会感到他们的成长和发展得到了重视。这种支持和机会可以增强教师对于自己职业发展的信心，提高他们对工作的满意度。

四、教学绩效考核的公正性问题

（一）标准化评价过程

教学绩效考核公正性的第一点是标准化评价的过程。为确保评价过程的公正性和客观性，制定明确、一致的评价标准是至关重要的。

制定明确的评价标准是确保评价过程公正性的基础。评价标准应明确规定评价的内容和要求，包括教学效果、学生满意度、课程设计与教学策略、教学资源利用等方面的指标和要求。这样可以使评价过程具有明确的目标和标准，使教师能够清楚地了解评价的依据和期望值。

评价标准应保持一致性。在评价过程中，所有的教师都应遵循相同的评价标准进行教学，而评估者也应根据这些标准进行评价。这样可以确保评价的公平性和一致性，避免评价过程中的主观偏见和不公正现象的出现。评估者应受到专业培训和指导，以确保他们在评价过程中准确理解和应用评价标准。

评价过程应该是透明的，即评价标准和评价过程应该对教师和评估者都是可见的和可理解的。教师应了解评价标准的内容和权重，以便他们能够根据标准来调整自己的教学实践。评估者应提供清晰的评价标准的解释和说明，以便教师理解评价过程和结果。

评价过程中应采用多维度的评估方法，仅依靠单一的评价指标往往无法全面准确地评估教师的教学绩效。因此，评价过程应该综合运用多种评估方法，如学生评价、同行评审、教学观察等，以获取更全面和客观的评估结果。

（二）多元化评价

多元化评价是教学绩效考核中的一种重要方法，它不仅依赖单一的评价方法，而是结合多种评价方式进行综合评估，包括同行评价、学生评价、教学观察等。

同行评价是指由其他教师对被评估教师的教学进行评价和反馈。通过同行评价，可以从专业教师的角度获取对教学的专业意见和建议。同行评价可以通过教学观摩、教学反馈会议等形式进行，评估者可以观察教师的教学过程和效果，提供针对性的意见和建议。同行评价能够促进教师之间的交流与分享，帮助教师共同提高教学质量。

学生评价是指通过学生对教师教学的评价和反馈来评估教学绩效。学生是直接参与教学的主体，他们的反馈意见对于评估教师的教学效果和影响力至关重要。学生评价可以通过问卷调查、访谈、课堂讨论等形式进行，评估者可以了解学生对教师的教学方法、教学资源和学习体验的评价。学生评价能够提供与教师自我评价和同行评价不同的视角和反馈，帮助教师改进教学方法和满足学生的学习需求。

教学观察是指评估者对教师的教学过程进行实地观察和评估。通过教学观察，评估者可以直接观察教师的教学策略、教学活动和学生互动等方面的表现，获得对教师教学质量的直观认识。教学观察可以通过课堂观察、录像观看等方式进行，评估者可以根据预先设定的评价指标进行评估。教学观察能够提供对教师教学实践的客观评价，帮助评估者全面了解教师的教学能力和效果。

（三）匿名评价

匿名评价是一种评价方式，特别是在学生评价教师的环节中，提供匿名方式可以更好地保护学生不受报复，并使他们能够更公正、客观地评价教师。

提供匿名评价的方式可以让学生在评价教师时更自由地表达自己的意见和看法，而无须担心个人信息被泄露或受到负面影响。学生可能会更加坦诚地提供对教师的评价，包括对教学方法、教学资源和学习体验的真实反馈。这样能够为教师和学校提供更真实、准确的评价信息，有助于改进教学质量和满足学生的学习需求。

匿名评价还可以减少学生对教师的个人情感、人际关系或其他主观因素的影响，使评价更加客观和公正。学生不会受到教师的身份、权威或个人偏好的影响，能够更专注于对教学效果和教学质量的评价。这有助于建立一个公正的评价环境，鼓励学生提供真实、客观的评价，从而为教师的改进提供有价值的反馈。

同时，匿名评价也需要保证评价过程的保密性和数据安全性。学校和教师需要确保评价结果的匿名性，不追溯评价到具体学生，以保护学生的隐私权。评价数据应受到适当的保密和安全措施，以防止数据泄露和滥用。

（四）定期培训

定期为评估者提供培训是确保评估过程公正性和减少主观偏见的重要措施。这样的培训可以帮助评估者全面理解评价标准，并掌握公正评价的方法和技巧。

培训的内容包括评价标准的解读和说明，以确保评估者对标准的理解一致和准确。评估者需要明确了解每个评价指标的含义、权重和评分标准，以便在评价过程中能够根据事实客观评估教师的表现。

培训还可以提供评价方法和工具的使用指导。评估者需要了解如何运用各种评估方法和工具，如观察记录表、评价问卷等，以收集准确、可靠的评价数据。他们需要学习如何进行客观的观察、记录和分析，避免主观偏见的影响。

培训还可以强调评估的公正性和保密性。评估者应了解评价过程中的保密原则，确保评价结果和学生反馈的机密性。他们还应了解如何处理潜在的利益冲突和个人偏见，以确保评价的公正性和客观性。

定期的培训有助于评估者不断提升专业水平和评估技能，保持对教学绩效评估的敏感性和准确性。培训应定期进行，以更新评估者的知识和理解，使其能够跟上教育领域的最新发展和要求。

（五）公开透明

评价过程应该是公开的，即评估的程序和步骤应对教师和相关人员公开透明。教师需要清楚地了解评价的整体流程、时间安排和参与者，以便他们能够准备和参与评价过程。公开评价过程可以增加评价的可信度，确保评价过程的公正性和透明性。

评价结果应向教师公开，并提供对结果的解释和说明。教师有权了解自己的教学绩效评价结果，包括评价得分、评价指标的具体表现和评价意见。评价结果应以清晰、易于理解的方式向教师展示，帮助他们了解自己在教学中的优势和不足，并为改进提供方向和支持。同时，评价结果的解释和说明应明确评价的依据和过程，让教师知道这个评价是如何得出的。

公开透明的评价过程和结果有助于提高评价的接受度。当评价过程和结果对教师透明和可理解时，教师更有可能接受评价结果，并愿意采纳评价意见进行改进。公开透明的评价过程还可以建立起信任和沟通的基础，促进教师与评估者之间的合作和理解。

公开透明的评价过程和结果也可以促进教师的自我改进。当教师了解自己的教学绩效评价结果并知道评价的依据和过程时，他们可以更好地反思自己的教学实践，寻找改进的方向和策略。公开透明的评价可以激发教师的自我动力和发展意愿，帮助他们不断提升自己的教学质量。

（六）反馈和改进机制

建立一个有效的反馈和改进机制对于教师的职业发展和教学质量的提升至关重要。这个机制应确保教师不仅能获得评价结果，还能得到关于如何提高教学质量的具体建议和支持。

首先，评价结果应及时向教师反馈。教师应尽早了解自己的评价结果，包括评价得分、评价指标的具体表现和评价意见。及时的反馈可以帮助教师更好地了解自己在教学中的优势和不足，并为改进提供方向和支持。

其次，反馈应具体和具有建设性。评价结果应提供具体的建议和改进措施，帮助教师了解如何改进自己的教学质量。这些建议包括教学方法的改进、教学资源的优化、学生互动的提升等方面的具体指导。具体的反馈和建议能够帮助教师更有针对性地改善自己的教学实践。

同时，提供支持和资源是反馈和改进机制的关键部分。教师应该获得支持和资源，以便他们能够有效地改善自己的教学质量。这包括教师培训课程、专业发展机会、教学资源和指导材料等。学校和教育机构应提供必要的支持和资源，以帮助教师实施改进措施并提升教学能力。

此外，反馈和改进机制还应鼓励教师主动参与自我反思和专业学习。教师应被鼓励利用评价结果和建议进行自我评估与反思，找到改进的机会和策略。同时，他们也应该积极寻求专业学习和发展的机会，不断提升自己的教学能力和教育理念。

（七）公正的决策制定

确保教学绩效考核结果在决策制定中的公正性是非常重要的。无论是晋升、工资增长还是续聘等决策，应该建立一个公正、透明、客观的决策制定过程，避免任何形式的偏见和不公。

决策制定过程应基于充分的评估数据和评价结果。评价数据应严格按照事先确定的评价标准进行收集和分析，评价结果应准确、可靠，并经过适当的审核和确认。决策制定者应基于这些评价结果进行决策，而不受个人偏见或不当影响。

决策制定过程应透明和可理解。评价结果和评价标准应向相关人员公开，并提供充分的解释和说明。决策制定者应确保教师了解决策的依据和过程，让他们知道决策是如何得出的。这有助于建立信任和公正的决策环境。

同时，决策制定过程中应避免个人偏见和不当因素的干扰。决策者应遵循专业道德和职业准则，不偏袒个别教师或受到个人情感、人际关系或其他主观因素的影响。决策制定者应以公正、客观的态度对待每个教师的评价结果，并根据评价结果做出决策。

建立申诉机制也是确保决策公正性的重要措施。教师应有权利提出对决策结果的异议，并能够在适当的程序下提出申诉。决策制定者应认真考虑和处理申诉，并确保申诉程序的公正性和透明性。

第二节　教学绩效考核的标准与方法

一、教学绩效考核的标准

教学绩效考核标准涉及衡量教师教学能力和效果的关键指标。这些标准不仅反映了教师的教学质量，同时也包括教师的专业发展和课程设计能力。

（一）教学质量

教学质量是评估教师绩效的核心标准之一，涉及教师在教学过程中的多个方面，包括教学策略、教学方法、互动能力及教学内容的独创性。

第一，教学质量可以通过教师的教学策略来评估。教学策略指的是教师在设计和组织教学活动时采取的方法和思路。一个高质量的教学策略应当能够激发学生的学习兴趣，引导学生主动参与学习及提高学生的学习效果。例如，教师可以运用启发式教学法、问题导向教学法或合作学习等策略来培养学生的思维能力和解决问题的能力。

第二，教学质量还可以通过教师的教学方法来评估。教学方法是指教师在实际授课中所采用的具体方式和手段。一个高质量的教学方法应当能够适应不同学生的学习风格和能力水平，并能够激发学生的主动学习。例如，教师可以运用讲授、示范、讨论、案例分析、实践操作等多种方法，使学生在不同的学习情境下获得全面而深入的知识。

第三，教学质量的评估还需要考虑教师的互动能力。互动是指教师与学生之间的双向交流和互动。一个高质量的互动能力应当能够促进师生之间的良好沟通，增强学生的参与感和归属感及提高学生的学习动力和效果。教师可以通过鼓励学生提问、回答学生问题、给予及时反馈和指导等方式来增强互动效果。

第四，教学质量的评估还需要考虑教师教学内容的独创性。教学内容的独创性指的是教师在教学中能够融入新的知识和观点及将学科知识与实际应用相结合。一个高质量的教学内容应当具有前沿性、实用性和启发性，能够激发学生的创造力和思维能力，并使学生能够将所学知识应用于实际问题的解决中。

（二）学生满意度

除教学质量的评估指标之外，学生满意度也是衡量教学绩效的重要指标之一。学生满意度的评估可以通过多种方式进行，包括调查问卷、学生反馈和学生的学习成果。

首先，调查问卷是一种常用的评估学生满意度的方法。通过向学生发放调查问卷，可以了解他们对教学过程、教师的表现、教材使用、学习资源和学习环境等方面的意见和反馈。问卷中可以包括开放性问题和封闭性问题，以便学生能够提供详细的回答和评价。通过分析问卷结果，可以得出学生对教学活动的整体满意度及他们对具体方面的评价，从而评估教师的教学绩效。

其次，学生反馈也是评估教学质量和教学绩效的重要依据。教师可以主动邀请学生提供反馈意见，或者在课程结束后进行小组或个别讨论，以了解学生对教学的评价和建议。学生的反馈可以涉及教学方法的有效性、教师的互动能力、教学内容的兴趣度等方面。这些反馈可以帮助教师了解学生的需求和期望，从而改进教学方法和内容，提高教学质量。

此外，学生的学习成果也是评估教学绩效和学生满意度的重要指标之一。学生的学习成果可以通过考试成绩、作业完成情况、课堂表现等来衡量。如果学生在教学过程中取得了显著的进步和成绩提升，他们通常会更满意教学活动，并对教师的教学绩效给予肯定。因此，学生的学习成果是评估教学质量和绩效的重要依据之一。

一个有效的教学绩效考核系统应当充分考虑学生的学习体验和学习成果。通过收集学生的反馈意见、观察学生的学习成果，并结合教学质量的评估指标，可以全面评估教师的绩效和教学活动的有效性，从而确保教学能够满足学生的学习需求，并不断提升教学质量。

（三）课程设计

课程设计是评估教学绩效的另一个关键因素。它涵盖了课程内容的编排、教学方法的选择及学习目标的设定等，对于教学的有效性和学生的学习体验具有重要影响。

首先，课程设计应该能够反映出教师的专业能力。一个高质量的课程设计应该基于教师对所教学科的深入理解和专业知识，并充分考虑学科的特点和学生的需求。教师需要合理组织和编排课程内容，确保知识的连贯性和逻辑性，以便学生能够系统地学习和掌握知识。此外，教师还需要在课程设计中考虑到不同学习层次和能力水平的学生，以确保教学的普及性和适应性。

其次，课程设计应该能够激发学生的学习兴趣和参与度。一个高质量的课程设计应该能够引起学生的好奇心和兴趣，激发他们对学习的主动性和积极性。教师可以通过选择生动有趣的教材、设计具有挑战性和互动性的学习任务及运用多种教学方法和媒体手段来增加学生的参与度。此外，课程设计还可以鼓励学生的探究精神和创新思维，培养他们的批判性思维和问题解决能力。

最后，课程设计还需要明确和设定学习目标。学习目标是课程设计的核心，它们应该明确、具体、可衡量，并与教学内容和教学方法相匹配。教师可以通过设定学习目标来引导学生的学习方向，帮助他们理解学习的重点和目的，并提供评估学生学习成果的依据。同时，教师还应根据学生的实际情况和进展来调整和优化课程设计，以确保学习目标的达成和教学效果的提升。

课程设计在评估教学绩效中扮演着重要的角色。一个高质量的课程设计应该能够反映出教师的专业能力，激发学生的学习兴趣和参与度及明确和设定学习目标。通过精心设计的课程，教师可以提供有质量的教学体验，促进学生的学习成长和发展。

（四）研究成果

在评估教学绩效时，研究成果在研究型大学中扮演着重要的角色。

教师的研究成果包括论文发表、项目申请、学术影响力等方面，这些成果反映了教师在学术领域的专业水平和研究能力。

首先，教师的论文发表是评估其研究能力和学术贡献的重要指标之一。论文发表是教师将其研究成果和学术观点分享给学术界和同行的重要方式。发表论文不仅要求教师具备扎实的学术基础和研究方法，还要求其能够在学术刊物上发表高质量的研究成果，对学科领域做出积极的贡献。

其次，教师的项目申请也是评估其研究能力和学术影响力的重要依据。教师可以申请各类研究项目，如基金资助项目、科研合作项目等。成功获得项目资助不仅可以支持教师的研究工作，还能体现教师在学术界的认可和影响力。

再次，教师的学术影响力也是评估其研究能力和学术地位的重要考量指标。学术影响力可以通过教师在学术界的声誉、学术交流和合作、学术活动组织等方面来体现。教师可以通过参与国际学术会议、担任学术期刊的审稿人和编委、组织学术讲座和研讨会等方式来扩大其学术影响力。

最后，教师的研究能力对于教学绩效的评估具有积极的作用。一方面，教师的研究活动可以促进其对学科知识的深入理解和更新，提升其在教学中的专业水平和权威性。另一方面，教师的研究成果和学术影响力可以激发学生对学科的兴趣，引导学生进行科研探究，并提供实践机会和学术指导，从而推动学生的学术发展。

因此，在研究型大学中，教师的研究成果对于评估教学绩效具有重要意义，它不仅体现了教师在学术领域的专业水平和研究能力，还可以提升其在教学中的权威性和学术影响力，推动学术和教学的相互促进。

二、教学绩效考核的方法

在考核高校教师的教学绩效时，通常采用多种方式以获取全面、准确的反馈。学生评价、同行评审、教学观察及学生成绩被认为是评估教学绩效的有效工具。

（一）学生评价

学生评价被广泛认为是评估教师教学绩效的一个核心工具。这种评价的原因很明显，学生是教学过程中的主要参与者，他们的学习经历和学习成果直接受到教师的教学质量和策略的影响。

在具体的评价过程中，学生可以通过填写结构化的问卷，评价教师的教学效果、教学方法、课程内容、互动方式等方面。这些数据可以帮助教师和学校管理者了解教师的教学实践是否满足学生的学习需求和期望。另外，学生评价还可以帮助教师发现他们的教学弱点，促使他们改进教学策略和技巧。

然而，使用学生评价作为教学绩效考核的工具时，也需要注意一些潜在的问题。例如，学生的评价可能受到他们个人喜好、学习风格，甚至情绪状态的影响，这可能会使评价结果出现偏差。因此，在分析和解读学生评价的结果时，需要掌握适当的统计方法和考虑多元化的反馈来源。

在实际操作中，学生评价可以通过多种形式进行，如纸质或在线问卷、面对面访谈等。在线评价系统由于其便捷性和效率性，越来越受到学校和教师的欢迎。无论哪种形式，重要的是要保证学生的匿名性，以鼓励他们提供真实、公正的反馈。

学生评价是一种直接而有效的教学绩效考核方法，它可以帮助教师和学校管理者了解教师的教学质量和效果，同时也促使教师持续改进自己的教学实践。

（二）同行评审

同行评审是另一种重要的教学绩效考核方法，其目的是从专业的角度出发，对教师的教学进行评价和反馈。同行评审通常由同一学科或者相关领域的教师进行，他们可以根据自己的专业知识和教学经验，对被评审教师的教学质量进行深入的分析和评价。

在实际操作中，同行评审通常涉及对教师课堂教学的直接观察，包括教学方法、教学策略、课程内容的组织和递进及教师与学生的互动方式等。同行评审者也可以通过查阅教师的教学计划、教学材料、课后作业和评分标准等资料，进一步了解被评审教师的教学理念和方法。

同行评审的主要优势在于其专业性和深入性。同行评审者可以从教师的角度出发，对教师的教学行为进行深入的理解和分析，这使得他们能够提供具有针对性和深度的反馈与建议。此外，同行评审也有助于建立一种共享的教学理念和标准，促进教师之间的交流和合作。

然而，实施同行评审时，也需要注意一些潜在的问题。例如，评审者需要有足够的时间和精力来进行详细的观察和反馈，否则评审的质量可能会受到影响。此外，评审者的个人观点和偏好也可能影响评审的公正性，因此需要制定清晰的评审标准，并提供适当的培训和指导。

同行评审是一种重要的教学绩效考核方法，它从专业的角度出发，对教师的教学进行深入的评价和反馈，促进教师的专业发展和教学质量的提升。

（三）教学观察

教学观察是一种常用的教学绩效考核方法，其目的是通过直接观察教师的课堂教学，了解其教学方法和策略，评估其教学质量和效果。

在教学观察中，观察员可能是学校的行政人员，也可能是教育专家或者资深教师。他们通过实地观察，了解教师如何组织和进行课堂教学，如何与学生互动及如何管理课堂等。

教学观察的优势在于其直接性和实时性。观察员可以直接了解教师的教学实践，从而对教师的教学质量和效果进行直观的评价。此外，教学观察也为观察员提供了一个及时反馈和指导教师的机会，这有助于教师在教学过程中实时调整和改进其教学策略和方法。

然而，实施教学观察时，也需要注意一些问题。例如，观察员需要有足够的专业知识和教学经验，才能做出准确和深入的评价。此外，观察的频率和时机也会影响观察的效果，因此需要制订合理的观察计划和策略。

教学观察是一种直接而有效的教学绩效考核方法，它可以帮助学校和教师了解教师的教学质量和效果，促使教师改进和提升他们的教学实践。

（四）学生成绩

学生成绩是评价教师教学绩效的一个重要指标。这主要是因为学生的学习成果在很大程度上反映了教师的教学质量和效果。因此，学生成绩可以被用来间接评估教师的教学绩效。

在实际操作中，学生成绩包括学生的考试成绩、课程作业成绩及其他形式的学习表现，如项目作品、实验报告、演讲表现等。这些数据可以帮助教师和学校了解学生的学习进度和水平，从而评价教师的教学效果。

然而，使用学生成绩作为教学绩效考核的指标时也需要注意一些问题。首先，学生的学习成果可能受到许多因素的影响，不仅仅是教师的教学质量和策略。例如，学生的学习动机、学习习惯、课外辅导等都可能影响他们的学习成果。因此，需要小心解读学生成绩，避免过度简化其含义和影响。

三、教学绩效考核的过程

教学绩效考核的过程通常涉及评估、反馈和改进三个关键步骤，这三个步骤相互联系，共同构成一个完整的教学绩效考核流程，如图4—2所示。

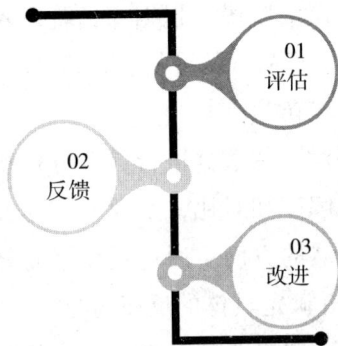

图4—2 教学绩效考核的过程

（一）评估

在评估阶段，需要收集各种形式的数据来评估教师的教学绩效。这些数据包括学生评价、同行评审、教学观察和学生成绩等。学生评价可以通过调查问卷或面谈的形式获取学生对教学的意见和反馈。同行评审可以由其他教师或教育专家对教师的教学进行评估和评价。教学观察可以通过课堂观察和录像回放等方式获取对教师教学过程的直接观察和评估。学生成绩可以作为评估教师教学成果的重要指标之一。

在评估阶段，需要对收集到的数据进行分析和综合评价。这涉及对数据的整理、统计和解读，以获得对教师教学质量和效果的全面了解。数据分析包括定量分析和定性分析，通过量化和归纳得出评估结果和结论。

评估阶段的目的是对教师的教学绩效进行客观、全面和准确的评估，为后续的反馈和改进提供依据。评估结果可以用来识别教师的教学优势和改进的方向，为制订个性化的教学发展计划提供参考。

评估阶段是教学绩效考核过程中的重要环节，通过收集和分析与教师教学相关的数据和信息，可以全面了解教师的教学质量和效果。这为后续的反馈和改进提供了依据，有助于促进教学质量的提升和教师的专业发展。

（二）反馈

在教学绩效考核的反馈阶段，根据评估阶段收集的数据和信息，对教师的教学质量和效果进行深入的分析和评价，为教师提供具体的反馈，是整个考核过程的中心环节。

反馈阶段的关键是对评估数据进行综合分析和评价。这意味着对收集到的数据进行深入的解读和对比，发现教师的教学优点和强项，同时也识别出需要改进和发展的方面。通过对数据的分析，可以得出对教师教学绩效的整体评估，并确定具体的反馈内容。

反馈的目标是向教师提供有针对性的建议和指导，帮助其改进和提升教学质量。根据评估结果，反馈包括对教师教学优势的肯定和鼓励及对需要改进方面的具体指导。反馈应具体、清晰，并提供可行建议，帮助教师意识到自身的教学优势和不足，从而有针对性地进行改进和发展。

有效的反馈应该是双向的，即与教师进行沟通和对话，以便教师能够更好地理解反馈内容，并提出自己的观点和解释。通过与教师的互动和反馈讨论，可以进一步深化对教学质量和效果的认识，加强教师的专业发展和学习意识。

反馈阶段是教学绩效考核过程中的核心环节。通过对评估数据的深入分析和评价，向教师提供具体的反馈，帮助其了解自己的教学优势和不足，并提供针对性的建议和指导，以促进教学质量的提升和教师的专业发展。这一阶段的有效实施对于建立积极的教师发展和提升教学质量的文化至关重要。

（三）改进

在教学绩效考核的改进阶段，教师根据接收到的反馈，着重调整和改进自己的教学策略和方法，以提高教学质量和效果。同时，学校也可以根据教学绩效考核的结果，对教学政策和制度进行调整和优化，以支持教师的专业发展和提升整体教学质量。

教师在改进阶段应该认真对待收到的反馈，对反馈中指出的教学优点和需要改进的方面进行反思和总结。根据反馈的具体内容，教师可以制订相应的行动计划，明确改进目标和具体措施。例如，如果反馈指出教师在课堂互动方面需要改进，教师可以积极寻求适合的互动策略，加强与学生的互动交流，提高课堂的活跃度。

教师可以寻求教学培训和专业发展的机会，提升自己的教学能力和知识水平。教师可以参加各类教学研讨会、培训课程和专业交流活动，与其他教师分享经验和教学实践，获取新的教学思路和方法。这些培训和专业发展活动可以帮助教师不断提升自己的专业素养，更新教学理念，并在实践中应用新的教学策略和方法。

学校也可以根据教学绩效考核的结果，对教学政策和制度进行调整和优化，以支持教师的专业发展和提升整体教学质量。学校可以为教师提供更多的培训资源和支持，建立教学交流平台，鼓励教师互相学习和合作。此外，学校还可以制定激励机制，如奖励优秀教学成果和鼓励教师参与教学创新项目等，以激发教师的积极性和创造力。

改进阶段是教学绩效考核的终点，也是新一轮考核的起点。教师根据反馈调整和改进教学策略与方法，提高教学质量和效果。同时，学校也可以根据考核结果进行制度和政策上的调整和优化，为教师的专业发展提供支持和激励，进一步提升整体教学质量。这一循环的持续进行可以促进教师的成长和学校教学的不断改进。

四、教学绩效考核的效果评估

评估教学绩效考核的效果并非一件轻松的任务，这需要具有明确的评估目标、标准和方法。具体而言，评估教学绩效考核的效果主要包括两个层面：一是评估教学绩效考核本身的质量和效率；二是评估教学绩效考核对教师教学和学生学习的影响。

（一）评估教学绩效考核的质量和效率

评估教学绩效考核的质量和效率需要考虑以下因素，并可以通过问卷调查、访谈、数据分析等方式进行评估和改进。

1.考核标准的科学性和公正性

评估教学绩效的标准应该建立在教育理论和实践基础上，并经过科学的研究和验证。标准应该客观、公正，避免主观偏见和歧视。通过问卷调查和访谈，了解参与者对考核标准的认知和评价，判断其科学性和公正性。

2.考核数据的准确性和全面性

考核数据的准确性对于评估教学绩效的效果至关重要。数据应准确反映教师的教学实践和学生的学习成果。通过数据分析，检查数据的准确性和完整性，避免数据误差和遗漏，确保评估结果的可靠性。

3.考核流程的顺畅性和公开性

评估教学绩效的流程应该清晰、透明，并具备明确的时间安排和程序规定。流程应顺畅，避免冗长和复杂，确保评估工作的高效进行。同时，流程应该公开，参与者应了解评估的目的和要求，并有机会参与和了解整个过程。

4.参与者的参与度和反馈机制

评估教学绩效的质量和效率也与参与者的参与度和反馈机制有关。参与者包括教师、学生、同行评审等。通过问卷调查和访谈，了解他们对参与过程的评价和建议及对反馈机制的意见和需求。

5.反馈的及时性和可行性

评估教学绩效后，及时向教师提供具体的反馈非常重要。反馈应包括教师的优点和需要改进的方面，并提供具体的建议和指导。反馈应该可行，帮助教师制订行动计划和改进措施。通过访谈和问卷调查，了解教师对反馈的接受程度和实施效果及改进反馈机制的建议。

评估教学绩效考核的质量和效率需要综合考虑多个因素，包括考核标准的科学性和公正性、考核数据的准确性和全面性、考核流程的顺畅性和公开性及参与者的参与度和反馈机制等。通过问卷调查、访谈和数据分析等方式，了解和评估教学绩效考核的实施情况，并提出改进的建议，以持续提高教学绩效考核的质量和效率。

（二）评估教学绩效考核对教师教学和学生的影响

评估教学绩效考核对教师教学和学生学习的影响确实需要关注反馈和改进的效果。教师是否能够根据考核反馈进行教学改进，学生的学习成果是否因为教学改进而提高，这些因素反映了教学绩效考核的实际效果和有效性。

一种方法是通过追踪调查来了解教师在接受考核反馈后的教学改进情况。通过定期的调查或访谈，可以了解教师对于考核反馈的认知、接受程度及对教学改进的具体行动。这可以帮助评估教学绩效考核对教师教学的影响，并确定教师是否能够有效地利用考核反馈来改善自己的教学实践。

另一种方法是进行对比分析，比较考核前后学生的学习成果和表现。通过收集学生的学习成绩、评价和反馈等数据，并进行统计分析，可以评估教学绩效考核对学生学习的实际影响。如果教师在接受考核反馈后进行了教学改进，并且学生的学习成果有所提高，这可以为教学绩效考核的有效性提供支持和证明。

通过定期的评估和反馈机制，跟踪教师教学的长期效果。通过收集和分析教师的教学成果、学生的学习成绩和评价等数据，可以了解教学绩效考核对教师教学和学生学习的长期影响及改进的持续效果。

评估教学绩效考核对教师教学和学生学习的影响需要关注反馈和改进的效果。通过追踪调查、对比分析等方式，了解教学绩效考核的影响效果，并验证考核的有效性。这些评估结果可以为教学绩效考核的改进和优化提供参考和依据，进一步促进教师教学质量和学生学习成果的提升。

第三节　教学绩效考核的实施与反馈

一、教学绩效考核的实施策略

教学绩效考核的实施策略关系到考核是否能够有效地反映教师的教学水平和教学成果，其具体实施策略如图4—3所示。

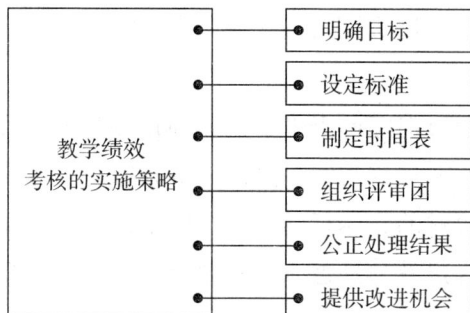

图4—3　教学绩效考核的实施策略

（一）明确目标

明确目标是实施教学绩效考核的首要策略。一个明确的考核目标是成功实施教学绩效考核的前提。教学绩效考核的目标应能够准确反映教师的教学水平和教学成果，以便评估教师的教学质量。这些目标应该与教学的核心价值和期望相一致，如学生学习的深度和广度、教师的教学技能和方法、课程的设计和实施等。

明确的目标不仅有助于评审团对教师的表现进行公正评估，也有助于教师了解他们应达到的标准。通过明确定义的目标，教师可以清楚地知道他们需要在哪些方面取得进展，并为之努力。同时，明确的目标还可以提供教师发展的方向和指导，帮助他们在职业生涯中实现自我成长和提高。

明确的目标应该具备可度量性和可操作性。它们应该能够量化或描述，以便进行具体的评估。例如，一个目标是提高学生的学术成绩，可以通过具体的指标如考试成绩、作业质量等来衡量。另一个目标是改善课堂教学的互动性，可以通过观察和评估教师与学生的互动情况来衡量。

教学绩效考核的目标应该根据学校的教育理念和教学目标进行制定。这样可以确保考核目标与学校的整体发展方向相一致，并对学校教育质量的提升起到积极作用。同时，考核目标还应与教师的工作职责相匹配，使其能够真实反映教师在教学过程中的表现和成果。

在制定考核目标时，应考虑到不同教师的专业领域和职责的差异。不同学科的教师可能会有不同的教学目标和教学方法。因此，考核目标应该灵活适应不同教师的需求，并针对性地制定。

明确目标是教学绩效考核实施的基础策略。通过明确定义的目标，可以为教师提供明确的方向和标准，促进他们的专业发展，并提高整体的教学质量。同时，明确的目标也可以确保评估的公正性和准确性，为学校提供有效的教学质量管理和改进的依据。

（二）设定标准

设定标准是实施教学绩效考核的关键策略之一。考核的标准应当科学、公正，并且具备量化或半量化的特性。这样的标准应该全面覆盖教学的各个方面，以确保评估的一致性和可比性，并能够准确反映教师的工作表现和学校的教学目标。

在设定标准时，首先需要进行科学的研究和调查，包括对教学领域的最新研究成果、教育政策和行业标准的了解等。借鉴相关研究和专家的建议，可以确保制定的标准与教学的最佳实践和领域的要求相一致。

公正性是设定标准的重要原则之一。标准应该建立在客观、公正的基础上，不偏袒任何特定教师或群体。这意味着标准的制定过程应该透明，参与者应该代表各个利益相关方的声音，确保多元化的观点得到充分考虑。

标准的量化或半量化特性是确保评估一致性和可比性的关键因素。通过量化或半量化的标准，可以将抽象的教学绩效转化为可度量的指标。例如，可以使用评分表或评价等级来衡量教学计划的制订质量、课堂教学的互动程度、学生评价的处理效果等。这样的标准可以为评审团提供清晰的评估准则，减少主观性的影响，从而提高评估的准确性和可靠性。

设定标准还需要涵盖教学的各个方面，以全面评估教师的绩效。这包括教学计划的制订和准备，课堂教学的实施和管理，学生评价的处理和反馈等。通过全面考察教师在各个环节的表现，可以更全面地了解教师的教学能力和教学成果。

设定标准需要与教师的工作职责和学校的教学目标相匹配。教师的工作职责可能因不同学科、不同年级或不同教学岗位而有所差异。因此，标准应该灵活适应不同教师的需求，并与学校制定的教学目标相一致。这样可以确保考核标准能够真实反映教师在具体岗位上的表现和贡献，并为教师提供明确的发展方向和目标。

（三）制定时间表

制定合理的时间表是实施教学绩效考核的重要策略之一。一个全面且合理的时间表可以确保考核的顺利进行，同时避免对正常教学活动的干扰。此外，时间表的制定还应考虑到公正和准确性，以确保考核结果的可靠性和有效性。时间表应全面覆盖教学周期。教学绩效考核应该在一段足够长的时间内进行，以充分观察和评估教师在不同阶段的教学表现和成果。这意味着时间表应包括教学的不同阶段，如教学计划的准备阶段、课堂教学的实施阶段和学生评价的处理阶段等。通过涵盖整个教学周期，评审团可以获得更全面的教师绩效信息，并做出准确的评估和判断。

时间表应合理安排，避免对正常教学活动的干扰。考核的时间安排应与学校的教学计划和教师的日常工作相协调。尽量避免在重要教学阶段或学生考试期间进行考核，以确保教学过程的连续性和稳定性。此外，时间表还应预留足够的时间用于评审团的评估和讨论，以确保评估过程的充分性和准确性。

公正和准确性也是制定时间表时需要考虑的重要因素。时间表的安排应能够保证评审团对教师的教学绩效进行公正、客观的评估。这可能涉及多次观察和评估的安排，以确保评估的全面性和准确性。同时，时间表的制定还应充分考虑评审团成员的时间安排，以确保他们有足够的时间和资源进行评估工作，并充分讨论和达成共识。

时间表的制定应考虑到结果反馈的及时性。教师在考核之后应该及时收到评估结果和反馈，以便他们了解自己的教学优点和不足，并能够在后续教学中做出相应的调整和改进。此外，在适当的范围内公布考核结果也是重要的，以便学校管理层和其他利益相关方了解教师的教学水平和教学效果。

制定合理的时间表是实施教学绩效考核的关键策略之一。通过全面覆盖教学周期、合理安排、公正准确和及时反馈等措施，可以确保考核的顺利进行，并保证评估的可靠性和有效性。这样的时间表不仅有助于评估教师的教学绩效，也为学校提供了教学质量管理和改进的重要依据。

（四）组织评审团

组织评审团是教学绩效考核的重要策略之一。评审团的组成应具有代表性和专业性，以确保评估过程的公正性和可靠性。评审团可以由校领导、教务处工作人员、学科专家、其他教师，甚至学生代表组成，从而涵盖不同角度和利益相关方的观点。

评审团的代表性意味着评审团成员应该具有广泛的代表性，能够反映不同利益相关方的声音。这包括学校管理层的代表、教务处的专业人员、学科专家及其他教师的代表等。他们的参与可以确保考核过程不偏袒特定群体或个人，从而增加评估的公正性和客观性。

评审团成员的专业性非常重要。他们应该具备相关的专业知识和经验，能够准确、全面地评估教师的教学绩效。学科专家可以提供对于特定学科领域的专业判断和评估，而教务处工作人员则可以提供对教学流程和管理的专业知识。这样的专业性可以确保评估的准确性和权威性。

评审团成员应根据既定的标准进行评估，以保证评估的一致性和可比性。标准的明确性可以帮助评审团成员理解应该如何评估教师的教学绩效，并根据这些标准进行评价。评审团成员需要参考教师在教学计划制订、课堂教学实施、学生评价处理等方面的表现，并给予公正、客观的评估。

评审团成员在评估过程中应注重信息收集和沟通交流。他们可以通过观察教学实施、阅读教学材料和学生作品，进行教师访谈等方式收集评估所需要的信息。此外，评审团成员之间也应开展充分的讨论和交流，共同评估教师的绩效。这样的信息收集和沟通交流可以提高评估的准确性和全面性，减少主观偏见的影响。

（五）公正处理结果

公正处理结果是实施教学绩效考核的关键策略之一。教学绩效考核的结果应在保证公正和公平的前提下进行处理和公布，以确保评估的可靠性和透明性。这涉及对被考核教师提供及时反馈和在适当范围内公布考核结果。

首先，及时向被考核的教师提供反馈是重要的。教师需要了解自己在教学绩效考核中的优点和不足，以便能够改进和发展。评审团应向教师提供准确、具体和建设性的反馈，指出教师在教学过程中的亮点和改进空间。这样的反馈可以帮助教师认识自己的教学实践，认识到自身的优势和不足，并为进一步提升教学质量提供指导和支持。

同时，考核结果应在适当的范围内公布。公布考核结果可以提供教师教学水平和教学效果的客观参考，也可以为学校管理层、同行教师和其他利益相关方了解教师绩效提供信息。然而，公布考核结果需要保证公正、隐私和敏感性。公布结果应遵守相关的隐私保护法律、法规，并尊重教师的个人隐私和尊严。此外，公布的范围应根据实际情况进行合理限制，以确保教师的信息安全和教学环境的稳定。

其次，在处理和公布考核结果时，透明度和沟通也是重要的。评审团应向被考核的教师解释评估的依据和过程，确保评估结果的可信度和公正性。同时，评审团也应与被考核教师进行沟通，解答他们的疑虑和提供进一步的解释。这样的沟通可以建立信任，减少误解和不满，促进评估结果的接受和理解。

公正处理教学绩效考核的结果是确保评估的可靠性和公平性的重要策略。及时向被考核的教师提供反馈，公布考核结果，并保持透明的沟通和解释，可以促进教师的专业发展，提升整体的教学质量，并维护评估过程的公正性和可信度。

（六）提供改进机会

提供改进机会是实施教学绩效考核的关键策略之一。教学绩效考核不应仅关注教师的现有水平，而应为教师提供发展和提升的机会。这意味着考核不仅是对教师的评估，更是为教师的成长和专业发展提供支持和引导。

第一，给予教师反馈和建议是提供改进机会的重要方面。评审团应向教师提供准确、具体和建设性的反馈，指出教师在教学绩效考核中的优点和改进空间。这样的反馈可以帮助教师认识自己的教学实践，了解自身的优势和不足，并为改进提供具体的指导和建议。通过反馈，教师可以了解自己在教学过程中的盲点和提升空间，从而有针对性地进行自我调整和改进。

第二，提供教师培训和发展的资源是重要的改进机会。教师培训可以帮助教师获得新的教学理念、方法和技能，提升其教学水平。学校可以组织教师培训课程、研讨会和工作坊，为教师提供专业知识和教学技能的更新和拓展。此外，学校还可以提供教学资源和支持，如教学资料、教学技术支持和课程设计指导等，以帮助教师改进和优化他们的教学实践。

第三，设置教学改进的计划和目标也是提供改进机会的重要方式。学校可以与教师一起制订教学改进计划，明确改进目标和行动步骤。这样的计划可以帮助教师有系统地进行改进，设定具体的目标，并制定相应的措施和时间表。通过持续的跟踪和反馈，教师可以监测自己的进展，并逐步实现教学的改进和提升。

第四，提供改进机会对于教师的成长和发展至关重要。它鼓励教师持续学习和改进自己的教学实践，从而不断提高教学质量和学生学习成果。同时，它也促进了教师的职业发展和满足感，激励他们在教学岗位中发挥更大的积极性和创造力。

提供改进机会是教学绩效考核的重要策略之一。通过给予教师反馈和建议、提供教师培训和发展的资源及设置教学改进的计划和目标，可以促进教师的专业发展和教学质量的提升。这样的机会激励教师不断自我反思和改进，实现个人和学校共同成长。

二、教学绩效考核的反馈机制

反馈在教学绩效考核中发挥着重要的作用，可以为教师提供关于教学质量和效果的直接信息，有助于教师理解自己的优点和不足，促进教师的教学改进和职业发展。因此，建立有效的反馈机制是教学绩效考核的关键环节。

有效的反馈机制应包括以下几个方面。

（一）反馈的及时性

反馈的及时性对于教师的教学改进至关重要。教学绩效考核后，评审团应立即向教师提供反馈，以便他们能够及时了解自己的教学表现并采取相应的行动。及时的反馈可以帮助教师在教学记忆中保持对评价内容的清晰认知，从而更有效地将反馈转化为实际的教学行动。

通过及时地反馈，教师可以快速了解自己的教学效果，并根据评审团的观察和评估结果进行反思。这种及时的反馈可以帮助教师及早发现和纠正可能存在的问题，避免教学方法的持续误导或不正确的偏见。教师可以及时地了解自己在知识传授、课堂管理、学生参与等方面的优点和挑战，进而能够迅速调整自己的教学策略和方法。

及时的反馈还有助于提高教师的教学动力和教学效果。教师在得到及时的评价和建议后，能够更加自信地面对自己的教学实践，增强对教学目标的把握和对学生学习的引导。他们能够在教学过程中更加敏锐地观察学生的反应和理解情况，及时调整教学策略，确保教学的针对性和有效性。同时，及时的反馈也可以激发教师的学习兴趣和自我成长的意愿，促使他们积极参与教育专业的持续发展。

除了对教师个人的影响，及时的反馈还有助于提升整体的教学质量和学校的教育水平。通过及时反馈，学校管理者可以及早了解教师的教学情况和需求，进而制订相应的支持和培训计划。这样的反馈机制可以帮助学校识别教学中的问题和挑战，并采取及时的措施进行改进。另外，及时的反馈还有助于学校与教师之间的积极互动，促进教学改进的实施和成果的共享。

建立一个具有及时性的反馈机制对于教师的教学改进和职业发展至关重要。通过及时的反馈，教师可以在教学中快速调整，持续提高教学质量，推动学生学习的积极成果。同时，及时的反馈也有助于学校的整体教育质量提升，建立良好的教师支持和发展体系。

（二）反馈的明确性

反馈的明确性对于教师的理解和行动至关重要。明确的反馈内容能够提供具体的信息和指导，帮助教师深入了解自己的教学表现，并有针对性地进行改进。

明确的反馈包括对教师教学中的优点和需要改进的地方进行具体描述。评审团可以通过举例说明教师在课堂管理、教学方法、学生参与等方面的表现，具体指出教师的教学亮点和可改进之处。这样的具体描述可以使教师更清楚地了解自己的教学优势和挑战，有助于教师对自己的教学实践进行客观的评估。

评审团可以提供教学方法的改进建议，推荐教学资源或专业培训，以帮助教师进一步提高教学质量。例如，评审团可以就教师的课堂管理提出具体的建议，如建议采用更多的互动式教学活动或改进学生参与的方式等。这样的建议可以帮助教师明确自己在哪些方面需要改进，并提供具体的行动方案。

通过明确的反馈，教师可以更全面地了解自己在教学中的强项和改进的空间。这种自我认知可以促使教师深入思考自己的教学方法和策略，进一步提高教学效果。同时，明确的反馈还可以激发教师的自我成长动力，促使他们主动寻求专业发展机会，不断提升自己的教学能力。

明确的反馈也有助于评估的准确性和可信度。评审团提供的明确反馈可以避免模糊和主观性评价的问题，确保评估结果的客观性和可靠性。教师在接受明确的反馈后，能够更好地理解评估结果，并根据具体的建议进行改进，从而提高教学质量和学生学习成果。

建立一个具有明确性的反馈机制对于教师的教学改进和职业发展至关重要。明确的反馈内容能够提供具体的信息和建议，帮助教师更好地认识自己的教学实践，并采取相应的行动。这样的反馈机制有助于提高教师的教学质量，推动教育的不断发展。

（三）反馈的建设性

反馈的建设性对于教师的教学改进和职业发展至关重要。建设性的反馈能够激励教师的积极性和自我成长，促使他们主动寻求改进和发展的机会。

建设性的反馈应以积极和支持性的态度提出，关注教师的潜力和发展空间，而不是仅指出问题和不足之处。评审团可以通过肯定教师的努力和优点来启发教师的自信和动力，同时提供建设性的建议和指导，帮助教师改善教学方法和策略。

建设性的反馈应着重于提供具体的行动建议，而不仅是批评和指责。评审团可以就教师的教学中发现的问题提供具体的改进措施和方法，为教师提供实用的建议，帮助他们针对性地解决问题。这样的建议可以是关于教学策略、课堂管理、学生参与等方面的指导，以帮助教师改善教学效果。

评审团可以激发教师的创造力，鼓励他们探索不同的教学策略和实践，以提高教学质量和学生学习体验。建设性的反馈可以为教师提供自信和动力，使他们勇于尝试新的教学方法，从而不断丰富和完善自己的教学实践。

建设性的反馈还应与教师的个人和专业目标相匹配。评审团可以与教师共同制订发展计划和目标，为其提供具体的指导和支持，帮助教师实现个人和职业成长。这样的反馈可以激励教师积极参与自身的教育发展，持续提升自己的教学能力和专业素养。

（四）反馈的持续性

反馈的持续性对于教师的教学改进和职业发展至关重要。持续的反馈机制能够帮助教师保持对教学的持续关注，实时监测和调整教学行为，从而实现持续的教学改进。

持续的反馈不仅局限于教学绩效考核期间，而应该成为教师发展的常态化过程。评审团和学校管理者可以定期进行教师观察和评估及反馈交流，包括教学观察、教师自我评价、同行评议等形式。通过定期的反馈，教师可以持续了解自己的教学状态，发现问题并及时调整，不断提高教学质量和学生学习成果。

教师可以与评审团和学校管理者共同制定教学改进计划和目标，并在反馈过程中不断追踪和评估自己的进展。这样的持续性反馈机制可以帮助教师保持对自己的教学行为和目标的持续关注，使教学改进为一个有条理和系统的过程。

除了定期的反馈，持续的反馈还可以建立教师与评审团和学校管理者之间的持续沟通和合作。教师可以随时向评审团和学校管理者寻求建议和指导，分享自己的教学经验和困惑。评审团和学校管理者也可以定期与教师进行反馈交流，提供支持和资源，帮助教师实现持续的教学改进和职业发展。

通过持续的反馈，学校可以持续了解教师的教学实践和需求，并及时提供相应的支持和培训资源。这可以促进学校和教师之间的积极互动与合作，共同推动教学改进和学校发展。

（五）反馈的交互性

反馈的交互性对于教师的教学改进和职业发展至关重要。建立一个互动的反馈机制可以促进教师与评审团和学校管理者之间的积极沟通和合作，实现共同的教育目标。

交互性的反馈意味着教师在反馈过程中可以积极参与，表达自己的意见和观点。教师可以对评价内容提出疑问、寻求进一步解释或提供补充信息，以便更好地理解评价结果。评审团和学校管理者应倾听教师的声音，对教师的疑问和建议进行回应并进行进一步的讨论和反馈。

通过与教师的交流，评审团和学校管理者可以更全面地了解教师的教学实践、教学方法和专业需求。这种相互交流和了解可以帮助评审团和学校管理者提供更准确、个性化的反馈和支持，促进教师的教学改进和职业发展。

交互性的反馈还有助于建立教师与评审团和学校管理者之间的合作关系。评审团和学校管理者应鼓励教师参与反馈过程，分享自己的教学经验和困惑。他们可以与教师共同制定发展计划和目标，共同探讨教学改进的方法和策略。这样的合作关系可以促进双方的互相学习和成长，推动教学质量的提升。

通过给予教师参与反馈过程的机会，更有可能接受和理解评价内容，并将其转化为实际的行动计划。教师可以通过与评审团和学校管理者的互动，积极参与自身的教育发展，提出自己的需求和目标，并与他人分享和讨论教学实践的经验和成果。

（六）反馈的实用性

反馈的实用性对于教师的教学改进和职业发展至关重要。实用性的反馈意味着提供具体的建议和解决方案，帮助教师明确如何改进教学行为和提升教学质量。

实用性的反馈应具备可操作性，能够为教师提供明确的行动指导。评审团和学校管理者可以基于教师的评价结果和表现，提供具体的建议和解决方案，帮助教师改善教学方法和策略。这些建议包括针对教师教学中存在的问题和挑战的具体行动步骤，教学资源的推荐，教师培训的建议等。通过提供实用性的反馈，教师可以清楚地知道如何改进自己的教学实践，并付诸行动。

评审团和学校管理者可以提供教师在教学改进方面的具体案例和实践经验，让教师了解其他同行教师在类似情况下如何应对和解决问题。这种经验分享可以为教师提供启示和参考，帮助他们在教学实践中更加自信和有条理地应对挑战。

实用性的反馈还可以促进教师的专业发展。评审团和学校管理者可以根据教师的需求和发展目标，提供具体的教师培训和发展资源。这些资源包括专业研讨会、教学方法研修、教育技术培训等，以帮助教师提升专业知识和技能，进一步提高教学质量。

实用性的反馈还有助于评价的准确性和可信度。通过提供实际可行的建议和解决方案，评审团和学校管理者可以避免评价结果仅停留在理论层面或泛泛而谈的建议上。实用性的反馈能够使教师更加明确评价内容的有效性，并将其转化为实际的教学行动，进而推动教学改进和职业发展。

三、反馈的接受与处理

在接收和处理教学绩效考核的反馈及如何将反馈转化为行动的过程中，教师需要通过以下步骤来操作，如图4—4所示。

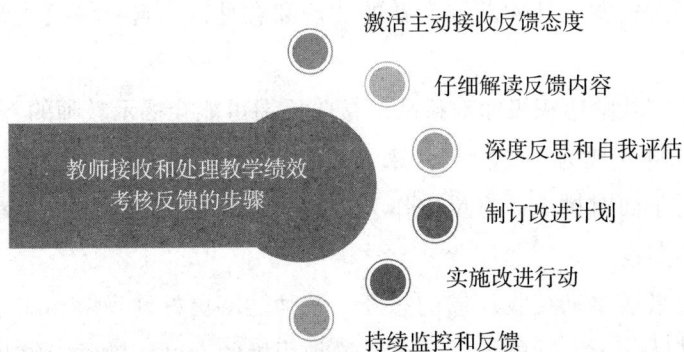

图4—4　教师接收和处理教学绩效考核反馈的步骤

（一）激活主动接收反馈态度

在接收和处理教学绩效考核的反馈及将其转化为行动的过程中，教师需要激活主动接收反馈的态度。这意味着教师应采取一种积极主动的心态，愿意主动接受来自评审团、学校管理者及其他相关人员的反馈和建议。这样的态度对于教师的成长和专业发展至关重要。

首先，教师应保持开放的心态。这意味着教师要愿意接受不同观点和意见的反馈，不将反馈视为批评或攻击，而是将其视为学习和成长的机会。教师应理解反馈的目的是帮助他们提高教学质量，进一步发展自己的教育能力。

其次，教师应持虚心倾听的态度。这意味着教师需要认真倾听他人的反馈和建议，真正理解对方的观点和意见。教师不应急于辩驳或解释，而是要先倾听、理解，然后再做出反应。通过虚心倾听，教师能够更好地吸收来自他人的经验和智慧，有助于提升自己的教学水平。

同时，教师还应主动寻求反馈。教师可以主动向评审团、学校管理者提出请求，要求他们提供具体的反馈和建议。此外，教师还可以主动地与同事进行反馈交流，互相分享教学经验和观察。通过主动寻求反馈，教师能够获取更多的意见和建议，进一步改进自己的教学实践。

教师还应接受多样性的反馈来源。教师应开放接受来自不同来源的反馈，包括学生、同事、家长及专业机构等。多样性的反馈来源可以提供不同的视角和观点，帮助教师获得更全面的评估。教师应将这些反馈作为宝贵的资源，从中获取有益的建议和意见，为自身的教学改进提供参考。

最后，教师应积极面对挑战。接收反馈可能会揭示教师的不足之处，但教师应将其视为一个机会，来发现自己的成长空间并提升教学能力。教师应勇于面对挑战，将反馈作为自我成长和发展的动力，不断改进自己的教学实践。

通过激活主动接收反馈的态度，教师能够更好地理解和应用反馈内容，将其转化为实际的行动计划。这种积极的态度使教师能够从反馈中汲取经验和教训，不断提高自己的教学能力，以更好地服务于学生的学习和成长。同时，这也为教师的专业发展打下坚实的基础。

（二）仔细解读反馈内容

接收到反馈后，教师需要进行仔细的解读。这是一个关键的步骤，通过深入理解反馈内容，教师可以获得有关自己教学的宝贵信息，以便更好地改进和提升教学质量。

反馈是为了帮助教师了解自己的教学表现，发现优点和不足，并提供改进建议。教师应意识到反馈的目的是促进教学的持续改进和提高教学质量，而不是简单地对教师进行批评或评判。

通过仔细阅读反馈，教师可以确定评审团或其他相关人员对自己的教学所关注的重点和问题。教师应注意寻找关于教学方法、教学内容、学生参与度、课堂管理等方面的具体问题，并记录下来。

在解读反馈时，教师还应思考这些问题和建议对自身教学的影响。教师可以思考问题和建议所指出的教学强项和改进空间及如何应用这些反馈来改进自己的教学实践。教师可以对每个问题或建议进行思考和分析，考虑如何调整教学策略、提供更有效的学习支持、增强学生参与等方面进行改进。

解读反馈需要教师进行深入思考和分析。教师可以将反馈内容与自己的教学目标和价值观进行对比，以确保改进方向与教育使命相一致。此外，教师还可以与同事进行讨论，分享反馈并获取其他教师的意见和经验，以帮助自己更好地理解和应用反馈内容。

通过仔细解读反馈内容，教师可以深入理解自己的教学优势和挑战，从中获得启示和指导，进一步提升教学质量和效果。这种反思和分析的过程将为教师提供有益的反馈回路，促进教师的专业发展和教学能力的不断提升。

（三）深度反思和自我评估

接收和解读反馈后，教师应进行深度反思和自我评估。这个过程涉及对自己的教学实践和教学目标进行全面审视，以更好地了解自己的教学优势和不足，为改进提供思考的基础。

深度反思是教师进行自我审视和思考的过程。教师可以回顾自己的教学实践，思考自己在教学过程中的行为和决策及教学效果的反馈。教师可以问自己以下问题：

（1）我在教学中采用了哪些有效的策略和方法？这些策略是否得到了学生的积极响应和学习效果的提升？

（2）我是否能够根据学生的不同需求和特点进行个性化的教学？我是否能够提供足够的支持和鼓励，帮助学生充分发展他们的潜力？

（3）我在课堂管理方面表现如何？我是否能够有效地组织学习环境，维持学生的注意力和秩序？

（4）我在评估和反馈方面有哪些做得好的地方？我是否能够及时准确地评估学生的学习成果，并为他们提供有针对性的反馈和指导？

通过深度反思，教师可以识别自己的教学优点和不足，并明确与自身教学目标之间的差距。这种自我认知的过程是关键的，它使教师能够更全面地了解自己的教学实践，发现潜在的改进空间，并为制订改进计划提供基础。

除了深度反思，教师还应进行自我评估。自我评估是教师对自己的教学表现进行客观评价的过程。教师可以回顾自己在教学过程中所表现出的技能、知识和态度，对其进行评估。教师可以问自己以下问题：

（1）我在教学方面的专业知识和技能是否达到了预期水平？我是否持续学习和发展自己的专业能力？

（2）我是否能够与学生建立良好的关系，并有效地与他们进行沟通和互动？

（3）我是否能够适应不同的教学环境和学生群体，并根据需要进行调整和改进？

（4）我是否能够自我激励和反思，不断寻求提升和改进的机会？

通过自我评估，教师可以更准确地认识到自己的教学优点和不足，并找出改进的方向。这种自我评估能够帮助教师意识到自己的发展需求，并为制订个人发展计划和教学改进计划提供指导。

（四）制订改进计划

制订改进计划是深度反思和自我评估的关键步骤。通过根据反馈内容制订具体的改进计划，教师可以有针对性地改进自己的教学实践，并逐步提升教学质量和效果。

第一，改进计划应明确改进的目标。教师应根据深度反思和自我评估的结果，确定自己希望在哪些方面进行改进。目标应该是具体和明确的，如提高学生的参与度、提升教学效果、改进评估方法等。明确的目标有助于教师更好地聚焦于需要改进的方面，并确保改进计划的可操作性。

第二，改进计划应制定实现目标的策略。教师需要考虑采取哪些具体的行动来实现目标。例如，如果目标是提高学生的参与度，教师可以探索使用互动式教学方法、创造性的课堂活动等策略。选择合适的策略是关键，教师可以参考专业文献、借鉴同事的经验，并结合自己的教学特点和学生的需求进行决策。

第三，改进计划应设定完成目标的时间表。教师需要明确每个阶段的时间安排和截止日期，以确保计划的实施进度和完成时间。设定时间表有助于教师合理安排时间和资源，并保持计划的连贯性和可操作性。

在制订改进计划时，教师可以参考 SMART 原则（即绩效指标的五原则：具体的、可衡量的、可以达到的、与其他目标由一定相关性、有明确截止期限的）。这意味着目标应具体、可衡量、可实现、相关性强且有时限。具体目标指的是明确目标的内容和细节，使其具体化。可衡量目标是指可以用量化或可观察的指标来评估目标的完成程度。可实现目标是指目标应该是合理可行的，教师有能力和资源来实现它。相关性指的是目标与教师的教学实践和学校的教育目标相关联。时限是指目标应设定明确的时间范围，以确保计划的及时性和有效性。

通过制订符合 SMART 原则的改进计划，教师可以更好地组织和管理自己的教学改进，并有针对性地推动教学质量的提升。改进计划的实施需要持续的努力和反馈迭代，以确保目标的达成和改进的持续性。

（五）实施改进行动

实施改进行动是将改进计划付诸实践的重要步骤。教师需要通过具体的行动来调整自己的教学实践，并不断检查改进的效果，以便根据反馈进行调整和优化。

教师应根据改进计划中设定的具体策略和目标，调整自己的教学行为。教师可以尝试采用新的教学方法和策略，创造性地设计教学活动，提供个性化的学习支持等。通过实施改进计划中制定的具体行动，教师可以验证这些行动是否能够达到预期的改进效果。

教师应定期检查改进的效果。教师可以设定反馈点，如每周、每月或每学期末对教学进行评估和回顾。这包括教师对教学的观察和反思，学生的反馈和评价，同事的观察和意见等。通过定期检查改进的效果，教师可以了解改进是否取得了预期的成果，并及时调整行动方向。

在检查改进效果时，教师可以依靠不同的评估工具和方法。学生评价是一种重要的反馈来源，教师可以收集学生的意见和建议，了解他们对教学的体验和学习成果的评价。此外，教师还可以与同事进行反馈交流，分享彼此的教学经验和观察，互相提供支持和建议。

根据改进的效果进行调整和优化。教师应根据实际的反馈和评估结果对改进计划进行调整和优化。这包括继续改进已经取得进展的方面，修正不适合的行动，或者尝试新的策略和方法。持续的优化和调整是改进过程的重要组成部分，教师应保持灵活性和适应性，根据实际情况进行改进行动的调整。

通过实施改进行动，教师能够将改进计划转化为实际的教学实践，并通过反馈和调整不断提升教学质量和效果。这需要教师的坚持和努力及对改进过程的持续关注和反思。同时，与同事和学生的合作及反馈交流也是促进改进的重要资源。

（六）持续监控和反馈

持续监控和反馈是教师在改进过程中的关键环节。通过持续监控和反馈，教师可以不断了解改进的过程和效果，并根据新的反馈信息进行调整和优化。

首先，教师需要建立一种持续的监控机制，以跟踪改进的进展和效果。这包括定期收集和分析学生的学习成果与反馈，进行教学观察和记录，与同事进行交流和反馈及定期进行自我评估和反思。通过持续的监控，教师能够及时发现改进过程中的问题和挑战，并及时采取行动。

其次，教师需要积极寻求新的反馈和意见。教师可以主动向学生征求反馈，通过问卷调查、小组讨论或个别交流等方式收集学生的意见和建议。此外，教师还可以与同事进行定期的互相观摩和反馈，分享教学经验和思考。新的反馈可以帮助教师发现改进的盲点和局限性，为改进计划提供新的视角和建议。

再次，在收集到新的反馈后，教师应及时分析和处理这些反馈信息。教师可以综合考虑多个反馈来源的意见和建议，筛选出对自己的教学实践最有价值的反馈内容。教师应对反馈进行思考和分析，识别出需要改进的方面，并制订相应的行动计划。

最后，教师应根据新的反馈信息调整改进计划和行动。教师可以修正原有的行动计划，针对新的问题和挑战进行调整与优化。这可能涉及改进策略、调整教学方法、重新评估目标等方面的变化。通过持续的调整和优化，教师能够保持改进的动力和方向，并实现教学的持续改进。

通过持续的监控和反馈，教师能够及时了解改进过程中的问题和挑战，并根据新的反馈信息进行调整和优化。这种持续的监控和反馈机制能够帮助教师保持敏锐的教学观察力和反思能力，推动教学质量的持续提升。

四、反馈的效果评估

为了评估反馈的效果，可以通过问卷调查、访谈、教学观察等方式，收集教师的教学行为、教学质量、工作满意度、职业发展等方面的数据。通过对这些数据的分析，可以了解反馈在各个方面的效果，从而提供对教学绩效考核过程的改进提供依据。

（一）教学行为的改变

教学行为的改变是评估反馈效果的重要方面之一。通过接收和处理反馈，教师有机会反思自己的教学行为，并根据反馈的指导意见做出调整和改进。这种改变可以体现在教学方法、课堂管理策略、与学生互动方式等方面。

教师可能会调整和改进自己的教学方法。反馈可以提供对教师教学方法的反思和评估，帮助教师发现哪些方法对学生更有效，哪些方法需要改进或调整等。教师可能会尝试新的教学策略，采用不同的教学资源和工具，以更好地满足学生的学习需求和提高教学效果。

反馈还可以影响教师的课堂管理策略。课堂管理是确保学习秩序和学习环境良好的重要因素。通过接收反馈，教师可以了解自己在课堂管理方面的优势和不足，并进行相应的改进。教师可能会调整自己的行为准则和规范，改进学生的参与度和课堂秩序管理方法，以提供更有益的学习环境。

反馈也可以引导教师改变与学生互动的方式。教师可以通过反馈了解自己在与学生交流和互动方面的效果和影响。反馈可能揭示教师与学生之间的沟通障碍或有效的沟通策略，教师可以根据反馈来调整自己的互动方式，提高与学生的互动质量，建立更良好的师生关系。

评估教学行为的改变可以通过多种方式进行。教师可以记录自己的教学行为和变化，如通过教学日志、观察记录、课堂视频等方式。此外，教师还可以邀请同事进行教学观察，并就观察结果进行反馈和讨论。这些方法可以帮助教师对自己的教学行为进行定性和定量的评估，了解改变的程度和效果。

通过评估教学行为的改变，教师可以了解自己在教学过程中的成长和进步。这种改变不仅可以提高教师的教学质量和效果，也为教师的职业发展和个人成长奠定基础。

（二）教学质量的提高

教学质量的提高是评估反馈效果的重要方面之一。通过接收和处理反馈，教师有机会发现并解决教学中存在的问题，从而提升教学质量。教学质量的提高可以通过学生的学习成绩、学生的满意度及同行的评价等方式来体现。

反馈可以帮助教师了解学生的学习成果，进而评估教学质量的提高。通过接收学生的作业、考试成绩和其他评估工具的反馈，教师可以判断学生在学习上的进步和成绩的提高。如果教师的教学质量得到有效提升，学生的学习成果将会更好地反映出来。

学生的满意度是评估教学质量提高的重要指标之一。教师可以通过问卷调查、反馈收集、学生评价等方式了解学生对教学的满意度和体验。学生的积极反馈和高度满意度表明教学质量的提高，反之则需要教师思考改进的方向，同行的评价也是评估教学质量的重要参考。教师可以邀请同事进行教学观察和评价，并接受他们的反馈和建议。同行的评价可以提供客观的观察和评估，帮助教师识别自身的教学优势和改进的空间。如果同行评价反映出教师的教学质量有所提高，那么可以认为反馈的效果在促进教学质量的提高方面起到了积极的作用。

评估教学质量的提高可以使用定量和定性的方法。定量的方法包括学生的成绩数据、学生的满意度调查结果及其他可量化的评估工具。教师可以通过对这些数据的分析和比较，了解教学质量的变化和提高程度。定性的方法包括教师自我评估、同行评价、教学观察和反馈等。这些方法可以提供更详细和全面的反馈信息，帮助教师深入了解教学质量的提高和改进的效果。

通过评估教学质量的提高，教师可以了解自己在教学过程中取得的成就，并针对性地调整和优化教学策略，进一步提升教学质量。教师教学质量的提高将带来学生学习效果的提升和学习体验的改善，为教育教学工作的持续发展和改进提供有力支持。

（三）工作满意度的增加

工作满意度的增加是评估反馈效果的重要方面之一。通过接收和处理反馈，教师可以获得对自己教学工作的新认识和新理解，这可能会增加他们的工作满意度。

反馈可以帮助教师发现自己在教学中的优点和取得的成就，从而增强对自己教学能力和专业能力的自信心。当教师获得积极的反馈和肯定时，他们会感到自己的工作受到认可和赞赏，从而增加工作的满意度。

通过反馈，教师可以发现自己在教学中需要改进的方面，意识到自己还有进一步成长和发展的空间。这种意识可以激发教师的求知欲和进取心，促使他们不断追求教学的卓越，提高自己的教育教学水平。当教师能够看到自己的进步和成长，他们会感到对教学工作的投入和努力得到了回报，从而增加工作的满意度。

接收反馈和处理反馈的过程本身也可以增加教师的工作满意度。通过反馈的交流和对话，教师可以与同事、学生和其他专业人士建立联系和合作关系。这种交流和合作可以带来新的思考和启发，为教师提供更多的学习和成长机会。教师在这个过程中感受到与他人的连接和合作，会增加他们对工作的满意度和归属感。

工作满意度的提高对教师的个人幸福感和职业发展都具有积极的影响。满意的教师更容易保持积极的工作态度和情绪，更愿意投入时间和精力来提升自己的教学水平和教学质量。他们对自己的工作充满热情，更具有创造力和创新力，从而为学生带来更好的教育体验和学习效果。

评估工作满意度的增加，可以通过教师自我评估、问卷调查、反馈收集等方式收集相关数据。这些数据可以帮助了解教师在工作满意度方面的变化和提高程度。同时，教师也可以通过个人反思和对比以前的工作经验来评估自己的工作满意度。

工作满意度的提高不仅有利于教师个人的职业发展和幸福感，也会对教育教学工作的整体氛围和质量产生积极的影响。当教师对自己的工作感到满意和充实时，他们更能够投入到教学中，为学生提供更好的教育教学服务。

（四）职业发展的促进

职业发展的促进是评估反馈效果的重要方面之一。通过反馈，教师可以了解自己的优点和不足，确定职业发展的方向，制订职业发展的计划，从而促进自己的职业发展。

反馈可以帮助教师识别自己在教学中的优势和专业能力，从而确定自己的职业发展方向。通过接收反馈并认真对待反馈中涉及的自身教学能力、知识和技能方面的信息，教师可以更清楚地了解自己的教学特长和擅长领域，进一步明确自己的职业定位和发展目标。

反馈可以帮助教师意识到自己在教学中需要改进和加强的方面，从而推动职业发展的进步。通过接收反馈并积极对待反馈中提到的自身不足和发展需求，教师可以有针对性地制订职业发展计划，并通过学习、培训、进修等方式不断提升自己的教学能力和专业素养。这种积极的职业发展努力将有助于教师在教育领域中获得更多的机会和挑战，实现个人职业目标的提升。

此外，通过接收反馈和不断改进，教师可以在职业发展中建立良好的专业声誉和形象。当教师能够展示出对反馈的认真对待和积极改进的态度时，他们会在同事和上级中建立起良好的口碑和信任。这种专业声誉和形象的建立将为教师提供更多的职业发展机会和广阔的发展空间。

评估职业发展的促进可以通过多种方式进行。教师可以通过自我评估和反思，确定自己在职业发展方面的成就和不足。同时，教师还可以参加培训和专业发展活动，积极参与学术研究和专业交流，以提升自己的专业知识和技能，并与其他专业人士建立联系和合作关系。

通过评估职业发展的促进，教师可以更好地规划自己的职业发展路径和目标，不断完善自己的教学能力和专业素养，进一步提升在教育领域中的地位和影响力。这将为教师个人的职业发展带来更广阔的前景和机遇。

第五章　教学绩效考核与教师管理的关系

教学绩效考核与教师管理之间存在着密切的关系。教学绩效考核对教师管理产生影响，而教师管理也会对教学绩效考核产生影响。同时，为了构建有效的教学绩效考核与教师管理机制，需要充分发挥二者的协同作用，促进教师的专业发展和学校教育质量的提升。

第一节　教学绩效考核对教师管理的影响

一、教学绩效考核的结果对教师管理的参考价值

教学绩效考核的结果对教师管理具有重要的参考价值，可以为管理者提供有针对性的数据和信息，以指导教师管理的改进和调整，如图5—1所示。

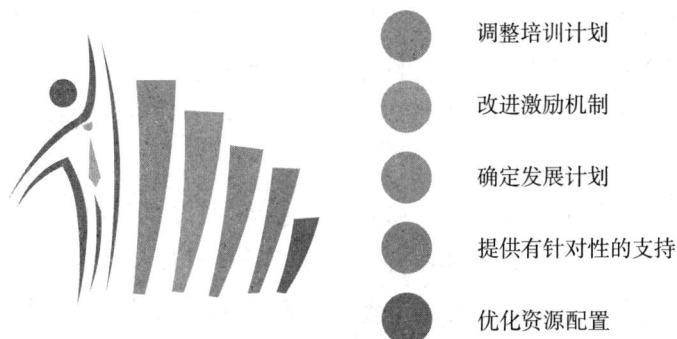

调整培训计划

改进激励机制

确定发展计划

提供有针对性的支持

优化资源配置

图 5—1　教学绩效考核的价值

（一）调整培训计划

调整培训计划是一项关键举措。通过分析教学绩效考核的结果，管理者可以确定教师在教学中需要提升的领域和技能。这些结果可以揭示出教师在特定教学方面的不足或需要改进的地方，如教学方法、课堂管理、学生参与度等。基于这些发现，管理者应采取有针对性的措施，调整培训计划，为教师提供适应性强的教师培训和发展机会，以帮助他们提升教学能力和专业素养。

管理者可以根据教学绩效考核的结果确定教师需要加强的领域。例如，如果某位教师在课堂管理方面存在困难，可以组织相关培训课程，帮助教师掌握有效的课堂管理策略和技巧，提高课堂纪律和学生参与度。或者，如果教师在教学方法方面需要改进，可以提供针对不同学科和年级的教学方法培训，帮助教师掌握多样化的教学方法，提高教学效果。

管理者还可以根据教学绩效考核的结果为教师提供个性化的发展机会。不同教师在教学上可能存在不同的特长和需求，管理者可以根据这些特点，制订个性化的培训计划。例如，一些教师可能对使用技术工具进行教学感兴趣，可以提供相关的技术培训和支持，帮助他们提高数字化教学的能力。而对于那些在教学创新方面有激情的教师，可以提供教学研究和创新项目的机会，以促进他们的教学发展和职业成长。

此外，管理者还应关注培训计划的持续性和反馈机制。培训计划应该是一个连续的过程，而不仅仅是一次性的活动。管理者可以定期评估教师参与培训的效果，并根据教师的反馈和需求，不断改进培训计划的内容和形式。通过持续的培训和反馈机制，管理者可以确保教师的专业成长和教学能力的不断提升。

通过分析教学绩效考核的结果，调整培训计划可以帮助教师在教学中提升自身能力和素养。这种有针对性的教师培训和发展机会可以满足教师的不同需求，促进教师的专业发展和教学质量的提升。管理者在制订培训计划时应注重个性化和持续性，确保教师的发展与学校的教育目标相一致，并通过反馈机制不断改进培训计划的效果。

（二）改进激励机制

改进激励机制是教师管理中的重要一环。通过教学绩效考核的结果，管理者可以确定教师的绩效表现，从而制定相应的奖励和激励措施，以激发教师的积极性和工作动力。这样的激励机制不仅能够增强教师的工作动力，还能够提高整体教学质量和学校的综合竞争力。

优秀教师的奖励是一种常见的激励方式。通过教学绩效考核，管理者可以确定出表现优异的教师，并给予相应的奖励，如荣誉称号、奖金、表彰证书等。这种肯定和认可能够增强教师的自豪感和工作满意度，激励他们在教学中持续取得更好的成绩。

管理者可以设立晋升通道，将教学绩效考核的结果作为晋升的重要依据。教师通过优秀的绩效表现，有机会晋升为年级组组长、学科组组长或教研骨干等职位。晋升通道的设立可以激发教师的积极性和进取心，促使他们在教学中不断追求卓越，同时提高学校的管理水平和教师师资队伍的整体素质。

提供额外的福利和资源也是一种有效的激励方式。教师在教学中表现出色的结果可以使他们享受到更多的福利待遇，如额外的培训机会、教育资源的优先分配、科研经费的支持等。这些额外的福利和资源可以满足教师在教学中的需求，同时提供更好的条件和支持，使他们能够更好地发挥自己的教学能力和潜力。

激励机制应具有公正性和透明度。教师应清楚地知道激励机制的设立和评价标准，以避免任意性和不公正现象的出现。同时，管理者应及时向教师提供反馈和评估结果，以便教师了解自己的绩效表现和改进方向，进一步激发他们的工作动力和教学热情。

通过利用教学绩效考核的结果来调整激励机制，管理者能够更好地激发教师的积极性和工作动力。通过奖励优秀教师、设立晋升通道和提供额外福利等方式，可以有效地鼓励教师在教学中取得更好的成果，并进一步提高整体教学质量和学校的发展水平。

（三）确定发展计划

通过教学绩效考核的结果，管理者可以辨识出具有发展潜力的教师，并进一步制订个性化的发展计划。这些发展计划旨在帮助教师进一步提升自身的教学能力和专业素养，促进其职业发展和成长。

管理者可以为有发展潜力的教师提供更具挑战性的教学任务。通过给予教师更高难度的教学任务或让其参与新课程的开发和实施，可以激发教师的创新意识和学习动力，推动他们在教学中实现更高水平的成就。这样的发展计划可以帮助教师不断挑战自我、超越舒适区，拓展教学的边界。

教学研究项目的参与也是一种有益的发展计划。管理者可以鼓励教师参与教学研究项目，如教育科研课题或学校教研组的工作等。通过与其他教师合作、探索新的教学方法和策略，教师能够提升其研究和创新能力，并将研究成果应用于实际教学中，提高教学质量和效果。

管理者还可以为有发展潜力的教师提供培养领导能力的机会。领导能力的培养包括参与管理决策、担任教研组组长、指导新教师等角色。通过这些机会，教师能够培养团队合作能力、决策能力和组织管理能力，进一步提升自身的专业水平，并在教学领域中展现出领导力。

发展计划应与教师的个人需求和职业目标相匹配。管理者需要与教师进行沟通和交流，了解其发展意愿和需求，以制订出更加个性化的发展计划。同时，定期的评估和反馈也是必要的，以确保发展计划的有效性和及时性。

通过识别有发展潜力的教师并制订个性化的发展计划，管理者能够帮助教师进一步提升教学能力、拓展专业领域，并实现职业发展和成长的目标。这样的发展计划不仅有助于激发教师的工作动力和积极性，也对提升学校整体教育质量和发展具有积极的影响。

（四）提供有针对性的支持

教学绩效考核的结果可以帮助管理者确定教师在教学中的不足之处，并为其提供有针对性的支持和指导。这样的支持措施旨在帮助教师克服困难、提升教学能力，并改进教学实践。

"一对一"的指导是一种常见的支持方式。管理者可以与教师进行个别的指导和辅导，根据教学绩效考核的结果，针对教师在教学中的不足之处，提供具体的建议和解决方案。通过与教师的直接沟通和交流，管理者能够深入了解教师的需求和困惑，为其提供个性化的支持，帮助其改善教学方法和策略。

教学观摩是一种有效的支持方式。管理者可以组织教师间的互相观摩，让教师们相互学习借鉴，分享优秀的教学实践和经验。教学观摩不仅可以帮助教师发现自己的不足之处，还能够启发他们思考新的教学策略和方法，提升教学水平。

同行交流也是一种重要的支持方式。通过组织教研活动、学科组会议等平台，教师可以与同事进行经验交流、教学分享，互相学习和借鉴。在这样的交流中，教师可以互相提供反馈和建议，共同探讨解决教学中的难题，进一步改进教学实践。

有针对性的支持应该是持续性的。教师在接受支持和指导的过程中，可能会遇到新的挑战和困难。因此，管理者需要与教师保持密切的沟通和反馈，及时调整支持的方式和内容，确保教师能够持续地得到帮助和引导。

通过教学绩效考核的结果，管理者可以为教师提供有针对性的支持和指导，包括"一对一"的指导、教学观摩和同行交流等方式。这样的支持能够帮助教师克服困难、改善教学实践，并提升其教学能力和专业素养。最终，这将有助于提升整体教育质量和学校的发展水平。

（五）优化资源配置

教学绩效考核的结果可以为管理者提供教师的教学特长和对擅长领域有清晰的了解，从而能够更科学地配置教师资源，以优化学校的教学工作。通过合理的资源配置，可以提高教学效果和学生的学习成果。

管理者可以根据教师在教学绩效考核中的表现，确定其教学特长和擅长领域。这些特长和擅长领域可以涉及学科知识、教学方法、教育技术应用等方面。通过深入了解教师的专业能力和特长，管理者可以更好地将教师与适合其专业背景和能力的教学任务相匹配，确保教师能够充分发挥自己的优势，提供高质量的教学。

将优秀的教师用于重点学科或重点班级的教学工作。在学校中，有些学科或班级可能对教师的教学要求更高，需要具备更专业的知识和技能。通过将优秀的教师安排到这些重点学科或班级，可以提高教学质量，满足学生的学习需求，并取得更好的学习成果。

管理者还可以根据教师的兴趣和发展需求，为其提供更多的教学资源和支持。对于对某些特定教学领域感兴趣的教师，管理者可以提供相关的教学资源和培训机会，帮助他们进一步提升专业能力和发展潜力。这样的资源支持可以激发教师的积极性和创造力，推动其在教学中取得更好的表现。

优化资源配置需要建立在公平和公正的原则上。管理者应根据教师的实际能力和表现来进行资源配置，避免任意偏袒或歧视。同时，管理者还应与教师进行充分的沟通和协商，了解其需求和意愿，以确保资源配置的合理性和可行性。

通过教学绩效考核的结果，管理者可以更好地了解教师的教学特长和擅长领域，从而优化教师资源的配置。合理的资源配置可以提高教学效果和学生的学习成果，同时也能满足教师的发展需求，提升整体教育质量和学校的发展水平。

二、教学绩效考核过程对教师管理的影响

教学绩效考核过程对教师管理产生广泛而深远的影响。它不仅可以对教师的行为产生影响，还可以促进建立良好的教师关系，提高教师的满意度和职业发展。

（一）教师行为的影响

教学绩效考核过程通过评估教师的教学质量和效果，对教师的行为产生直接的影响。这种影响体现在教师对考核标准和指标的关注及对提升教学能力和水平的努力上。

教师会对教学绩效考核的标准和指标进行关注。教师了解到教学绩效考核是对其教学质量和效果进行评估的重要依据，因此他们会关注考核的要求和标准。这种关注使教师更加明确自己的目标和期望，清楚地了解自己需要在哪些方面取得好的表现，从而引导他们在教学过程中有意识地提升相关能力和素养。

教师通过教学绩效考核过程，努力提升自身的教学能力和水平。教师会通过学习和专业发展活动，不断更新自己的教学知识和技能。他们可能参加教师培训课程、研讨会，阅读教育相关的文献，与同行交流经验等，以提高自己的教学能力。教学绩效考核作为评估教学效果的重要手段，鞭策教师积极投入到专业发展中，推动他们不断自我反思和改进教学实践。

教学绩效考核过程激发教师的教学热情和动力。教师们希望在考核中取得优异的成绩，得到学生、同行和领导的认可与肯定。这种追求优秀的动力促使教师更加投入到教学工作，不断探索创新的教学策略和方法。他们会尝试多样化的教学手段，注重教学资源的优化利用，提升课堂氛围和学习效果。教学绩效考核过程的压力和激励作用，激发了教师内在的热情和追求卓越的意愿。

在教学绩效考核过程中，教师会积极改进课堂管理技巧，增强学生的参与度和学习成果。他们会关注教学环境的组织和管理，提高课堂纪律，优化学生的学习体验。教师可能会运用不同的教学策略，采用互动

式教学、合作学习等方法，激发学生的学习兴趣和主动性。教学绩效考核过程要求教师在教学中取得良好的效果，这促使他们不断改进自己的教学方法，提高学生的学习效果和成绩。

教学绩效考核过程对教师的行为产生直接的影响。教师对考核标准和指标的关注及为了取得优异的绩效而努力提升自身的教学能力和水平，体现了教学绩效考核对教师行为的引导作用。教学绩效考核过程还激发了教师的教学热情和动力，促使他们改进课堂管理技巧，增强学生的参与度和学习成果。这一系列的影响有助于提高教师的教学效果和质量，推动教育的不断发展和进步。

（二）教师关系的影响

教学绩效考核过程对教师关系的建立和发展起到了重要作用。评审团、同行评审和学生评价等多方参与的评估过程，为教师之间提供了交流和合作的机会。这种合作有助于促进教师之间的相互学习和经验分享，增进彼此的理解和支持。同时，评估过程的透明和公正性也有助于建立良好的教师关系，减少不必要的竞争和对立。

教学绩效考核过程为教师之间的交流和合作提供了平台。在评估过程中，评审团、同行评审和学生评价等都可以成为教师之间的对话和交流的桥梁。教师们可以通过与评审者和同行的沟通，分享教学经验、教学方法和教材资源，借鉴他人的优点和经验，从而改进自己的教学实践。这种交流和合作的机会不仅促进了教师之间的互相学习，也为共同的教学目标和学校发展提供了更多的合作机会。

通过评估过程，教师们可以更加了解彼此的教学实践和教学成果。这种了解可以帮助教师之间建立更加真实和全面的认知，增进对他人的理解和尊重。同时，评估过程的公正性和透明性也有助于减少不必要的竞争和对立，促进教师之间的互相支持和协作。教师们在共同参与教学绩效考核的过程中，更容易形成团队精神，共同努力提升教学质量和学校的整体发展。

教学绩效考核过程还为建立和维护教师之间的合作关系提供了动力。在考核过程中，教师们可能会面临类似的教学挑战和问题，共同面对评估标准和要求。这种共同的经历和目标使得教师们更容易建立起相互支持和帮助的关系。他们可以互相提供建议和反馈，共同探索教学改进的方法和策略。通过共同努力，教师之间的合作关系得到加强，形成了一种共同成长和发展的氛围。

教学绩效考核过程对教师关系的建立和发展具有重要的影响。评审过程和评估结果为教师之间的交流和合作提供了机会，促进了相互学习和经验分享。同时，公正和透明的评估过程也有助于增进教师之间的理解和支持，减少竞争和对立。教学绩效考核过程为建立良好的教师关系奠定了基础，推动教师之间的合作与发展。

（三）教师满意度的影响

教学绩效考核过程对教师的满意度具有重要的影响。当教师感到考核过程公正、透明并且能够得到准确、有建设性的反馈时，他们更有可能感到满意。反之，如果教师认为考核过程存在偏见、不公平或缺乏有效的反馈，他们可能会感到不满和失望。因此，建立公正、科学、有效的教学绩效考核过程可以提高教师的满意度，增强他们对学校管理的认同感和支持性。

公正和透明的考核过程是提高教师满意度的关键。当教师感知到考核过程中存在公平和公正的原则，并且考核标准和程序对所有教师都适用且一视同仁时，他们会对考核结果更加接受和认可。教师希望在公平的竞争环境中展示自己的教学能力，并得到公正的评价。因此，确保评估过程的公正性和透明性是提高教师满意度的重要因素。

准确和有建设性的反馈对教师满意度的提高至关重要。教师希望得到关于自己教学表现的准确和详细的反馈，以便了解自己的优势和改进的方向。如果教师认为评估过程提供的反馈不准确或缺乏具体指导，他们可能会感到沮丧和失望。因此，评估过程应该注重提供准确、具体和有建设性的反馈，帮助教师认识到自身的优势和不足，并提供改进的建议和支持。

评估过程中的适当认可和奖励也可以提高教师的满意度。当教师在教学绩效考核中取得优异的成绩并得到适当的认可时，他们会感受到重视和鼓励，从而增强满意度。这种认可和奖励可以是晋升机会、奖金、荣誉称号或其他形式的奖励，激励教师在教学中持续努力和表现出色。

教学绩效考核过程中的教师参与和反馈机制也对教师的满意度产生影响。当教师有机会参与到考核制度的制定和优化过程中，并能够提出自己的意见和建议时，他们会感到被尊重和重视。同时，考核过程中的反馈机制应该及时、有效地将评估结果传达给教师，并给予他们机会解释和回应。这种参与和反馈机制可以增强教师的满意度，使他们感到自己的声音得到关注和重视。

教学绩效考核过程对教师满意度具有重要的影响。确保考核过程的公正、透明，提供准确、具体和有建设性的反馈，适当认可和奖励优秀表现及教师参与和反馈机制的建立，都是提高教师满意度的关键要素。通过构建有效的教学绩效考核过程，可以增强教师的工作满意度，提高其对学校管理的认同和支持，进而促进教学质量的提升和教育的持续发展。

（四）职业发展的影响

教学绩效考核过程对教师的职业发展具有重要的影响。通过评估教师的教学绩效，可以识别教师的优势和潜力，并为其提供进一步的职业发展机会。教学绩效考核的结果可以作为晋升、奖励和培训的参考依据，帮助教师规划自己的职业道路和发展方向。因此，教学绩效考核过程可以激发教师的积极性和动力，促进他们不断提升自身的教学能力和职业素养。

教学绩效考核过程可以帮助识别教师的优势和潜力。通过评估教师的教学绩效，可以明确教师在教学方面的优势和特长。这些优势可以是教学方法的创新、课堂管理的高效、学生关系的良好等。评估过程还可以揭示教师的潜力和发展空间，帮助他们认识到自身需要进一步提升的方面。准确了解自己的优势和潜力有助于教师更好地规划自己的职业发展路径，发挥个人的优势和潜能。

教学绩效考核的结果可以作为晋升和奖励的依据。教育机构可以根据教师的教学绩效，决定是否给予晋升的机会和相应的职务提升。优秀的教师可以获得更高的职位和更多的职业发展机会。此外，评估过程中的卓越表现也可以作为奖励的依据，如颁发荣誉称号、提供额外的奖金或其他奖励。这些晋升和奖励机制激励教师在职业发展方面持续努力，提高其教学能力和职业素养。

教学绩效考核过程为教师提供了个人和专业发展的机会。评估结果可以帮助教师了解自己的教学优势和不足，指导其选择适合自身发展的专业培训和学习机会。教育机构可以提供教师培训计划、研讨会和专业发展项目，帮助教师提升教学技能和知识水平。这些机会促使教师积极参与专业发展活动，不断学习和更新自己的教学理念和方法，实现个人的职业成长。

教学绩效考核过程对教师的职业发展具有重要的影响。通过评估教师的教学绩效，可以识别教师的优势和潜力，并为其提供晋升、奖励和培训的机会。这种激励和支持促使教师不断提升自身的教学能力和职业素养，推动其职业发展。教育机构应重视教学绩效考核与职业发展的关系，为教师提供有针对性的培训和发展机会，实现教师的个人成长与学校教育的持续进步。

三、教学绩效考核的公正性对教师管理的影响

教学绩效考核的公正性对教师管理有重大影响，它直接影响教师的工作积极性、工作满意度及对管理者的信任度。

（一）教师工作积极性

教学绩效考核的公正性对教师的工作积极性产生直接影响。公正的绩效考核能够让教师明确知道，他们的辛勤付出和努力将会得到公正的评价和认可。这种感受会激发教师更加积极地投入工作，全身心地致力于提高教学质量和学生学习成果。教师会对自己的工作充满信心，相信他们的付出不会被忽视或轻视，从而激发内在动力，持续提升自身的教学效率和质量。

反之，如果教学绩效考核缺乏公正性，如评价标准不明确、评审过程不透明或存在人为偏见等情况，教师可能会感到沮丧、失望甚至失去

工作的动力。他们可能会认为自己的付出得不到公正的认可，觉得绩效考核系统不公平，对工作的投入度可能会受到影响。这种情况下，教师可能会感到挫败和不满，对教学工作产生消极情绪，甚至产生辞职或转行的想法。

因此，教学绩效考核的公正性对于激发教师的工作积极性至关重要。为确保公正性，评审标准和流程应明确、透明，并根据教师的实际表现进行客观、全面的评估。评审过程应充分考虑多样性和个体差异，避免主观偏见的产生。同时，评审团队应具备专业素养和公正的判断力，确保评价的客观性和公正性。

公正的绩效考核还需要建立有效的申诉和复议机制，让教师有权利和机会对评估结果进行申诉，并得到公正的处理。这种机制的存在可以强化教师对绩效考核过程的信任，确保评估结果的公正性和可靠性。

（二）教师工作满意度

公正的教学绩效考核也会提高教师的工作满意度。教师工作满意度的提高可以促进其提高教学质量、增强教学热情、加强自我发展等，这对学校教育质量的提高有着积极的推动作用。

当教师感受到教学绩效考核的公正性时，他们会更加满意自己的工作。他们会认识到自己的努力和付出得到了公正的评价和认可，这种认可会激发他们的工作动力和教学热情。教师会更加乐意投入时间和精力来提高教学质量，不断寻求创新和改进。他们会对自己的教学充满信心，对学生的学习成果感到自豪和满意，从而增强对教育事业的使命感和归属感。

但是，如果教学绩效考核缺乏公正性，教师可能会对自己的工作产生不满。他们会感到自己的辛勤付出和努力未得到公正的评价，产生不公平感和挫败感。这种情绪可能会影响教师的工作动力和热情，降低他们的工作满意度。教师可能会失去对工作的热情，产生消极情绪，对教学工作不再投入足够的精力和心思。这可能会对教学质量和学生的学习成果产生负面影响。

教学绩效考核的公正性对于提高教师的工作满意度至关重要。学校管理者和评审团队需要确保评估过程的公正性，明确评估标准和流程，避免主观偏见和不公平的情况发生。同时，建立有效的沟通机制，让教师可以表达自己的意见和建议，参与到绩效考核的过程中。这样可以增强教师对绩效考核的认同感和满意度，促进教师的工作积极性和教学质量的提升。

（三）教师对管理者的信任度

当教师感受到教学绩效考核的公正性时，他们会对管理者产生信任感。他们相信管理者将根据他们的实际表现和能力做出公正的评价和决策。这种信任可以促使教师更加积极地与管理者合作，愿意接受管理者的指导和建议，从而增强教学投入和工作动力。教师会更加愿意与管理者分享教学经验、寻求专业支持，形成良好的合作关系，促进教师和管理者之间的沟通与互动。

相反，如果教学绩效考核缺乏公正性，教师可能会对管理者产生怀疑和不信任。他们可能会认为管理者在评估过程中存在偏见、主观判断或不公平对待，这可能会破坏教师和管理者之间的关系。教师可能会对管理者的指导和决策持怀疑态度，对教学改进的建议不再积极响应。这种情况下，教师与管理者之间的合作和互信可能受到影响，对教学效果和教师的工作积极性产生不利影响。

因此，建立公正的教学绩效考核制度对于增强教师对管理者的信任度至关重要。管理者应确保评估过程的透明性和公正性，建立清晰的评估标准和流程，避免主观偏见和不公平的情况发生。同时，管理者应积极地与教师进行沟通和交流，尊重教师的意见和建议，给予教师足够的支持和指导，以建立起良好的合作关系和信任基础。

四、教学绩效考核的反馈对教师管理的影响

教学绩效考核的反馈在教师管理中扮演着非常重要的角色。这种反馈可以帮助教师了解自己在教学过程中的优点和不足，从而有针对性地进行改进。以下是教学绩效考核的反馈如何帮助改进教师管理的一些分析。

（一）帮助教师明确工作目标

教学绩效考核的反馈对教师明确工作目标具有重要意义。当教师接收到反馈时，他们可以通过仔细分析和理解反馈内容，对自己的教学表现进行深入思考。通过对反馈的解读，教师可以清楚地了解自己在教学方面的优点和不足之处。这些反馈可以揭示出教师与期望标准之间的差距，使他们意识到需要改进的领域和方向。

通过明确的反馈信息，教师可以设定更具体、更现实的工作目标。他们可以根据反馈中指出的问题和建议，制定针对性的目标，以弥补自己在教学方面的不足。例如，如果反馈指出教师在课堂管理方面需要改进，教师可以设定目标，学习并实践更有效的管理策略。如果反馈强调教师在教学设计方面需要加强，教师可以设定目标，进一步提升课程的深度和广度。

明确的工作目标可以帮助教师更好地规划自己的工作。教师可以根据目标制定详细的教学计划和行动步骤，以达到期望的教学水平。工作目标的明确性还能够增强教师的工作动力和责任感，使他们更加专注于提升教学质量和实现学生的学习目标。

此外，明确的工作目标也有助于教师在教学过程中更好地衡量自己的进展和成果。通过对目标的实时跟踪和评估，教师可以了解自己是否朝着预期的方向前进，是否取得了预期的成果等。这种反馈机制可以帮助教师及时调整教学策略和方法，以确保他们在工作中不断取得进步和提高。

（二）提升教师的教学技能

教师绩效考核的反馈在教师的教学技能提升方面具有重要作用，不仅反映教师在教学效果方面的表现，还提供关于教师的教学技能、课程设计、学生互动等方面的具体信息。这样的反馈可以帮助教师深入了解自己在各个教学领域的优势和不足之处。

通过接收和解读反馈，教师可以识别自己在教学技能方面的优势。反馈可能会指出教师在某些方面表现出色，如教学方法的多样性、教学资源的充分利用、知识传递的清晰度等。这样的正面反馈可以帮助教师认识到自己已经具备的优秀教学技能，增强自信心，并鼓励他们在这些领域继续努力和创新。

反馈也可以揭示教师在教学技能方面的改进空间。反馈可能会指出教师在某些方面需要改进，如课堂管理的有效性、个别学生关注度的提高、教学策略的灵活性等。这样的反馈可以帮助教师认识到自己在教学技能方面的不足，并为他们提供改进的方向和重点。教师可以通过专门的培训、同行交流、专家指导等方式，针对性地提升自己的教学技能，以提高教学效果和学生的学习成就。

反馈还可以促使教师不断反思和改进自己的教学技能。通过接收反馈并将其转化为行动，教师可以不断寻求改进和创新的机会。教师可以尝试新的教学方法和策略，探索更有效的课堂管理技巧，加强与学生的互动和个别关注等。持续的反思和改进可以使教师逐步提升教学技能，并不断适应和应对不同学生与教学环境的需求。

（三）增进教师与管理者之间的沟通

反馈在增进教师与管理者之间的沟通方面起着重要的作用。教学绩效考核的反馈可以促进教师与管理者之间的开放对话和透明交流，进一步建立信任和共同理解。

通过反馈，管理者可以向教师明确表达对其工作的认可和支持。管理者可以指出教师在教学中取得的成绩和优秀表现，并给予肯定和赞扬。这样的正面反馈可以增强教师与管理者之间的信任和合作关系，让教师感受到管理者对他们的关注和支持，进而激发教师更积极地参与教学工作。

反馈也为教师提供了向管理者提出问题和建议的机会。教师可以通过反馈向管理者表达自己的需求、困惑或意见，共同探讨教学中的挑战和改进的途径。这种双向的沟通和交流有助于加深管理者对教师需求和现实情况的了解，也为管理者提供了改进教师管理和支持的依据。

通过反馈的交流，教师可以与管理者共同制订个人发展计划和目标。管理者可以根据教师的反馈，了解教师的职业发展需求和期望，为其提供相应的支持和资源。这种合作性的沟通和决策过程有助于建立教师与管理者之间的共同目标和共识，提升教师管理的针对性和有效性。

（四）提高教师的职业满意度

反馈对于提高教师的职业满意度起着重要的作用。教学绩效考核的反馈可以为教师提供对自身工作的认可和肯定，同时也指出了改进的方向，这对于教师的职业发展和满意度具有积极的影响。

通过正面的反馈，教师可以感受到自己的努力和付出得到了认可。当教师在教学中取得良好的表现时，管理者通过反馈向教师表达赞赏和肯定，让教师感受到自己的努力被看到和重视。这种肯定性的反馈可以增强教师的自信心和满意度，使他们对自己的教学工作更有动力和热情。

反馈也帮助教师找到改进的方向。通过教学绩效考核的反馈，教师可以了解到自己在教学中的不足和需要改进的地方。这种指出问题并提供建议的反馈可以帮助教师认识到自己的发展空间，从而激发他们对个人成长的渴望。教师在接收反馈的过程中，可以积极面对问题，制订改进计划，并通过努力提升自己的教学能力和专业素养。这种积极的行动和成长过程将进一步增强教师的职业满意度。

反馈为教师提供了评估自身职业发展和成就的机会。通过反馈，教师可以对自己的教学表现进行评估，并与期望的职业目标进行比较。这种自我评估的过程可以帮助教师更清楚地认识到自己的成就和进步，从而增强职业满意度和自我满足感。

五、教学绩效考核与教师管理的整合

为了实现教学绩效考核与教师管理的有效整合，进一步提高教学质量并促进教师职业发展，应深入挖掘每个环节的潜在价值。

设定明确、具体的评价标准对于整个教师管理体系的有效运行至关重要。这需要教育管理者从教学目标、学生学习成果、教师教学策略等多个方面进行综合考量。同时，评价标准必须与教学实际相结合，避免形成"教为了考"的应试氛围。一个好的评价标准，既能够量化教师的教学绩效，又能反映教师的教学水平和能力，从而使管理者对教师的工作有一个全面、深入的理解。

采用多元化的评价方法可以增加教学绩效考核的精度和有效性。传统的教学绩效考核方法可能会偏重于学生的考试成绩，忽视了教师在课堂组织、课程设计、学生互动等方面的努力。因此，引入多元化的评价方式，如课堂观察、教学案例分析、学生反馈等，可以从多角度全面评价教师的教学表现，为教师提供更准确、更全面的反馈。

及时、有效的反馈是教师改进教学策略，提高教学质量的重要参考。对于教师来说，反馈不仅能帮助他们了解自己的工作表现，还能提供改进的机会和方向。因此，管理者在提供反馈时，不仅要注重反馈的准确性，还要考虑到反馈的时机、方式和内容，使其真正发挥改进教学、提升教学质量的作用。

关注教师的职业发展对于激发教师的工作积极性，提高教师的工作满意度具有重要意义。管理者可以通过设定明确的晋升路径、提供专业发展的机会、关心教师的职业压力和工作生活平衡等方式，让教师感受到自己在教育机构中有发展前景，从而提高他们的工作积极性和满意度。

最后，建立公正、透明的考核制度是保证教师满意度和信任度的关键。一个公正、透明的考核制度不仅能让教师感到他们的工作得到了公平的评价，还能让他们相信自己的付出会得到相应的回报。这不仅能提高教师的工作积极性，还能加强教师和管理者之间的信任关系，提高教学质量。

以上的策略可以整合教学绩效考核与教师管理，为提升教学质量和促进教师职业发展提供有效的途径。在实践中，教育管理者需要充分理解和运用这些策略，形成一套适应自身机构特点和需求的管理体系，真正实现教学绩效考核与教师管理的有效整合。

第二节 教师管理对教学绩效考核的影响

一、管理策略对教学绩效考核的影响

（一）管理策略的目标设定

管理者制定的管理策略中明确设定教学绩效考核的目标对于教师的工作动力和绩效表现具有重要影响。目标的明确性能够激发教师的积极性和主动性，使其能够更加专注和努力地提高教学质量，从而实现教学绩效的提升。

合理的目标设定可以为教师提供明确的工作方向和期望。当教师明确知道自己需要达到的标准和目标时，能够更加有动力地去追求这些目标。具体而明确的目标能够帮助教师更好地规划和组织教学工作，使其能够将精力集中在关键的教学内容和方法上，从而提高教学质量。

目标设定对于教师的绩效表现具有评估和反馈的作用。通过明确设定教学绩效考核的目标，可以为教师提供明确的衡量标准和反馈机制。教师可以定期进行自我评估和绩效考核，了解自己在教学方面的表现，并据此进行调整和改进。目标设定可以使教师更加有意识地关注自身的教学方法、学生的学习成果和课堂管理等，从而促进教学绩效的提升。

目标设定还应与教育机构的整体目标相一致。教育机构通常会制定发展战略和目标，管理者制定的教学绩效考核目标应与这些整体目标相契合。这样可以确保教师的个人目标与机构目标相一致，促进整体的教学质量和学校的发展。教师在实现个人目标的同时，也为学校的整体目标做出了积极的贡献。

（二）考核标准的制定

管理策略中所规定的教学绩效考核标准对教师的工作行为和绩效评

价结果产生直接影响。科学、公正、客观的考核标准是确保评价有效性的关键。合理设定的考核标准能够全面、准确地评估教师的教学质量和绩效水平，为教师提供有针对性的反馈和改进机会。

科学的考核标准应该综合考虑教师的多个方面表现。教学绩效的评价不应局限于学生的学习成绩，还应包括教师的教学设计能力、教学方法运用、课堂管理能力、学生参与度、教学反思等多个方面。通过综合考量教师在这些方面的表现，可以更全面地评估教师的绩效水平，为教师提供全面的改进指导方式。

考核标准应具备公正性和可操作性。公正性意味着考核标准应该公平、无偏袒地评估教师的绩效，避免主观偏见的干扰。为了确保公正性，考核标准的制定应基于客观的数据和证据，避免过于主观的评价。同时，考核标准也应具备可操作性，既能够被教师理解和接受，并能够被具体地应用于教学实践中。

此外，考核标准还应具备可量化和可评估的特点。可量化意味着考核标准应该能够用具体的指标和量化的数据来衡量教师的绩效，从而提供准确的评价结果。可评估性则要求考核标准能够被教师和管理者理解和评估，为教师提供明确的评价依据和改进方向。

通过科学、公正、客观的考核标准，教师能够更好地了解自己的教学绩效，发现自身的优势和改进的方向。管理者也可以基于这些标准为教师提供准确的反馈和指导，促进教师的持续发展和提高教学质量。

（三）激励机制的设计

在管理策略中包含有效的激励机制对教师的绩效考核具有重要影响。激励机制能够激发教师的积极性和创造力，推动其不断提升教学绩效，并为教师提供可见的回报和认可。

激励机制可以通过奖励制度来鼓励教师的积极表现，包括经济奖励、奖项荣誉和特殊待遇等形式的奖励。经济奖励可以是薪酬激励、绩效奖金或教学津贴，为教师提供经济上的回报。奖项荣誉可以是教学优秀奖、师德先进称号等，为教师提供名誉和声誉的认可。特殊待遇可以是额外的培训机会、学术研究支持或更多的教学资源等，以满足教师的专业发展需求。这些激励措施可以激发教师的积极性，使其更加努力地提高教学质量和绩效。

晋升机制也是一种有效的激励机制。通过设立明确的晋升路径和晋升条件，管理者可以激发教师的职业发展动力。教师可以通过不断提升教学质量和绩效来实现晋升，获得更高级别的职位和更广阔的发展空间。晋升机制能够激发教师的积极性和创造力，促使其持续改进和提升教学绩效。

激励机制还应包括有效的反馈机制。教师在绩效考核中获得及时、准确的反馈非常重要。管理者可以通过定期的绩效评估和个别反馈，向教师提供具体的评价结果和改进建议。这样的反馈能够帮助教师了解自己的优势和改进的方向，促进其自我调整和成长。

激励机制应该公正、透明，并与教学绩效考核标准相匹配。管理者在设计激励机制时应确保公平性，避免主观偏见和不公正的待遇。激励机制的设计应基于教师的实际表现和能力，与教学绩效考核标准相一致。这样可以提高教师对激励机制的认同度和参与度，进一步激发其工作动力和积极性。

二、管理者角色对教学绩效考核的影响

（一）领导者的指导与支持

领导者在管理者角色中对教师的教学绩效考核起着重要的指导和支持作用。他们扮演着教师发展的导师和教练的角色，通过提供专业建议、课程设计指导和教学方法培训等方式，帮助教师提升教学水平，进而影响其绩效考核结果。

领导者可以提供专业建议和反馈，帮助教师改进教学方法和提升教学质量。通过课堂观察和教学评估，识别教师的教学优势和改进的方向，并提供针对性的建议和指导。领导者的专业知识和经验可以帮助教师更好地理解和应用有效的教学策略，从而提高教学绩效。

领导者可以提供课程设计指导，帮助教师设计和实施高质量的课程。

与教师进行合作，共同制定教学目标、教学内容和评估方式，确保课程的设计与学校教学标准和学生需求相一致。领导者的指导和支持可以帮助教师设计具有挑战性、启发性和实践性的教学活动，提升学生的学习效果和教学绩效。

领导者还可以提供教学方法培训和专业发展机会，促进教师的绩效提升。如组织教师培训研讨会、分享教学经验和最佳实践，帮助教师了解最新的教育趋势和教学方法。通过提供持续的专业发展机会，领导者鼓励教师持续学习和成长，不断提升自身的教学技能和知识水平，从而影响其教学绩效考核结果。

（二）管理者的评价与反馈

管理者对教师的教学绩效进行评价和反馈是教师管理中的重要环节。通过评价和反馈，管理者能够向教师提供准确的绩效评估结果，并提供针对性的建议和指导，帮助教师认识自己的优势和改进方向，从而推动其提高绩效。

管理者可以定期进行教学观察和评估，通过课堂观察、学生评价、教学文件等方式收集数据，对教师的教学绩效进行评估。及时的评价可以使教师及早了解自己的表现，从而及时调整教学策略和方法，促进教学质量的提升。

评价结果应准确、客观、全面。管理者在评价教师绩效时应基于客观的标准和数据，避免主观偏见和个人情感的影响。评价结果应综合考虑教师的教学设计能力、教学方法运用、学生学习成果等，全面反映教师的绩效水平。准确的评价结果能够为教师提供明确的反馈，促使其对自身的教学进行深入的思考和反思。

同时，管理者在反馈过程中应提供有效的建议和指导。通过具体而明确的反馈，管理者可以指出教师的优势和改进的方向，并提供具体的建议和方法来帮助教师提升教学绩效。有效的建议和指导应针对教师个体的需求和发展方向，帮助教师制订个人发展计划和目标，并提供支持和资源来实现这些目标。

管理者还可以与教师进行"一对一"的反馈和交流，倾听教师的意见和反馈，建立积极的沟通和合作关系。这种双向的反馈机制可以促进管理者和教师之间的相互理解和信任，从而更好地推动教师的成长和绩效改进。

三、管理体制对教学绩效考核的影响

（一）机构文化与教学绩效

机构文化是指在教育机构中形成共同的价值观、信念、行为规范和工作方式。如果机构倡导积极向上的教育文化，重视教学质量和绩效，将会激发教师的工作热情和责任感，促进教学绩效的提高。

首先，机构文化对教师的教学态度和价值观产生影响。如果教育机构强调教师的教学质量和教学效果，并将其视为核心价值，教师会感受到教学的重要性和责任感。进而更加重视自身的教学工作，积极追求教学的优秀和创新，从而提高教学绩效。

其次，机构文化对教师的专业发展和学习氛围产生影响。如果教育机构鼓励教师不断学习和专业成长，提供相应的培训和支持，教师会更加积极地投入到教学改进和专业发展中。机构文化可以营造出积极的学习氛围，促使教师不断提升教学技能和知识水平，从而提高教学绩效。

再次，机构文化还影响着教师之间的合作和协作关系。教育机构倡导合作精神和共同成长，教师之间会更愿意互相交流、分享经验和教学资源。这种合作氛围有助于教师之间的互相学习和共同进步，从而提高整体的教学绩效。

最后，机构文化也能够为教师提供良好的工作环境和支持体系。如果教育机构注重教师的工作满意度和福利待遇，提供良好的工作条件和资源支持，教师会更加投入到教学工作中，从而提高教学绩效。良好的工作环境和支持体系可以减轻教师的工作压力，激发其创造力和工作动力。

（二）组织结构与管理层级

管理体制中的组织结构和管理层级对教学绩效考核的实施方式和效

果产生重要影响。管理层级的扁平化和信息流通的畅通与教师的绩效考核密切相关，能够直接影响教师的工作动力、反馈和支持的获取，从而促进教学质量和绩效水平的提高。

管理层级的扁平化有助于加强教师与管理者之间的沟通和互动。当管理层级较为扁平时，教师可以更直接地与管理者交流，分享教学经验、提出问题和需求，获得及时的反馈和支持。相较于繁杂的管理层级，扁平化的管理结构能够减少信息传递的层层过滤和延迟，使管理者更了解教师的工作情况和需求，有助于教师在教学过程中获得更多的指导和支持。

信息流通的畅通对于教师绩效考核的实施和效果具有重要意义。当管理体制中的信息流通渠道畅通无阻时，教师能够及时了解和掌握教学绩效考核的相关信息，包括评价标准、评估方法和时间安排等。同时，教师也可以将自身的教学成果、困难和需求及时传达给管理者，以获得更准确的评价和个性化的支持。信息流通畅通能够增强教师与管理者之间的互动和互信，为教学绩效考核的有效实施提供基础。

管理层级和组织结构的合理设计也可以提供更好的支持和资源。当教师在教学过程中遇到问题或需要专业支持时，管理层级的合理设计能够确保相关支持和资源的及时提供。例如，设立专门的教学支持团队或教学发展中心，为教师提供教学咨询、培训和资源分享等支持。这种有效的支持和资源提供可以帮助教师克服教学困难，进一步提高教学质量和绩效水平。

（三）决策机制与绩效考核

管理体制中决策机制的合理性和公正性对教学绩效考核具有重要影响。决策机制的公正透明性能够确保绩效考核的决策过程得到广泛认可，增加教师对考核结果的认同度，进而推动教师的绩效改进。

决策机制的合理性要求考核标准和方法应科学可行。决策机制需要制定明确的教学绩效考核标准，这些标准应基于客观、可量化的指标和数据，能够准确反映教师的教学质量和绩效水平。同时，决策机制还需要选择合适的评估方法，确保评价过程公正、客观、全面。合理的决策机制可以有效区分教师的绩效水平，为教师提供准确的评价和改进方向。

决策机制的公正性对于教学绩效考核至关重要。公正性意味着决策过程中不应存在偏见、歧视或不公平的因素。决策机制应确保评价者的客观性和中立性，避免个人喜好和主观因素的干扰。公正的决策机制能够建立教师对考核结果的信任，增加教师的参与度和积极性。

决策机制的透明性对于绩效考核的认可度和有效性至关重要。决策机制应确保考核过程的透明度，包括明确的评价标准、评估方法和决策流程等。教师应清楚地了解考核的具体内容和要求，并参与到决策过程中，有机会对自己的绩效结果进行解释和申诉。透明的决策机制能够增强教师对考核过程的信任，提高考核结果的认可度。

决策机制还应建立有效的反馈机制。决策后应及时向教师提供评价结果和建议，帮助教师了解自己的优势和改进方向。反馈应具体、明确，并提供支持和资源来帮助教师实现绩效改进。有效的反馈机制能够促使教师反思和调整教学策略，进一步提高教学质量和绩效水平。

四、管理环境对教学绩效考核的影响

（一）学校文化与氛围

学校的文化和氛围对教学绩效考核产生重要影响。学校文化和氛围对教师之间的合作和协作关系产生影响。如果学校鼓励教师之间建立合作关系，分享教学经验和资源，教师之间将更加愿意互相支持和学习，从而提高整体的教学绩效水平。学校文化和氛围对教师的创新能力和教学研究的开展起到关键作用。如果学校鼓励教师进行教学创新和教育研究，提供相应的支持和资源，教师将更有动力和机会尝试新的教学方法和策略，推动教师的专业发展和教学质量的提升。

另外，学校的文化和氛围还对教师的工作动力与教学质量产生影响。如果学校鼓励和认可教师的努力与成就，给予适当的赞扬和奖励，教师会感受到自己工作重要性和价值，激发工作动力和热情，从而不断提高教学质量和绩效水平。学校的文化和氛围也影响教师的专业发展与学习机会。若学校重视教师的专业发展，提供培训、研讨会和学术交流机会，教师将有更多的机会不断学习和提升教育能力，进一步提高教学绩效。

（二）资源投入与支持

资源投入与支持对教学绩效考核具有重要影响，包括充足的教学资源、教育技术支持和专业培训机会。充足的教学资源对于提升教师的教学绩效至关重要。学校管理环境中的资源投入包括教室设施、教材教具、实验设备等方面的支持。当教师能够充分利用优质的教学资源时，他们能够设计和实施更丰富、有趣、有效的教学活动，提高学生的学习效果。充足的教学资源还能够提供多样化的学习机会，满足不同学生的需求，促进个性化教学的实施，从而提升教学绩效。

教育技术支持在管理环境中也扮演着重要的角色。现代教育技术的运用可以提供丰富的教学工具和资源，帮助教师创造具有创新性和互动性的学习环境。学校管理者可以提供教育技术设备和培训，以帮助教师灵活运用各类教育技术工具，如多媒体教学、在线学习平台等，提升教学效果。适当的教育技术支持能够提高教师的教学效率和创新能力，对教学绩效的提升具有积极的促进作用。

提供专业培训机会也是管理环境中重要的支持措施。学校管理者可以组织教师参加专业培训、研讨会和学术交流活动等，提供持续的专业发展机会。通过这些培训和学习机会，教师可以不断更新教学知识和技能，了解最新的教育理念和教学方法，进一步提高教学能力和专业水平。良好的管理环境应重视教师的专业成长，并为其提供相应的支持和资源，从而推动教学绩效的提升。

（三）外部环境与教学绩效

政府教育部门制定的教育政策和法规往往会规定教学质量和绩效考核的相关要求和标准。这些政策法规的制定对于学校管理者在设计和实施绩效考核制度时具有指导意义。政策法规的变化和更新也会对教师的绩效考核产生影响，要求教师符合新的要求和标准，适应新的教育改革方向。

社会期望对教学绩效考核的设立和实施产生影响。社会对教育的期望和需求不断变化，这反映在对教师绩效的评价标准和方式上。社会对教师的期望越来越强调教学质量、学生学习成果和综合素养的培养。这种社会期望的变化促使学校管理者重新审视和调整绩效考核的内容和方式，使其更加符合社会期望和教育发展的需要。

外部环境中的评价体系对教学绩效考核的设计和实施也产生了影响。社会对教师绩效的评价体系不断发展和完善，如将学生评价、同行评价、家长评价等多元化的评价方式逐渐引入教学绩效考核中。管理环境中的评价体系会受到这些外部评价体系的影响，要求考核程序更加全面、客观和公正，充分考虑教师的教学质量和学生的学习成果。

五、管理工具对教学绩效考核的影响

（一）数据收集与分析工具

管理工具中的数据收集和分析工具对教学绩效考核起着重要的作用。首先，有效的数据收集工具能够帮助管理者获取与教学绩效相关的各种信息和数据。这些数据可以涵盖学生学习成绩、课堂观察记录、教学活动记录、学生反馈和评估等内容。通过科学选择和设计合适的数据收集工具，可以全面而准确地收集到与教学绩效相关的数据，为绩效评价提供充分的依据。

科学的数据分析工具能够对收集到的数据进行量化和评估，提供客观的绩效评价依据。通过数据整理、统计、比较和分析，可以得出有用的信息和指标。例如，通过统计分析方法评估学生学习成绩，比较不同教师的教学成果；通过定性分析教学观察记录，评估教师的教学方法和策略的有效性。科学的数据分析工具帮助管理者全面了解教师的教学绩效水平，为制订相应的改进计划提供有力支持。

（二）教学评估工具

教学评估工具是管理工具中的重要组成部分，用于对教师的教学质量和绩效进行定量或定性的评估。合理选择和使用教学评估工具对于准确衡量教师的教学绩效，并为改进提供参考依据至关重要。

教学评估工具包括定量评估和定性评估。定量评估工具通常采用量化指标和评分体系，如学生考试成绩、课堂参与度、教学活动的完成情况等。通过定量评估工具，管理者可以对教师的教学绩效进行量化分析和比较，得出相对客观的评估结果。这些定量数据可以提供对教学绩效的直观了解，帮助管理者判断教师在知识传授、学生表现等方面的绩效水平。

定性评估工具则注重对教学过程和教师特质的描述与分析。这种评估方法通过教师观察、课堂访谈、教学设计分析等方式，从多个角度评估教师的教学绩效。定性评估工具能够更加全面地了解教师的教学方法、师德师风和教学态度等方面的表现，为教师的绩效提供详细的描述和分析，帮助管理者制定个性化的支持和改进措施。

选择适合的教学评估工具需要考虑多个因素，包括评估目的、评估内容、评估方法的可行性和有效性等。不同的评估工具在不同的情境下可能具有不同的适用性。因此，管理者需要根据具体情况和考核目标，灵活选择和组合教学评估工具，确保评估的全面性和准确性。

（三）绩效反馈工具

绩效反馈工具是管理工具中的关键组成部分，其作用是向教师提供绩效评价结果和改进建议。有效的绩效反馈工具能够及时、准确地向教师传达绩效评价的信息，帮助教师全面了解自身的优势和改进方向，从而促进教学绩效的提升。

绩效反馈工具应提供准确的评价结果。管理者在使用绩效反馈工具时，应确保评价结果客观、准确、可靠。评价结果应基于可量化的数据和多个评估指标，能够全面地反映教师的教学绩效水平。这样的评价结果能够为教师提供一个客观的参照，帮助他们更好地认知自身的优势和改进的空间。

绩效反馈工具应具备清晰和明确的改进建议。除了提供评价结果，绩效反馈工具还应给出具体的改进建议和行动计划。这些建议和计划应基于评价结果，针对教师的具体问题和发展需求，具有可操作性和可衡量性。良好的绩效反馈工具应帮助教师理解改进的重点和方向，提供具体的行动指导，使教师能够有针对性地进行专业成长和教学提升。

此外，绩效反馈工具还应强调及时性和个性化。管理者应及时向教师提供绩效反馈，避免过长的延迟，以便教师能够及时地对评价结果进行反思和行动。同时，绩效反馈工具也应充分考虑教师的个体差异和需求，提供个性化的反馈和建议。因为不同教师在教学风格、专业领域和发展方向上存在差异，个性化的反馈能够更好地满足教师的需求，推动个人的成长和绩效的提升。

第三节　构建有效的教学绩效考核与教师管理机制

一、有效机制的要素

（一）明确的目标

明确的目标是构建有效的教学绩效考核与教师管理机制的基础要素之一。明确的目标可以帮助教师明确他们的职责和期望及应该努力达成的结果。这些目标涉及提高学生的学术成绩、提高课堂参与度、培养学生的综合素养等方面。明确的目标使教师明白他们的努力和付出对学生和学校的重要性，激励他们更加积极地投入教学工作。

明确的目标应具备以下特点：

1. 具体而明确

目标应该能够被量化或描述得非常具体，以便教师清楚地了解他们需要达到的标准和要求。

2. 可衡量性

目标应该是可以被客观评估和测量的，以便能够对教师的绩效进行准确评估。

3.可达成性

目标应该是有挑战性但又可实现的，既不能过于简单以至于不具备挑战性，也不能过于困难以至于无法实现。

4.与学校愿景和使命相一致

目标应该与学校的教育愿景和使命相契合，以确保教师的工作与学校的整体发展方向一致。

5.可操作性

目标应该是可以被教师所控制和影响的，而不是完全依赖于外部因素。

通过确立明确的目标，教学绩效考核与教师管理机制可以引导教师朝着共同的方向努力，提高他们的教学效果，促进学校整体的发展和提升教育质量。

（二）公平的评估标准

公平的评估标准是构建有效的教学绩效考核与教师管理机制的另一个重要要素。公平的评估标准意味着所有教师都应该按照相同的标准和要求进行评估，以确保评估的公正性和一致性。

1.透明性

评估标准应该对所有教师公开透明，让他们清楚地了解被评估的内容、标准和权重。这样可以避免评估过程中的不确定性和主观性，确保评估的公正性。

2.多元化

评估标准应该综合考虑多个方面的因素，如教学质量、课堂管理、学生参与度、学术成绩等。通过多元化的评估指标，可以更全面地了解教师的绩效表现，避免过于片面或单一的评估结果。

3.可量化和可测量性

评估标准应该具备可量化和可测量的特点，以便能够对教师的绩效进行客观评估。这可以通过设定具体的指标和标准，如学生考试成绩的提升率、课堂参与度的评估等来实现。

4.参与性

教师应该参与评估标准的制定过程，以确保他们的声音被充分听取和考虑。这可以通过教师参与评估标准的讨论、提供反馈和建议等方式实现。教师的参与可以增强评估的可接受性和认可度。

5.持续改进

评估标准应该是可调整和改进的，以适应教学环境和需求的变化。通过定期审查和更新评估标准，可以确保其与教育目标和需求保持一致，并提高评估的准确性和有效性。

通过建立公平的评估标准，可以确保教师在教学绩效考核和管理中得到公正对待，激励他们改进自己的教学实践，并推动学校教育质量的提升。

（三）综合的评估方法

教学绩效考核必须要考虑多元化的评估方式以确保全面性和公正性。其中，一个重要的方面是课堂教学质量，包括教师的教学技巧、对课程材料的掌握程度、课堂管理技能及与学生的互动等方面。这些元素共同构成了一个高效的课堂，因此，它们的表现必须被纳入教学绩效的评估之中。课堂观察、课后反馈和对教师的个人评估都是获取这些信息的关键工具。

在此基础上，教学创新也是教学绩效考核中的一个重要方面。教师是否愿意并能够引入新的教学策略和技术，以增加学生的参与度和理解程度，是衡量教师能力的一个重要标准。此外，学生反馈也是评估教学效果的重要工具。学生可以直接对教师的教学方法、课堂管理及教学态度等进行反馈。这种直接的反馈信息可以为教师提供宝贵的意见，帮助他们改进自己中的不足教学。总的来说，一个综合的教学绩效考核机制应该结合课堂教学质量、教学创新、学生反馈等多种评估方式，以形成一个全面且公正的评估。

（四）反馈和改进

评估不应只是简单的指出问题，而应该更进一步提供有针对性的反馈和改进建议。这是一个双向的过程，旨在帮助教师了解他们在哪些方面表现出色、哪些方面需要改进及如何进行这些改进等。

具体的反馈应当是具体的、明确的和建设性的。而且，反馈的形式可以多样化，包括面对面的交流、书面报告或者是电子邮件等。当然，这也需要管理层的充分理解和参与，才能提出有针对性的改进建议。

在提出改进建议时，要尊重教师的专业知识和经验，提供具有实用性和可行性的建议。同时，也需要给予教师足够的时间和空间去理解和消化这些反馈，然后进行有意义的改变。这包括参加专业发展课程，与同行或者专业导师进行交流，甚至是对教学策略和课堂管理方式的调整等。

为了确保反馈和改进的有效性，需要建立一个持续的、开放的和互相尊重的反馈环境。在这个环境中，教师可以自由地表达他们的观点和困惑，同时也愿意接受并考虑他人的建议。这样，评估和反馈就能真正地转化为教师教学能力的提升和教学质量的改进。

（五）培训和支持

培训和支持是教师持续成长和提升教学效能的重要环节。培训提供了一个学习新的教学策略和方法的平台，而支持则确保了教师在教学实践中应用这些新知识和技能的可能性。

培训包括各种形式，如工作坊、研讨会、课程、讲座或者在线课程等。它们可以提供关于最新的教学研究发现，创新的教学策略，或者是特定的教学技能等信息。这些培训内容应当以教师的需求为导向，以确保其实用性和效果。此外，培训也可以提供一个平台，让教师有机会与同行交流，分享他们的经验和想法，从而激发新的启示和想法。

支持则包括为教师提供必要的资源，如教学材料、技术设备或者是教学辅导等。支持也可以表现为给予教师足够的自由度，让他们有足够的空间去尝试新的教学策略，或者是改变他们的教学方法。此外，支持还包括建立一个鼓励尝试和允许错误的环境，因为这可以让教师更愿意去尝试和学习。

二、实施有效机制的策略

实施有效机制的策略，如图 5—2 所示。

图 5—2 实施有效机制的策略

（一）设计公平的评估体系

设计公平的评估体系是构建有效教学绩效考核与教师管理机制的重要策略之一。为了确保教师受到公正对待，评估标准和方法应具备以下特点。

评估标准应该明确、具体，并与教学目标和学校的教育愿景相一致。这样可以让教师清楚地了解被评估的内容和标准，从而有针对性地改进自己的教学。评估过程应该透明公开，让教师和评估人员都清楚地了解评估的流程、标准和权重。透明的评估过程可以减少误解和不公正的可能性，增加评估的可接受性和认可度。

评估方法应多样化，并综合考虑教师的多个方面表现。除了学生的成绩，还可以包括课堂观察、教学设计评估、同行评估、学生评价等多种方法。这样可以全面了解教师的教学能力、教学方法的多样性和适应性。评估结果应该及时提供给教师，并包括具体的反馈和建议。评估结果应该清晰地指出教师的优势和改进方向，帮助他们更好地了解自己的教学情况，并制订改进计划。通过设计公平的评估体系，可以确保教师受到公正评价，激励他们不断提高自己的教学质量和专业能力。

（二）提供持续的培训和支持

持续培训和支持是构建有效的教学绩效考核与教师管理机制的重要策略。学校应认识到教师的专业发展对教学质量和学校发展至关重要，并定期提供相关培训和支持。包括组织专业培训、研讨会、邀请专家学者、教育研究者或行业从业者进行培训，涵盖教学方法、课程设计、教育技术等内容，帮助教师掌握最新的教育理念和技能。此外，学校还应鼓励教师参加外部培训课程和研修项目，拓宽知识和技能。

学校应提供内部教学资源和指导，如教学手册、教案、教学素材等，供教师参考和借鉴；还可以安排教学指导人员或教学辅导员与教师进行"一对一"或小组指导，解决教学中的具体问题。这种内部支持可以针对教师的个别需求进行定制，提升他们的教学质量。

学校应鼓励教师之间的合作和交流，促进彼此的专业成长。教师可以参与教学团队或教研组，共同研究和讨论教学问题，分享经验和最佳实践。学校可以组织教师交流会议、教学观摩和合作项目，为教师提供展示和分享的机会，促进学习和互动。

通过持续的培训和支持，学校可以帮助教师不断提升教学能力和专业素养，推动教学质量的提高，增强教师的自信和创新能力，促进学校整体发展。

（三）及时反馈

学校定期提供教师反馈和改进建议，有助于提升教学绩效和教师管理。教学观察、学生评价和家长反馈及教师间的互助反馈是实现及时反馈的重要方式。

教学观察和评估是一种有效的反馈方式。学校可以安排专门的教学观察员或行政人员对教师进行观察和评估，也可以推行同行评课，教师相互观摩和评价。通过评估教师的教学方法、课程设计、学生参与度和教学效果等，学校可以向教师提供具体的反馈意见，指出优点和改进的方向，帮助教师了解自身的教学优势和不足。

学生评价和家长反馈是另一种重要的反馈来源。学校可以通过问卷调查、面谈等形式征求学生和家长对教师的看法与建议，及时收集、整理和分析这些反馈信息，并将结果反馈给教师，有助于教师了解学生的需求和期望，并调整教学方法和策略。

学校可以建立教师间的互助反馈机制。教师可以相互观摩和评价彼此的教学，分享经验和教学方法。组织教师间的合作研究或小组讨论，让教师相互交流和提供反馈。这种互助反馈不仅促进专业成长，还建立了良好的合作氛围，共同提高教学水平。

通过及时的反馈和改进建议，学校帮助教师认识到自身的优势和不足，提升教学能力和专业素养。教师可以根据反馈意见进行改进和调整，逐步提高教学效果。同时，学校还可通过反馈机制监测教师的发展，并给予相应的支持和鼓励。

（四）鼓励创新

学校应鼓励教师创新教学方法，以提升教学效果。创新是构建有效的教学绩效考核与教师管理机制的重要方面。

学校提供一个积极的创新氛围和支持机制。教育机构应鼓励教师尝试新的教学方法和策略，并为其提供支持和资源，设立创新教学奖励机制，鼓励教师提出创新教学方案，并给予认可和奖励，建立教师创新教学基金或项目，为教师提供经费和资源支持，推动他们开展创新实践。

学校促进教师间的交流和合作，激发创新思维。教师可以参与教研组、教学团队或跨学科合作，共同探讨和研究教学问题，分享创新经验和教学实践。学校应组织教师交流会议、教学观摩和研讨会，为教师提供展示和分享的平台，激发他们的创新灵感和想法。

学校应鼓励教师运用教育技术和多样化的教学资源进行创新教学。提供教育技术培训和支持，帮助教师掌握教学工具和应用，创造吸引力和有效性的教学体验。鼓励教师利用网络课程、开放教育资源、在线学习平台等丰富的教学资源，拓宽教学辅助手段，提升教学质量和学生学习成果。

通过鼓励教师创新教学方法，学校激发教师的创造力和热情，推动教学不断改进和提升。创新教学方法提高学生参与度和学习成果，培养学生创新思维和问题解决能力。为教师提供适当培训和支持，帮助他们在创新实践中成长和发展。

三、实施有效机制的挑战及解决

（一）缺乏公平的评估标准

为了确立公平的评估标准，学校可以采取以下措施：

第一，学校应与教师共同制定评估指标和标准。教师是教学过程中的关键参与者，他们对于评估标准的理解和认可至关重要。通过与教师进行讨论和合作，可以确保评估标准具有针对性和可操作性，能够真实地反映教师的教学质量和贡献。同时，学校还可以邀请专业人士、教育研究者或行业从业者参与评估标准的制定，确保其具备科学性和公信力。

第二，学校应确保评估过程的透明和公正。评估过程应该被公开展示，让教师和其他相关人员能够了解和参与其中。评估标准和评估方式应该清晰明确，并公布给所有教师。评估结果的反馈应该及时、准确地传达给教师，让他们了解自己在评估中的得分和表现。此外，学校还可以设立评估委员会或专门的评估团队，负责监督评估过程的公正性和准确性。

第三，学校可以采用多元化的评估方法和工具。单一的评估方法可能无法全面地评价教师的教学质量和贡献。学校可以结合教学观察、学生评价、同行评议、课堂记录等多种评估方式，综合考量教师的教学表现。通过多元化的评估方法，可以更全面地了解教师的教学能力和专业素养，减少单一指标带来的片面性和偏见。

第四，学校应该为教师提供评估结果的解释和指导。评估结果不仅是对教师工作的反馈，也应该成为教师进一步提升教学的指引。学校可以组织反馈会议或个别指导，与教师一起解读评估结果，帮助他们认识到自身的优势和改进的方向，并提供具体的改进建议和培训支持。

通过确立公平的评估标准，学校能够建立起公正透明的教学绩效考核与教师管理机制。教师可以在公平的评估环境中得到准确的反馈和指导，从而不断提升自己的教学能力和专业素养，为学生的学习提供更优质的教育。

（二）缺乏必要的资源

为了克服缺乏必要资源的挑战，学校可以采取以下措施：

第一，学校可以制订明确的资源分配计划。通过制定详细的预算和资源规划，学校可以确保教师培训和专业发展所需的经费和资源得到充分考虑。学校管理层应该与相关部门和负责资源分配的人员密切合作，确保资源分配的公平性和合理性。

第二，学校可以争取外部资金和资源支持。学校可以积极寻找与教育领域相关的基金会、企业或政府机构的合作和赞助。通过申请教育项目拨款、参与教育研究项目或与企业建立合作伙伴关系，学校可以获得额外的经费和资源支持，用于教师培训和专业发展。

第三，学校可以与行业合作伙伴建立合作关系。行业合作伙伴可以提供专业知识、技术支持和实践机会，为教师的专业发展提供宝贵资源。学校可以与相关行业、大学或研究机构建立合作项目，共享资源和知识，促进教师的专业成长和创新。

第四，学校还可以探索创新的资源获取方式。随着技术的进步和互联网的普及，学校可以利用在线学习平台、开放教育资源和虚拟培训等方式，提供更灵活和便捷的教师培训与支持。这些创新的资源获取方式可以帮助学校克服地域和时间的限制，为教师提供多样化的培训和专业发展机会。

通过以上措施，学校可以更好地解决缺乏必要资源的挑战，确保教师管理机制的有效实施。充足的资源支持将为教师提供良好的培训和发展环境，提升他们的教学能力和专业素养，最终促进教学质量的提高。

（三）抵制改变

为了克服教师抵制改变的挑战，学校可以采取以下策略：

首先，建立积极的沟通渠道。学校应与教师进行充分的沟通和解释，明确新机制的目的、意义和好处。通过定期举行会议、工作坊或座谈会等形式，与教师直接交流，回应他们的关切和疑虑。倾听教师的声音，并考虑他们的意见和建议，使教师能够参与机制设计和决策过程，增强他们的参与感和认同感。

其次，提供充分的培训和支持。引入新的教学绩效考核和管理机制，可能需要教师学习新的知识和技能。学校应提供相应的培训和专业发展机会，帮助教师理解和掌握新机制的实施要求。培训内容包括机制的背景和目标、评估标准和工具的使用方法等。此外，学校还可以提供教师之间的互助支持和指导，让教师能够共同面对挑战，并相互分享经验和最佳实践。

学校应鼓励教师参与决策和改进的过程。教师的参与是确保机制成功实施的关键因素。学校可以设立教师委员会或工作小组，邀请教师代表参与制定和改进机制的过程。教师的参与可以增加机制的可接受性和可靠性，并促进教师对新机制的认同和支持。

最后，学校应提供持续的支持和反馈。教师需要得到学校的支持和鼓励，以适应新机制的要求。学校可以为教师提供定期的反馈和评估，让他们了解自己在机制中的表现和改进方向。此外，学校还应及时解决教师在实施过程中遇到的问题和困难，为教师提供必要的资源和支持，使他们能够顺利适应和参与新机制。

通过积极的沟通、充分的培训和支持及教师参与和持续的反馈，学校可以克服教师抵制改变的挑战，促进新的教学绩效考核和管理机制的顺利实施。这将带来更好的教学质量和教师发展，为学生提供更优质的教育。

第六章　高校教师管理与教学绩效考核的创新实践

教师是高等教育的核心，其教学效果直接影响到学生的学习结果，因此对其进行有效的管理和考核至关重要。然而，随着教育环境的不断变化，传统的管理和考核方法可能已无法满足现代高等教育的需求。因此，需要寻找新的路径，开展创新实践，以适应这种变化。

第一节　创新的教师管理实践

随着社会的发展和教育的进步，教师管理方式也需要不断进行创新和改革。创新的教师管理实践旨在提升教师的教学质量，提升教师的工作满意度及推动教育质量的提升。

一、新的教师招聘和选拔方式

新的教师招聘和选拔方式在教师管理中具有重要意义，能够提升教学质量和确保学校招聘到合适的教师人选，如图6—1所示。

数据驱动的　　　在线招聘　　　教学演示和　　　多维度评估
方法　　　　　　平台　　　　　案例分析　　　　和综合考量

图6—1　教师招聘和选拔新方式

（一）数据驱动的方法

数据驱动的招聘和选拔方式通过收集和分析候选人的教育背景、教学经验、教学成果等数据，实现更科学和客观的评估。学校可以建立评估模型，将不同数据指标进行加权，以便综合评估候选人的教学能力和潜力。例如，学校可以通过分析候选人在教育背景和教学经验方面的数据来评估其教学准备情况。同时，教学成果的数据可以提供教师在学生学习成果方面的表现情况。这样的数据驱动方法能够减少主观偏见，提高选拔的准确性和公正性。

（二）在线招聘平台

在线招聘平台为学校提供了更广泛和便捷的招聘渠道。学校可以在在线平台上发布招聘信息，吸引更多的优秀候选人。通过在线平台的数据分析功能，学校可以设置筛选条件，自动筛选出符合学校需求的候选人。这种方式节省了招聘的时间和人力成本，并能够快速找到适合学校的教师人选。在线招聘平台还可以提供便捷的沟通工具，使学校和候选人之间的沟通更加高效和便利。

（三）教学演示和案例分析

教学演示和案例分析是对候选人教学能力的实际评估方法。教学演示要求候选人在真实的教学环境中进行教学展示，展示其教学技能和方法。这能够直接观察候选人的教学风采，了解他们与学生的互动和教学效果。案例分析要求候选人根据实际教学案例进行分析和解决问题，评估其教学理解和应用能力。这种方式能够考察候选人的教学思维和问题解决能力，更全面地了解其潜力和适应能力。

（四）多维度评估和综合考量

新的招聘和选拔方式强调综合考量候选人的多个维度。除了教学能力，学校还会考虑候选人的专业素养、团队合作能力、教育理念和个人发展潜力等因素。例如，学校可以进行面试或小组讨论，以评估候选人的团队合作能力和沟通技巧。同时，学校可以了解候选人的教育理念和个人发展规划，以确保其与学校的教育价值观相匹配。通过综合考量，学校能够找到更全面符合学校需求的教师，并提高教学团队的整体素质。

新的教师招聘和选拔方式通过数据驱动、在线招聘平台、教学演示和案例分析等方法，能够更科学地评估候选人的教学能力和潜力，提高招聘和选拔的准确性和公正性。这些方式的引入使得学校能够更好地招聘到适合学校需求的优秀教师，从而提升教学质量、促进教育发展。

二、创新的教师培训和发展策略

教师培训和发展是教师管理中至关重要的一环，它关乎教师的专业能力、教学质量，乃至学生的学习效果。随着教育环境的变化和技术的发展，教师培训和发展策略也需要进行创新和改变。

翻转课堂是一种在全球范围内受到广泛应用的创新教学模式。在这种模式中，学生在课前预习课程内容，然后在课堂上进行深度的探讨和实践。这种模式也被应用在教师培训中。通过翻转课堂，教师可以在课前自主学习，如通过在线学习平台、教育资源库等，掌握最新的教学理念、教育政策和教学技能。然后，在培训课堂上，教师可以与同行进行经验分享、合作探讨和解决疑难问题。这种模式既增强了教师的自主学习能力，也提升了教师培训的效果。

项目导向学习（PBL）是另一种创新的教师培训和发展策略。在PBL中，教师通过参与实际项目，学习和实践新的教学策略与技巧。教师可以根据自己所教授的学科或领域，设计并实施具有挑战性和实践性的教学项目。在项目中，教师需要引导学生进行探究、合作和解决问题，从而深化自己的教学理解和能力。通过这种实践性的教师培训方式，教师能够更好地理解学生的学习需求和挑战，提升自己的教学效果和教学创新能力。

教师学习社区（PLC）是一种专注于教师持续专业发展的策略。在PLC 中，教师定期聚在一起，共享教学经验，探讨教学问题，进行共同学习。教师学习社区可以通过不同形式的集体学习，如教研活动、教学观摩、专业研讨会等，促进教师之间的交流和互动。在这个过程中，教师可以分享成功经验、面对挑战的策略，共同寻求解决问题的方法。这种社区性的教师培训和发展模式不仅有助于提高教师的专业知识和能力，还能够建立起教师之间的共同理念和专业身份感。

然而，创新的教师培训和发展策略并不是一蹴而就的。要成功实施这些策略，需要一系列配套的条件和措施。首先，学校需要提供足够的时间和空间，让教师能够专心进行学习和交流。这意味着学校需要合理安排教师的工作时间，减少不必要的行政任务，为教师提供充足的专业发展时间。其次，学校还应提供必要的资源和支持，如高质量的学习材料、教师研修的机会提供教学改革的支持等。这些资源和支持包括专业发展经费、教师指导和辅导、专业学习社区的建设等。最后，学校和教育机构应该重视教师培训和发展的评估与反馈机制，以确保培训的质量和有效性，持续改进教师培训策略。

通过创新的教师培训和发展策略，学校能够激发教师的学习兴趣和动力，提升教师的专业能力和教学质量。这将促进学校的整体发展，提高学生的学习成果和综合素养。因此，学校和教育管理者应当积极探索和应用新的教师培训与发展策略，为教师提供持续的专业成长机会和支持。

三、创新的教师激励和保障机制

在教师管理中，教师激励和保障机制的作用不可忽视。教师的工作满意度、积极性，甚至留任率都与此息息相关。面对教育环境的变化和社会需求的挑战，教师激励和保障机制也需要进行创新，以激励教师的工作积极性和提升教师的工作效率。

一种常见的教师激励机制是绩效相关的薪酬。这种机制将教师的薪酬与其工作表现、教学质量、研究成果等进行关联，以激励教师提升教学和研究的水平。在这种机制中，教师的工作表现不仅能得到金钱上的回报，还能得到职业发展的机会，从而大大提高教师的工作动力。为了实施这一机制，学校需要建立公平、透明的绩效评估体系，确保教师的评估准确性和公正性。

除了薪酬激励，工作生活平衡也是教师保障机制的重要组成部分。教师的工作压力大、工作时间长，如何保证他们的工作、生活平衡成了一个重要的问题。为了解决这个问题，学校可以采取一系列措施，如提供更加灵活的工作时间安排，减轻教师的非教学工作负担，提供健康、宜人的工作环境等。此外，学校还可以鼓励教师参与休闲和文体活动，提供心理咨询和支持服务，帮助教师释放压力，提高工作满意度。

职业发展支持是教师保障机制的另一个重要方面。对于教师来说，有足够的发展空间和发展机会是非常重要的。学校可以提供各种职业发展的机会，如提供教育研修的机会、培训课程、专业学习社区等。这些机会不仅能够帮助教师提升专业水平，也能提供他们职业生涯的发展路径。此外，学校还可以设立专门的教师发展基金，资助教师参与学术研究、国内外学术交流等活动，促进教师的学术成长和专业发展。

然而，实施这些新的教师激励和保障机制也面临一些挑战。首先，如何公正、公平地评价教师的工作表现是一个重要问题。评价的主体、标准和方法需要明确，避免主观偏见和不公平现象的产生。其次，如何设计和实施有效的教师激励和保障机制也是一个挑战。机制需要具备灵活性和针对性，能够适应不同教师的需求和特点。最后，如何在保证教师工作、生活平衡的同时，保证教学和研究的质量也是一个挑战。学校需要在制定工作时间安排和负荷分配时，充分考虑教学和研究的要求，确保教师既能有足够的时间投入工作，又能保持充分的精力和动力。

面对这些挑战，学校需要进行深入的研究和探讨，找出最合适的解决方案。学校和教育管理者需要密切关注教师的需求和关切，积极地与教师进行沟通和合作，共同打造一个良好的教师激励和保障机制，为教师的专业成长和发展提供有力的支持。只有这样，才能有效地提升教师的工作动力和教学质量，促进整个教育体系的健康发展。

四、教师管理创新的影响

教师管理创新的影响是深远的，涉及教师的工作表现、工作满意度和职业发展等多个方面。

（一）教师工作表现

教师工作表现是衡量教师管理创新影响的重要指标之一。通过创新的教师招聘和选拔方式，学校可以吸引并挑选出优秀的教师，从而提升教师队伍整体素质。优秀的教师具有专业知识和教学技能，能够更好地应对教育改革的要求和学生的需求。他们在教学过程中能够有效地传授知识，激发学生的学习兴趣，并帮助学生取得良好的学习成果。

创新的教师培训和发展策略也对教师的工作表现产生积极影响。翻转课堂、项目导向学习和教师学习社区等培训方式能够促使教师主动学习，不断更新教育理念和教学方法。通过这些培训方式，教师能够增强教学技能，提高教学效能。他们能够更好地运用多种教学手段和资源，激发学生的创造力和批判思维，提高教学质量。

绩效相关的薪酬等激励机制也对教师的工作表现起到推动作用。合理的薪酬体系和绩效评估机制可以激励教师提高工作积极性，进而提高教学质量和工作效率。教师们会更加努力地投入到教学工作中，积极探索教学创新，提高自身的教育教学水平。这种激励机制有助于营造积极向上的氛围，提高整体教师队伍的工作表现。

（二）教师工作满意度

教师工作满意度是教师管理创新影响的重要维度之一。良好的工作满意度对于保持教师的工作热情和增强教师的工作积极性至关重要。

工作、生活平衡的保障策略对教师的工作满意度起着重要作用。学校可以通过合理的工作安排、假期政策和工作时间管理等措施帮助教师实现工作和生活的平衡。这可以减轻教师的工作压力，为其提供更好的工作环境和生活质量，从而增强他们的工作满意度。

职业发展支持是激励教师并提高其职业满意度的重要方式。学校可以提供专业培训机会、教师交流与合作平台及晋升机制等，让教师看到自己的职业前景和成长空间。这种支持可以激发教师的学习热情，促使他们不断提升自己的专业能力并增强其对工作的满意度。

另外，建立良好的沟通与反馈机制也对教师的工作满意度起到重要作用。学校应该建立开放、透明的沟通渠道，鼓励教师与管理层进行互动和交流。提供正面的反馈和指导，及时解决教师的问题和困扰，可以增强教师的归属感和满意度。教师们会感受到他们的意见和建议被重视，并得到支持和帮助，从而提高工作满意度。

（三）职业发展

职业发展是衡量教师管理创新影响的另一个重要方面。良好的职业发展机会不仅能吸引优秀的人才，也是保持教师长期工作动力的关键因素。创新的教师培训和发展策略可以为教师提供更多的职业发展机会，并推动其个人成长和职业晋升。

创新的教师培训和研修机制能够提供丰富多样的学习机会，帮助教师不断提升专业能力和教学水平。例如，学校可以组织教师参与专题研讨、学科交流和教学观摩等活动，让教师接触到前沿的教育理念和教学方法，拓宽教学视野。这种不断学习和更新的机会能够激发教师的学习兴趣，促进他们不断提升自己的教育教学能力。

创新的教师发展策略应与职业晋升机制相结合，为教师提供明确的晋升渠道和机会。学校可以建立科学的评估体系，根据教师的教学表现、专业能力和教育贡献等进行综合评估，为教师提供晋升的机会和空间。这种激励机制能够激发教师的职业发展动力，让他们有更多的动力和热情去追求卓越，提高教育教学水平。

绩效相关的薪酬和激励机制也可以通过提供更多的职业发展机会来推动教师的成长。学校可以设计激励措施，如绩效奖金、晋升加薪等，作为对教师工作表现的肯定和回报。这些激励措施可以与职业发展机会相结合，如晋升时获得更高的职位和更多的责任，从而激励教师不断进取，实现个人的职业发展目标。

五、创新实践的挑战和对策

（一）新的教师招聘和选拔方式的挑战及对策

在引入新的教师招聘和选拔方式时，可能会面临以下挑战，并可以采取相应对策来应对这些挑战。

1.数据处理和分析系统的完善

使用数据驱动的招聘方法需要建立一套完善的数据处理和分析系统，确保数据的准确性、完整性和保密性。

对策：

（1）审查和优化系统：定期审查数据处理和分析系统，确保其运作正常、稳定，并进行必要的优化和升级。确保系统的安全性和数据的可靠性，采取措施防止数据泄露和滥用。

（2）数据质量管理：建立严格的数据质量管理机制，包括数据采集、存储与清洗的规范和流程，确保数据的准确性和完整性。同时，建立数据监控和纠错机制，及时发现和修复数据错误或异常。

2.合理利用数据

数据的收集和分析是招聘过程中的关键环节，但如何正确、合理地利用这些数据也是一个挑战。

对策：

（1）设计有效的评估指标：确保评估指标的科学性和有效性，根据教育的发展需求和教师的核心能力，制定能够全面衡量教师素质和能力的评估指标。

（2）综合多维度评估：不能依靠单一指标评估教师，而是综合考虑多个指标，如教育背景、教学经验、专业知识、教学能力等，综合评估教师的综合素质和潜力。

（3）人工审核和面试环节：数据驱动的招聘方法可以提供数据支持，但在最终决策前应结合人工审核和面试环节，以获得更全面的评估结果。这可以帮助评估教师的沟通能力、教学风格和个人特质等。

3.评价标准和指标的更新与优化

用于评价教师的标准和指标需要不断更新和优化，以适应教育的发展和变化。

对策：

（1）建立专门机构或委员会：由教育专家、学校领导和教师代表组成，负责评估标准和指标的更新与优化工作。定期召开会议，研究和讨论最新的教育趋势和需求，更新评价标准。

（2）教师参与和反馈：充分征求教师的意见和建议，通过问卷调查、座谈会等形式收集教师的反馈，了解他们对评价标准的看法和建议，将教师参与评价标准的制定过程中。

（3）国际经验借鉴：积极借鉴国际上的最佳实践和经验，了解其他国家或地区对教师评价的标准和指标，与国际接轨并进行适当的本土化调整。

通过定期审查和优化数据处理和分析系统、合理利用数据、更新和优化评价标准与指标，可以更好地应对新的教师招聘和选拔方式所面临的挑战，并确保招聘和选拔过程的公正性、准确性和有效性。

（二）创新的教师培训和发展策略的挑战及对策

在实施创新的教师培训和发展策略时，可能会面临以下挑战并采取相应的对策来应对这些挑战。

1.设计有效的培训课程

如何设计有效的培训课程，确保培训内容与教师的需求和实际情况相匹配是一个重要的挑战。

对策：

（1）调研和需求分析：在设计培训课程前，进行教师需求的调研和分析，了解他们的培训需求和感兴趣的领域。可以通过问卷调查、座谈会等方式收集教师的意见和建议，以此为基础进行培训课程的设计。

（2）多元化的培训形式：结合不同的培训形式，如研讨会、工作坊、教学观摩等，以满足教师的不同学习需求和学习风格。灵活运用多种教学方法和教学资源，增加培训的趣味性和互动性。

2.保证培训质量

如何保证培训质量，确保培训的内容和方式能够有效地提升教师的专业能力和教学水平？

对策：

（1）邀请外部专家：引入教育专家、行业领先者或优秀教师作为培训师资，能够提供专业的指导和分享最佳实践。他们能够帮助教师掌握先进的教学理念、教学策略和教育技术应用。

（2）设立培训团队：组建专门的团队或委员会，负责培训的策划、组织和管理。他们可以确保培训的质量和连续性，定期评估和调整培训内容，跟踪培训效果并提供及时反馈。

3.提升教师的自我学习能力

新型培训方式需要教师具备一定的自我学习能力，这对于一些教师来说可能是一个挑战。

对策：

（1）培养学习氛围：营造学习型组织的氛围，鼓励教师互相学习和分享。建立教师学习社区、专业交流平台等，让教师之间相互启发和支持，共同成长。

（2）提供学习资源：为教师提供多样化的学习资源，如教学案例、教育研究报告、在线学习课程等。通过提供易于获取的学习资源，鼓励教师主动学习和自我提升。

通过引入外部专家进行培训和指导、设立专门的团队进行培训效果的跟踪和评估及提升教师的自我学习能力，可以更好地应对创新的教师培训和发展策略所面临的挑战。这将有助于提升教师的专业能力和教学水平，为教师的个人成长和学生的学习成果提供更好的支持。

（三）创新的教师激励和保障机制的挑战及对策

在实施创新的教师激励和保障机制时，可能会面临以下挑战并可以采取相应的对策来应对这些挑战。

1. 设计和实施合理的绩效评价机制

如何设计和实施合理的绩效评价机制，以客观、公正、科学的方式评价教师的工作表现和贡献，是一个重要的挑战。

对策：

（1）全面的讨论和评估：在设计和实施绩效评价机制之前，进行广泛的讨论和评估。包括教师、学校管理层、教育专家和相关利益相关者等的参与，确保评价标准的合理性和公正性。同时，关注教师的实际工作情况和教育需求，将评价指标与学校的教育目标相匹配。

（2）独立机构的监督和评价：设立独立的机构或委员会，负责监督和评价绩效评价机制的实施情况。这些机构可以对评价过程进行监督，确保评价的公正性和准确性，并及时进行纠正和调整。通过独立机构的参与，可以增加评价机制的透明度和可信度。

2. 维护教师的权益

在设计激励机制时，需要充分考虑并维护教师的权益，确保公平、合理的激励措施，并避免对教师造成不良的影响。

对策：

（1）公平、公正的激励措施：设计激励措施时，确保其公平、公正，避免偏袒或歧视任何教师。激励措施应基于教师的工作表现和贡献，并建立透明的评估标准和程序。教师应有机会参与激励方案的制定过程，提出意见和建议，确保激励措施的公正性。

（2）关注教师的整体福祉：除了物质激励，还要关注教师的整体福祉，如提供良好的工作环境、支持健康的工作生活平衡、关注教师职业发展等。这些措施能够提升教师的工作满意度和工作积极性。

3. 避免过度竞争

在提供足够的激励的同时要避免引发过度竞争，确保教师之间的合作与共享。

对策：

（1）强调合作与共享：鼓励教师之间的合作和共享，营造协作的文化氛围。通过教师学习社区、合作研究项目等方式，促进教师之间的合作和互助，共同提升教学水平。

（2）综合评价标准：在绩效评价中，不仅考核个体教师的成绩和表现，还要综合考虑团队合作、学科交流、教育研究等方面的贡献。这样能够鼓励教师之间的合作和协作，避免过度竞争的情况发生。

通过全面的讨论和评估、设立独立的机构进行监督和评价及维护教师的权益和避免过度竞争，可以应对创新的教师激励和保障机制所面临的挑战。这将有助于建立公正、有效的激励机制，提高教师的工作积极性和工作满意度，从而提升教师的教学质量和工作效率。

第二节　创新的教学绩效考核实践

一、新颖的教学绩效考核标准

在当下教学的发展中，教学绩效考核标准需要与时俱进，更加关注学生能力的培养和全面发展。传统的教学绩效考核主要侧重于学生的知识获取和成绩表现，但随着教育的变革和社会需求的改变，新颖的教学绩效考核标准应该更加注重以下方面，如图6—2所示。

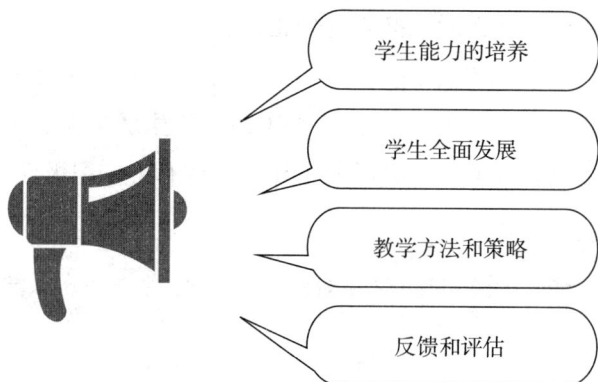

学生能力的培养

学生全面发展

教学方法和策略

反馈和评估

图6—2　新颖的教学绩效考核标准

（一）学生能力的培养

学生能力的培养是新颖的教学绩效考核标准中的重要方面。传统的教学绩效考核主要以学生的知识掌握和成绩为评价依据，而新颖的教学绩效考核标准则更加注重学生的能力培养，旨在帮助学生发展综合素养和应对未来的挑战。

创新的教学绩效考核标准应关注学生的创新能力。创新能力是指学生能够独立思考、发现问题、提出创造性解决方案的能力。教师在教学过程中应注重培养学生的创新思维和创造性表达能力，鼓励他们从不同的角度思考问题，培养他们的想象力和创造力。

批判性思维是新颖教学绩效考核标准中的另一个关键要素。批判性思维是指学生能够进行深入思考、分析问题、评估信息和提出合理论证的能力。教师应引导学生发展批判性思维，培养他们的分析和判断能力，提高其对信息的理解和评估能力，以便他们能够做出明智的决策和解决问题。

此外，团队协作能力也是新颖教学绩效考核标准中的重要方面。在现实生活和职业环境中，团队合作能力越来越被受到重视。教师应通过合作学习、小组项目等教学活动，培养学生的团队协作能力、沟通和合作技能，让他们能够有效地与他人合作，共同解决问题和实现共同目标。

为了评估学生能力的培养，新颖的教学绩效考核标准可以采用多种评估方法。除了传统的考试和作业评分外，教师可以结合学生的项目作品、口头演示、团队合作评价等方式来综合评估学生的能力发展情况。这些评估方法能够全面地了解学生的实际能力水平，鼓励学生在各个能力方面的发展，并为教师提供改进教学策略的依据。

通过关注学生能力的培养，新颖的教学绩效考核标准不仅能准确地评估教师的教学效果，也能激发教师对学生全面发展的关注。同时，这也促使教师更加灵活地运用不同的教学方法和策略，创造积极的学习环境，培养学生的能力，以适应社会的变化和未来的挑战。

（二）学生全面发展

学生全面发展是新颖教学绩效考核标准中的另一个重要方面。传统的教学绩效考核往往将重点放在学生的学业表现上，而新颖的教学绩效考核标准则更加注重学生的身心健康、品德素养和社交能力的培养，旨在帮助学生实现全面的发展。

教学绩效考核标准应关注学生的身心健康。学生的身心健康是其全面发展的基础，对于学习和成长都至关重要。教师可以通过关注学生的心理健康、体育锻炼和生活习惯等，促进学生的身心健康发展。同时，教师还可以为学生提供心理辅导和健康教育，帮助他们建立积极的心态和健康的生活方式。

教学绩效考核标准应关注学生的品德素养。品德素养是学生品格和道德修养的体现，对于学生成为有担当、有道德价值观的公民至关重要。教师应注重培养学生的品德品质，如诚信、责任感、尊重他人等，通过教育活动和道德教育课程，引导学生形成正确的价值观和行为准则。

教学绩效考核标准应关注学生的社交能力。学生在社会中的成功不仅依赖于他们的学业成绩，还取决于他们的人际关系和社交技巧。教师应帮助学生培养良好的沟通能力、合作能力和领导能力，通过团队项目、小组合作等教学活动，培养学生在不同场合下与他人交往和合作的能力。

为了评估学生全面发展的情况，新颖的教学绩效考核标准可以采用多种评估方法。除了考查学生的学业成绩外，教师可以通过观察学生的参与度、课堂表现、社交技巧及借助同学和家长的反馈等，综合评估学生的全面发展情况。

（三）教学方法和策略

在新颖的教学绩效考核标准中，教师的教学方法和策略至关重要。

教师应当积极探索和运用多样化的教学方法和策略，以适应不同学生的学习需求和提高教学效果。例如，翻转课堂是一种新颖的教学方法，它通过让学生在课堂之前预习相关内容，然后在课堂上进行讨论和实践，促进学生的主动学习和深入理解。教师可以设计丰富的学习资源，如预习视频、在线学习材料等，以引导学生进行自主学习和思考。

项目导向学习也是一种有效的教学方法，通过让学生参与真实的项目或任务，培养他们的问题解决能力、团队合作能力和创新思维。教师可以组织学生分组进行项目研究和实践，提供必要的指导和支持，让学生在实际问题中应用所学知识，提高学习的深度和实用性。

此外，合作学习也是一种重要的教学策略。通过小组合作和合作性任务，培养学生的合作能力、沟通能力和解决问题的能力。教师可以设计具有挑战性的合作项目，让学生共同制定解决方案、协调分工、互相支持和评估。这样的教学策略能够激发学生的团队精神和创造力，促进他们的综合能力发展。

在教学过程中，教师还应注重课堂氛围的营造，创造积极、包容和鼓励学生参与的学习环境。教师可以采用互动式教学、游戏化教学等方法，增加学生的参与度和学习趣味性，激发他们的学习动力。

教师还应充分利用各种学习资源和技术工具，如在线教学平台、多媒体教具、虚拟实验室等，为学生提供多样化的学习体验和资源，丰富教学内容。

（四）反馈和评估

反馈和评估是新颖的教学绩效考核标准中至关重要的一环。它涉及教师对学生学习情况的了解和对教学效果的评估，从而为教师提供改进教学策略和提升教学质量的依据。

教师应具备个别化指导的能力。每个学生都具有不同的学习特点和需求，因此，教师应通过不同的方式和方法对学生进行个别化的指导和关注。教师可以通过定期的"一对一"交流、小组讨论、作业批改等方式与学生进行互动，了解他们的学习情况和困难，并提供相应的帮助和支持。

教师需要反思和调整教学策略与教学内容。通过定期的教学反思和自我评估，教师可以深入思考自己的教学效果，发现问题和不足，并及时调整教学策略和教学内容。教师可以借助同行评议、教学观摩和交流等方式，与其他教师分享教学经验和心得，共同提高教学水平。

为了实现新颖的教学绩效考核标准，建立综合的评价体系和评估工具是必要的。评价体系应该结合定量和定性的评估方法，多角度、全方位地了解教师的教学效果和学生的学习情况。这些评估工具包括学生表现的评价，通过作业、考试、课堂参与等评估学生的学习情况；项目作品的评估，通过学生的项目成果和表现评估其综合能力的发展；教学观摩和同行评议，通过教师之间的互动和反馈来评估教学的有效性。

此外，学生的反馈意见也是评估教学效果的重要参考。教师应积极收集学生的反馈意见，通过问卷调查、讨论或"一对一"交流等方式了解学生对教学的评价和建议。教师可以根据学生的反馈进行自我反思和改进，以提供更好的教学体验和学习效果。

二、创新的教学绩效考核方法

传统的教学绩效考核主要依赖于课程考试成绩，其无法全面地反映学生的学习进步，也无法充分评估教师的教学能力。因此，现代的教育环境对教学绩效考核的方式提出了新的要求，强调综合评价，多角度考察。

（一）学生的360°评价

此评价方法涵盖了来自同学、教师、家长等多方面的反馈和评价，以全面了解教师的教学表现。

学生的360°评价通过收集多方面的反馈意见，能够提供丰富的信息来评估教师的教学绩效。同学的评价可以反映教师在课堂管理、教学方法和互动方式等方面的表现。同学可以就教师的教学风格、教学内容的难易度、互动交流的频率和质量等方面提供反馈。例如，同学们可以评价教师是否能够激发学生的兴趣、鼓励他们参与课堂讨论、给予个别帮助等。

教师的360°评价可以提供专业性和教学方法的反馈。教师们可以针对教学设计、教材选择、课堂管理等方面进行评价，提供对教师教学能力和教学效果的专业意见。例如，教师们可以评价教师是否能够根据学生的需求和兴趣设计富有创意的教学活动，是否能够合理运用多样化的教学方法和资源，是否能够适应不同学生的学习差异等。

家长的评价也是学生 360° 评价的重要组成部分。家长可以从家庭教育的角度评价教师的教学效果。他们可以提供关于教师与家长的沟通、对学生学习动态的了解、家庭作业的指导和反馈。例如，家长们可以评价教师是否能够及时与家长沟通学生的学习情况、是否能够给予家庭作业指导和建议等。

通过学生的 360° 评价，可以综合收集到来自不同角色的反馈和评价，从而全面了解教师的教学绩效。这种评价方法不仅能够提供教学效果的多角度反馈，还可以促进学生、教师和家长之间的良好互动和合作。同时，学生的参与也能增强他们的责任感和参与感，培养他们对自己学习的自我评价能力。

需要注意的是，在进行学生的 360° 评价时应确保评价的匿名性和保密性，以鼓励学生、教师和家长真实表达自己的意见和建议。此外，评价结果应用于教师的专业发展和改进教学的目的，而不是作为惩罚或奖励的手段。

（二）教师自我评价

教师自我评价是一种重要的教学绩效考核方式，它能够促使教师对自己的教学实践进行深入反思和评估。通过自我评价，教师可以识别自己在教学过程中的优点和不足，并提出相应的自我改进方案。

教师可以自我评价自己在教学设计方面的能力。教师可以审视自己的教学目标是否明确、课程内容是否有足够的深度和广度、教学活动是否富有创意和互动性等。通过评价自己的教学设计，教师可以发现潜在的改进点，并根据学生的需求和反馈进行调整，以提高教学质量。

教师可以自我评价自己在教学方法和策略的运用上方面的能力。教师可以思考自己是否能够合理运用多样化的教学方法和资源，如讲解、讨论、实践、案例分析等，以激发学生的学习兴趣和主动性。教师还可以评估自己在课堂管理、时间管理、教学反馈等方面的表现。通过自我评价，教师可以寻找到教学方法上的不足，并尝试新的教学策略和方法，以提升学生的学习效果。

此外，教师还可以自我评价自己在学生关怀和个别化指导方面的能力。教师可以反思自己与学生的互动和沟通是否充分，是否能够及时关注学生的学习进展和需求，并给予适当的支持和指导。通过自我评价，教师可以意识到自己在个别化教学上的优点和不足，并寻求提高的方法，更好地满足学生的学习需求。

如一位教师在自我评价中发现自己在课堂互动方面存在不足。她意识到自己通常是通过提问学生来激发讨论，但有时只有少数几个学生积极参与，其他学生参与度较低。于是，她决定尝试新的教学策略，如小组讨论、角色扮演等，以鼓励更多学生积极参与。在下一节堂课中，她通过小组合作活动和角色扮演，让每个学生都有机会发言和表达自己的观点。通过自我评价和改进，她发现学生的参与度和学习效果得到了显著提升。

（三）学生学习成果的长期追踪

学生学习成果的长期追踪是一种创新的教学绩效考核方式，它能够更全面地评估教师的教学效果，并了解教师的教学对学生的知识、技能和态度的长期影响。

学生学习成果的长期追踪可以通过多种方式实施。一种常见的方式是跟踪学生在课程结束后的职业发展情况。教师可以与校友关系部门或学生服务部门合作，获取学生毕业后的就业情况、职业发展轨迹等信息。这些数据可以帮助教师了解自己的教学是否为学生的职业发展奠定了良好的基础，是否提供了相关的知识和技能等。例如，教师可以通过了解毕业生在行业中的职位和成就，评估自己对学生职业发展的指导和培养能力。

另一种方式是追踪学生的学术成就和终身学习。教师可以通过学生的学术成绩、研究成果、学术竞赛获奖等来评估自己的教学效果。例如，教师可以追踪学生在进一步学习过程中的表现，如是否选择相关专业的深造、是否获得进一步的学术荣誉等。这些数据可以提供教师对自己教学的长期影响的反馈，同时也能为教师改进教学提供有益的参考。

除了学术方面，教师还可以关注学生的综合发展和社会参与。教师可以追踪学生在课外活动、社区服务、领导才能等方面的表现。通过了解学生在综合素养、社会责任感和领导能力等方面的发展情况，教师可以评估自己对学生全面发展的贡献。例如，教师可以了解学生在学生组织中的角色、社会服务项目中的参与程度及领导职位的担任情况等。

学生学习成果的长期追踪需要建立健全的数据收集和管理系统。教师可以与校内相关部门合作，建立学生档案系统，确保学生的学习和发展情况能够得到持续的记录和追踪。同时，教师还可以与学校的校友关系部门、就业服务部门等进行合作，获取相关数据，并进行分析和评估。

通过学生学习成果的长期追踪，教师可以更全面地了解自己的教学效果，并对教学进行持续改进。这种追踪不仅能够提供对教师教学绩效的长期评估，也能为学生提供更好的教育服务，促进他们的学术和职业发展。

三、教学绩效考核反馈的创新处理

处理教学绩效考核的反馈是教师提升教学质量、促进职业发展的重要步骤。传统的反馈方式多为单向传递，容易造成信息的失真或遗漏，无法达到应有的反馈效果。因此，如何创新地处理教学绩效考核的反馈以充分发挥其作用是教学管理者和教师必须思考的问题。

（一）建立开放、透明的反馈机制

开放的反馈机制鼓励各方参与到反馈过程中来。教师、学生、家长、教学管理者等都应被鼓励和邀请提供反馈意见。教师可以邀请学生和家长参与教学评价，了解他们对教学的看法和建议。同时，学生和家长也应被鼓励主动提供反馈，以分享他们的学习体验和意见。教学管理者可以组织定期的反馈会议或座谈会，与教师和学生进行面对面的交流，了解他们的需求和关注点。通过多方参与的开放机制，可以获取各种不同的观点和反馈，促进全面、多维度的评价。

透明的反馈机制要求反馈的收集、处理和使用过程公开、透明。这意味着反馈数据和结果应对所有参与者开放，并确保公正、公平的处理和使用。教师可以向学生和家长展示他们的评价结果，并解释如何使用这些反馈来改进教学。学校可以建立在线平台或反馈系统，让教师、学生和家长能够查看和了解反馈数据的收集和分析过程。透明的反馈机制可以增加参与者的信任和满意度，并加强教师对反馈的接受度和改进意愿。

这种开放、透明的反馈机制具有多个优点。如它能够提高反馈的多样性；不同参与者的观点和经验会带来不同的反馈，从而提供更全面的评价；学生和家长可以分享他们对教学效果和教师行为的观察与体验，教师和教学管理者可以提供专业的教学评价。这种多样性的反馈能够帮助教师更全面地了解自己的教学效果和影响。开放、透明的反馈机制可以增强反馈的公信力。公开、透明的处理和使用反馈过程可以消除不公正和偏见的可能，提高反馈的可信度和可靠性。参与者会更有信心和意愿提供真实和有价值的反馈意见，从而为教师提供准确的评估和改进方向。

（二）构建结构化的反馈内容

构建结构化的反馈内容是确保反馈具有具体性、明确性和建设性的关键，简单地告知教师"你做得好"或"你做得不好"并无多大帮助。相反，反馈应该具体指出教师在哪些方面做得好或需要改进，并明确说明为什么某个方面是好的或需要改进的。此外，反馈还应该提供具体的建议和指导，帮助教师改进教学。这样的反馈才能真正推动教师的教学改进和职业发展。

具体性的反馈可以指出教师在课堂组织、学生指导、课程设计等方面的表现。例如，可以指出教师在课堂组织方面做得好，因为他们能够清晰地提出问题并引导学生展开讨论。明确性的反馈要给出明确的原因和理由，解释为什么教师在某个方面是好的或需要改进的。例如，可以解释为什么教师在课堂组织方面做得好，因为他们能够合理安排学习活动的顺序和时间，以促进学生的参与和理解。

建设性的反馈是关键，它不仅指出需要改进的方面，还提供具体的建议和指导，包括教学策略、教学资源或培训建议等。通过提供建设性的反馈，教师可以得到实质性的支持和指导，以帮助他们解决特定问题或提升教学效果。

通过构建结构化的反馈内容，教师可以获得更具体、明确和建设性的评价，从而真正推动其教学改进和职业发展。这样的反馈能够帮助教师了解自己的优点和不足，并提供实质性的指导和支持，以促进其教学能力的提升和教学质量的改善。建立这样的反馈机制可以促进教师的专业发展，提高教学质量，最终实现学生的学习成果和全面发展。

（三）通过数字化平台来创新地处理教学绩效考核的反馈

一种创新方式是利用学习管理系统（LMS）或人工智能（AI）工具来收集、分析和处理反馈。通过 LMS，教师可以创建在线调查问卷或反馈表，邀请学生、家长和同事提供反馈意见。这种方式可以节省时间和资源，使得反馈的收集更加便捷和高效。同时，AI 工具可以自动化处理和分析反馈数据，提供实时的评估结果。教师可以通过这些工具快速获得关键信息，帮助他们了解自己的教学效果，并做出相应的调整和改进。

另一种创新方式是利用数据可视化技术来呈现反馈结果。通过将反馈数据可视化为图表、图形或仪表盘，教师可以更直观、更深入地理解反馈内容。数据可视化可以帮助教师快速捕捉关键信息，识别教学中的强项和待改进之处。例如，通过可视化图表，教师可以看到学生对不同教学内容的反应，进一步分析和评估教学效果。这种方式不仅提供了直观的反馈，还能够激发教师对数据的探索和深入分析，促进其教学改进和职业发展。

数字化平台在处理教学绩效考核反馈方面的优势不仅在于高效性和便捷性，还在于数据的准确性和可靠性。通过数字化平台收集的数据可以更全面、更准确地反映学生和其他利益相关者的意见和观察。同时，数字化平台也可以确保反馈的隐私和安全性，保护教师和学生的权益。

第三节　创新实践的效果评估

评估是每一项实践活动的重要组成部分。通过评估，进一步了解实践活动是否达到预期目标，哪些部分效果好，哪些部分需要改进，以便对活动进行调整优化，提高实践效果。对于创新实践，通常涉及新的思想、方法、工具，创新实践的效果评估，如图 6—3 所示。

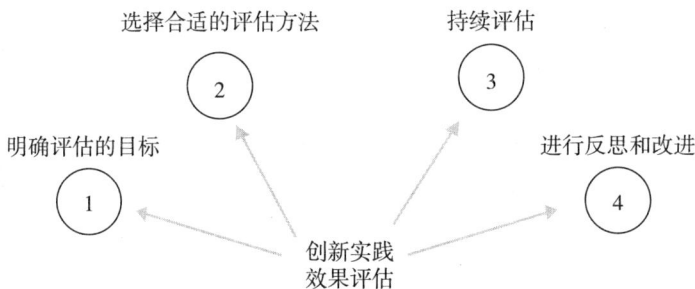

图6—3 创新实践的效果评估

一、明确评估的目标

高校教师管理与教学绩效考核的创新实践首先需要明确评估的目标。不同的实践活动可能有不同目标，但从大的方向来看，对于教师管理的创新实践，评估的目标包括提升教师的工作满意度、激发教师的工作积极性、提高教师的教学质量和教师的职业发展等；对于教学绩效考核的创新实践，评估的目标可能包括提高评价的公正性、准确性、全面性，促进教师的教学改进和个人发展等。

明确的目标能够为评估提供明确的方向和依据。通过明确评估的目标，评估者可以确定评估的重点和关注的方面，从而提高评估的针对性和有效性。例如，如果评估的目标是提高教师的工作满意度，那么评估的重点可能放在了解教师对工作环境、职业发展和激励机制的满意度上，以便针对性地改进相应的管理措施。

明确的目标有助于评估活动的计划和组织。根据不同的目标，评估者可以制订相应的评估计划和方法，选择适合的数据收集工具和分析方法，确保评估活动的科学性和有效性。例如，如果评估的目标是提高评价的公正性和准确性，评估者可以设计多元化的评价指标和方法，充分考虑不同教师的特点和教学环境的差异。

此外，明确的目标还能够为评估结果的应用提供指导。评估结果应该与评估目标相一致，并且能够为决策和改进提供有用的信息和建议。通过明确的目标，评估者可以将评估结果与目标进行比较和分析，进一步确定改进的方向和措施。例如，如果评估的目标是提高教师的教学质量，评估结果可以帮助确定哪些方面需要改进，例如教学方法、教学资源的使用等，并提供相应的建议和支持。

二、选择合适的评估方法

明确评估目标后，需要选择合适的评估方法。评估方法的选择应考虑实践活动的特点和评估目标，以确保评估的科学性和有效性。一般而言，评估方法可以分为定量方法和定性方法。

定量方法主要使用数据和统计分析来衡量效果。这种方法适用于能够量化和测量的指标，可以通过问卷调查、量表评估等方式收集教师、学生的反馈。例如，可以设计问卷调查来评估教师对于新的教学管理实践的接受程度、满意度和对教学质量的影响。通过数据分析和统计处理，可以了解创新实践对教师工作满意度、学生学习成绩等方面的影响。此外，还可以利用学生的学习数据和成绩等信息，对教学绩效进行量化评估。定量方法的优势在于能够提供具体的数字和数据支持，便于比较和分析。

定性方法则关注对实践过程和结果的深入理解与解释。这种方法适用于需要探索和理解背后机制的评估目标，可以通过访谈、焦点小组讨论、观察等方式收集数据。例如，可以进行教师访谈，了解他们对于新实践的认识、体验和改变，进一步深入探讨教师管理和教学绩效的影响因素。通过定性方法，可以获取丰富的描述性数据和背景信息，帮助理解实践活动的实施过程、影响因素和改进方向。

在选择评估方法时，需要综合考虑实践活动的特点和评估目标，有时也可以采用混合方法，将定量和定性方法相结合，以获取更全面、深入的评估结果。同时，评估方法的选择还应考虑资源的可行性和可用性，确保评估过程的顺利进行。

三、持续评估

高校教师管理与教学绩效考核的创新实践效果并非一蹴而就，而是在实践过程中逐渐显现出来，因此需要进行持续的评估。持续的评估不仅能随时关注实践的过程和效果，还可以及时发现问题，进行问题的解决和实践的调整，从而提高实践的效果。

持续评估的核心是建立有效的反馈机制。通过定期的反馈会议、评估报告等，教师和评估者可以共同讨论实践活动的进展情况，分享经验和发现，识别问题和挑战，并提出改进建议。这种反馈机制能够促进教师和评估者之间的合作与沟通，共同推动实践活动的持续改进和提升。

在持续评估过程中，需要根据实践的特点和目标制定合适的评估指标和标准。这些指标和标准应能够全面反映实践活动的效果和影响，包括教师的教学能力提升、学生的学习成果、教学环境的改善等方面。评估指标和标准的制定应具有可衡量性、可操作性和可追踪性，以确保评估结果的客观性和可靠性。

此外，持续评估还需要建立跨部门的合作机制。教师管理和教学绩效考核涉及多个部门和利益相关者的参与，如教师、学生、教务部门、教学评估中心等。跨部门的合作可以促进信息的共享和交流，提高评估的全面性和准确性。同时，各个部门和利益相关者之间的合作还可以促进共同的目标达成，提高实践活动的效果和影响力。

持续评估是一个动态的过程，需要不断收集、分析和利用数据与信息。通过定期的数据收集和分析，评估者可以了解实践活动的进展情况，发现问题和挑战，并及时进行调整和改进。同时，持续评估还可以为决策和政策制定提供有力的依据，帮助制定更合理、更有效的教师管理和教学绩效考核政策与措施。

四、进行反思和改进

评估不仅是了解创新实践效果的过程，也是反思和改进的过程。通过评估，了解哪些实践活动是有效的、需要改进的，然后根据评估结果进行反思，找出成功的原因和存在的问题，然后进行改进，以提高创新实践的效果。

反思是评估的重要环节，其要求参与者对实践活动进行深入思考和分析。教师、学生、管理者等各个参与者应积极参与反思过程，通过讨论和交流，分享彼此的观点和经验。在反思的过程中，可以探讨实践活动的目标是否达到、教学方法和策略的有效性及遇到的问题和挑战等。通过反思，可以找出成功的因素和改进的方向，为进一步的改进和创新提供指导。

改进是反思的结果，它是为了解决问题和提高实践活动的效果而采取的行动。改进包括调整教学方法和策略、优化资源配置、改进管理措施等。改进是一个持续性的过程，需要持续地收集反馈和数据，并进行及时的调整和优化。在改进过程中，需要建立相应的机制和流程，确保改进措施的有效实施和监督。

反思和改进是一个相互促进的过程。通过反思，能够识别出需要改进的方面，并找到解决问题的办法；而通过改进，能够验证和实施这些解决方案，并进行新一轮的评估和反思。这种反思和改进的循环可以不断推动创新实践的发展和提升。

为了实现有效的反思和改进，需要营造一个支持和鼓励反思的环境。学校和教育管理部门可以组织教师培训和专业发展活动，以提高教师的反思和改进能力。同时，建立交流合作平台和分享机制，鼓励教师和管理者之间的合作与交流，共同分享经验和学习。

第七章　高校教师管理与教学绩效考核的未来发展趋势和挑战

第一节　技术应用在教师管理与教学绩效考核中的角色

一、数字化工具在教师管理中的应用

随着科技的日益发展，数字化工具已经深入到了教育的各个领域。在教师管理环节，这些工具更是提供了前所未有的便捷性和有效性，深刻地改变了教师管理的模式，也影响着教学的方式和质量。

教务管理系统的运用使得教师的工作进度和情况能够被实时监控。在这样的系统中，课堂的进度、教师的授课内容，甚至是每一次课堂活动都可以被精确记录。教师的工作状态、课程的完成情况及各项教学活动的进度等，都被管理员清晰地了解。这种透明度不仅提高了管理的效率，也使对教师的管理更为精确和科学。

数字化工具的应用还可以使教师的工作负担得到减轻。例如，在线批改作业系统可以使教师不再需要逐份检查学生的纸质作业，大大减轻了教师的工作压力。同时，系统还能够自动统计学生的成绩和进步情况，使教师可以更有针对性地进行教学。

数字化工具也可以使教师的工作更具创新性。例如，互动课堂工具可以使课堂变得更加生动和互动，提升学生的学习兴趣。同时，教师也

可以根据系统反馈的数据，了解学生的学习状况，进行个性化教学。

数字化工具对学生评价的科学化也提供了可能。传统的学生评价方式往往偏重于对知识的掌握程度，而忽视了其他如团队合作能力、创新能力等重要能力的培养。而数字化工具则可以通过全面收集学生在课堂活动、团队合作、项目完成等各个方面的表现，进行全面且科学的评价。

二、人工智能（AI）技术在教学绩效考核中的运用

人工智能技术在教学绩效考核中的应用具有重要意义。其利用大数据分析的方法，为教学评估提供客观且量化的标准。AI 技术可以处理庞大的数据集，从中提取关键信息和模式，帮助评估教师的教学效果。

一种常见的应用是通过学生数据的分析来评估教师的教学成果。AI 可以收集和分析学生的学习成绩、作业完成情况、考试表现等数据，以了解教师在知识传授和学习成果方面的质量。通过对大量数据的分析，AI 可以发现学生的学习差距、学习模式及教学方法的有效性等关键信息，为教师提供有针对性的改进建议。

此外，AI 还可以通过自然语言处理技术（NLP）来理解学生对教师的反馈和评价。它能够自动分析学生的书面作业、问卷调查等文本数据，了解学生对教师的态度、反馈和评价。AI 可以识别出学生的情感倾向、关键词和语义信息，从而为教师提供更全面和客观的绩效评估。

通过引入人工智能技术，教学绩效考核可以更加客观、全面和公正。传统的考核方法往往依赖于主观评价和个人观察，容易受到主观因素和偏见的影响。而 AI 技术可以基于客观的数据和智能的分析，提供更准确和可靠的评估结果。

需要明确的是，人工智能技术在教学绩效考核中的应用仍需要教师的专业判断和监督。AI 只是提供辅助性的工具和分析手段，最终的评估和决策仍须由教师和教育机构来做出。此外，应该确保 AI 技术的使用符合道德和隐私标准，保护学生的个人信息安全和隐私权。

总而言之，人工智能技术在教学绩效考核中的运用可以提供更客观、全面和准确的评估手段。通过分析学生数据和理解学生反馈，AI 可为教

师提供有针对性的改进建议，提高教学质量和效果。然而，教师的专业判断和监督仍然至关重要，确保人工智能技术的合理应用和有效发挥。

三、大数据分析在教学效果评估中的作用

大数据分析在教学效果评估中扮演着重要角色，为教师提供了深入了解和改进教学的机会。

（一）提供客观的数据依据

大数据分析可以收集大量的学生学习数据，包括参与度、作业完成情况、考试成绩等。这些数据提供了客观的依据，可以用来评估教学的有效性和学生的学习成果。相较于传统的主观评估方法，大数据分析能够提供更加客观、全面的教学评估结果。

（二）发现学生的学习模式和困难点

通过大数据分析，教师可以深入了解学生的学习模式和困难点。通过分析学生的学习行为和学习成绩，教师可以发现学生的学习习惯、偏好和困难等。这有助于教师针对性地调整教学策略，提供更有效的教学内容和支持，帮助学生克服困难，提升学习效果。

（三）辅助个性化教学

大数据分析可以帮助教师实施个性化教学。通过分析学生的学习数据，教师可以了解每个学生的学习特点、学习进度和学习需求。这使得教师能够为每个学生提供个性化的学习计划和指导，满足不同学生的学习需求，提高学习效果。

（四）提供及时的反馈和改进机会

大数据分析可以实时监测学生的学习进展，并提供及时的反馈和改进机会。教师可以根据学生的学习数据进行调整和改进教学方法与教学内容，以更好地满足学生的需求和提高学习效果。及时的反馈和改进有助于教师在教学过程中不断优化自己的教学方法，提升教学质量。

需要注意，在使用大数据分析进行教学效果评估时，应注重保护学

生的隐私权和数据安全。教育机构和教师应遵循相关法规和政策，确保学生的个人信息得到妥善处理和保护。

大数据分析在教学效果评估中具有重要作用，可为教师提供客观的数据依据、发现学生的学习模式和困难点、支持个性化教学等，并提供及时的反馈和改进机会。通过合理利用大数据分析，教师可以不断改进教学方法，提高教学质量，促进学生的学习效果和成长。

四、在线教学平台在教师管理中的角色

在线教学平台在教师管理中发挥着重要的角色，为教育机构和管理员提供了丰富的功能与工具，使教师管理更加高效和便捷。

（一）教师招聘和管理

在线教学平台为教育机构提供了教师招聘和管理的便利。教育机构可以通过平台发布招聘信息，吸引合适的教师加入。同时，教学平台也提供了教师档案管理功能，包括个人信息、教育背景、工作经历等，方便管理员进行教师信息的管理和查询。

（二）课程安排和监控

在线教学平台使得课程安排和监控更加方便和灵活。管理员可以在平台上制订课程计划，并将课程分配给相应的教师。平台上的日历功能可以清晰展示每个教师的授课时间和安排，有助于管理员实时监控教师的教学进度和课程安排。

（三）教学资源管理

在线教学平台提供了丰富的教学资源管理功能，帮助管理员有效组织和管理教学材料。教育机构可以在平台上上传、存储和共享教学资源，包括课件、教案、作业等。教师可以根据需要自由获取和使用这些资源，提高教学质量和效率。

（四）教学评估和反馈

在线教学平台为教师的教学评估和反馈提供了便捷渠道。管理员可

以通过平台对教师的课堂表现、学生成绩等进行评估和记录。同时，平台上的评价和反馈功能可以让学生与家长对教师进行评价和提供反馈意见，为教师的专业发展和改进提供重要参考。

（五）数据分析和报告

在线教学平台的数据分析功能可以帮助管理员更好地了解教师的教学情况和学生的学习进展。平台可以收集和分析学生的学习数据，如作业成绩、在线互动记录等，为管理员提供详尽的教学报告和数据分析。这些报告和分析结果有助于管理员评估教师的教学效果、发现问题并提供针对性的支持和培训。

（六）专业发展和培训

在线教学平台为教师的专业发展和培训提供了便利。平台上可以提供专业发展课程和资源，教师可以通过在线学习提升自己的教学能力和专业素养。平台还可以组织线上培训和研讨会，促进教师之间的交流和合作，共同提高教学质量。

在线教学平台在教师管理中发挥着重要作用。为教育机构和管理员提供了便捷的教师招聘和管理工具，支持课程安排和监控，管理教学资源，提供教学评估和反馈渠道，进行数据分析和报告及促进教师的专业发展和培训。通过充分利用在线教学平台的功能，教育机构和管理员可以更好地管理和支持教师，提高教学质量和效果。

五、技术如何优化教学绩效考核流程

技术在教学绩效考核流程中的应用可以极大地优化该过程，提高效率、准确性和公正性。

（一）自动化考核工具

通过自动化考核工具，教学绩效考核可以更加高效和准确。例如，教学管理系统可以记录和统计教师的课堂出勤、课程评分、学生反馈等数据，自动生成考核报告。这不但减少了烦琐的手工工作，降低了人为误差，而且提高了考核的准确性和效率。

（二）数据分析工具

技术的数据分析工具可以从多个维度和角度对教学绩效进行评价。通过收集和分析学生的学习数据、教学记录和评估结果等，可以综合评估教师的教学效果。数据分析工具能够提供更全面、客观的评估结果，帮助教师和管理员了解教学的优势和改进的方向。

（三）学生评价系统

技术还可以提供学生评价系统，让学生对教师的教学进行评价和反馈。学生可以通过在线调查问卷或评价工具表达对教师教学的意见和建议。学生评价系统可以收集到学生的真实感受和看法，为教师的绩效考核提供重要参考。

（四）远程教学工具

随着远程教育的普及及技术的应用，使得教学绩效考核在远程环境下变得更加顺畅和便捷。远程教学平台和在线会议工具可以记录教师的授课情况和学生的参与度，提供在线互动和反馈。使得教师在远程教学环境下仍然可以进行有效的教学绩效考核。

（五）智能化监控工具

技术的智能化监控工具可以实时监测教学过程和学生学习情况。例如，基于人工智能语音和图像分析技术可以分析教学录像或直播，评估教师的表现和学生的参与度。这些工具提供了客观的监测和评估手段，帮助教师和管理员及时发现问题和改进教学。

技术的应用优化了教学绩效考核流程。自动化考核工具、数据分析工具、学生评价系统、远程教学工具和智能化监控工具等，都使得教学绩效考核更加高效、准确和公正。这样的优化确保了教学质量的稳定性，提供了更好的教学改进和发展的基础。

第二节 高校教师管理与教学绩效考核的发展前景

一、以学生为中心的教学绩效考核模型的前景

随着教育领域对个体差异和个性发展的重视，学生的角色从被动的学习者转变为主动的参与者。与此同时，以学生为中心的教学绩效考核模型也应运而生，成为评价教师教学质量的重要工具。在这种模型中，更注重学生的学习进步、参与度和满意度等因素，尤其强调学生在教学过程中的主体地位，以学生的学习效果和满意度为衡量教师绩效的重要标准。

首先，这种模型以学生的学习进步为核心，充分认识到每个学生的学习速度和方式可能存在差异。评价教师的教学质量不仅在于学生的成绩，更重要的是学生的学习进步程度。这种进步不仅包括知识技能的提升，还包括学习习惯、思维能力、创新精神等多方面的提高。

其次，这种模型强调学生的参与度。良好的教学并不能仅靠教师单方面的授课，而需要学生的主动参与。因此，学生的参与度成了评价教师教学质量的重要标准。例如，教师是否能引导学生参与课堂讨论、是否能激发学生的学习兴趣、是否能引导学生进行自主学习等，都是评价教师教学绩效的重要依据。

最后，这种模型也考虑了学生的满意度。满意度是衡量教师教学质量的一个重要方面，包括学生对教师的教学方法、教学态度、课程内容等的满意度。这种满意度反映了学生对教师教学的认可度，也是衡量教师教学质量的一个重要依据。

展望未来，以学生为中心的教学绩效考核模型预计将进一步得到普及和发展。教育界将继续对其进行深入研究和完善，让其更符合教育发展的趋势，更有效地评价教师的教学质量，进而推动教师的教学改进和教育质量的提高。

二、跨学科教师管理模式的未来发展

在知识的发展过程中，随着领域的交叉和融合，可以清晰地看到跨学科教育的影响力日益增长。这种趋势对教师的教学能力提出了新的要求，不仅需要教师在本专业领域具有深厚的专业素养，而且还需要他们掌握跨学科的知识和技能。这种转变无疑对教师管理模式提出了新的挑战，要求管理者运用新的管理策略和技术来应对。

在新的跨学科教师管理模式下，教师不再被视为某一学科的专家，而是被看作跨学科的学习者和领导者。这就意味着他们不仅需要在自己的专业领域内具备深厚的知识和技能，同时还需要具备其他领域的知识和技能，以便在教学中实现各学科知识的融合和交叉。

同时，管理者在这种模式下的角色也发生了变化。管理者需要为教师提供必要的跨学科培训和支持，帮助他们开发和提升跨学科的教学能力。这包括提供跨学科的专业发展计划和跨学科的教学资源及在教师绩效考核中考虑到跨学科教学的质量和效果。

管理者需要利用新的评估工具和方法来衡量教师的跨学科教学效果，包括使用学生的学习成果来衡量教师的教学质量，或者使用新的评估工具来衡量教师的跨学科知识和技能。

随着跨学科教育的普及，跨学科教师管理模式的重要性会越来越高。这不仅需要教师改变他们的教学方式，也需要管理者调整其管理策略和技术，以更好地支持和引导教师进行跨学科教学。在这种变化中，教师和管理者需要共同努力，以实现教育的目标——帮助学生在各个学科间进行有效的学习，从而培养他们成为未来社会需要的跨学科人才。

三、技术驱动下的教学绩效考核发展趋势

科技进步对教学绩效考核的影响已深入到每一个环节，从而开启了一种全新的教学绩效考核方式。在这种方式下，大数据和人工智能成为提供评价指标的主要工具。它们能够收集学生的在线行为数据和学习进步数据，通过深度学习和模式识别等先进的技术，分析和解释这些数据，从而提供更详细、更客观的评价指标。

自动化工具也在提高教学绩效考核的效率方面发挥了重要作用。通过自动化工具，可以实现对大量数据的快速处理和分析，显著减少了评价过程中的人为误差。同时，自动化工具还能够在短时间内生成详细的评价报告，为教师和管理者提供了便捷的反馈工具。

新的技术如虚拟现实（VR）和增强现实（AR）也为教学绩效考核带来新的可能。例如，通过VR/AR技术，可以创建更真实的教学环境，让学生在实际的情境中进行学习。这不仅可以提高学生的学习体验，也使得教学绩效考核更加准确和生动。

因此，科技进步正通过各种方式深刻改变教学绩效考核。展望未来，随着科技的进一步发展，教学绩效考核的科学性、公正性和效率将得到更大的提升，教育质量也将得到提高。

四、远程教学与混合教学对教师管理的影响

远程教学与混合教学正以前所未有的方式重塑着教育的形态，对教师管理带来的挑战和机会同样显著。远程教学和混合教学模式的兴起要求管理者重新思考如何在虚拟环境中进行有效的管理，同时为教师的工作提供更多的灵活性和自由度。

在远程和混合教学的环境下，教师的管理已不再局限于实体的教室和传统的学习时间。管理者必须适应新的虚拟环境，找到在这种环境下管理教师的最佳方式。例如，管理者可能需要更多地依赖数字化工具来跟踪和监控教师的工作进度和质量，同时还需要考虑如何在没有面对面交流的情况下与教师进行有效的沟通和反馈。

评价教师绩效的标准也需要做出相应的调整。在远程和混合教学环境下，一些传统的评价指标，如上课时间和学生考试成绩，可能已经不再适用。管理者需要考虑新的评价指标，如学生的在线参与度、学习进度、满意度等，以更全面、更准确地评价教师的教学绩效。

远程教学与混合教学的发展同时为教师提供了更多的灵活性和自由度。教师可以根据自己和学生的需要，自由地调整教学时间和方式，使教学更加个性化和高效。同时，教师也可以更多地利用数字化工具进行

教学资源的整理和分享，从而提高教学质量。这些变化使得教师在管理中的地位得到了提升，教师不再只是管理的对象，也变成了管理的参与者。

然而，虽然远程教学与混合教学为教师提供了更多的自由度，但也对教师的自我管理能力提出了更高的要求。教师需要学会如何在没有固定工作时间和地点的情况下有效地安排工作，保证教学质量。管理者需要通过提供培训和支持，帮助教师提高这一能力。

因此，无论是从管理者的角度，还是从教师的角度，远程教学与混合教学都对教师管理提出了新的挑战，也带来了新的机会。预计在未来，随着远程教学与混合教学的进一步普及，这些挑战和机会将进一步深化，教师管理的方式也将因此发生深刻的变化。在这个过程中，如何有效地应对这些挑战和抓住这些机会，将对提高教育质量产生重要影响。

五、教师自我管理能力的培养和提升

教师的自我管理能力在优质教育的实现过程中起着重要的作用。这种能力可以帮助教师优化教学过程，提升教学质量，同时也有利于教师的个人成长和职业发展。因此，管理者应重视教师自我管理能力的培养和提升，通过提供各种形式的培训和支持，帮助教师提升自我管理能力，以实现更有效的教学。

制订和执行教学计划是教师自我管理的一个重要环节。教师需要了解教学目标，根据学生的学习需要和教学资源，合理制订教学计划，同时根据实际情况灵活调整教学计划。管理者可以通过提供教学目标明确、结构合理、可操作性强的教学计划模板，帮助教师更好地进行教学计划的制订和执行。同时，管理者还可以提供教学计划制订和执行的培训，帮助教师提升这一能力。

自我反思和持续改进是教师提升教学质量的关键。教师需要通过反思自己的教学过程和结果，发现教学中的问题和不足，从而进行改进。管理者可以通过提供反思指导和反思工具，帮助教师进行有效的自我反思；管理者也可以提供持续改进的培训和支持，帮助教师持续提升教学能力。

有效利用教学资源也是教师自我管理的重要内容。教师需要了解和掌握各种教学资源，包括教材、网络资源、教学设备等，合理地将这些资源运用到教学中，以丰富教学内容，提高教学效果。管理者可以通过提供教学资源使用的培训和支持，帮助教师提高这一能力。

教师的情绪管理和压力管理是保持教师教学热情和防止教师疲劳的重要手段。教师需要学习如何管理自己的情绪和如何处理教学压力，这既有利于提升教学效果，也有利于教师的身心健康。管理者可以提供情绪管理和压力管理的培训，帮助教师提升这一能力。

在未来，教师自我管理能力的培养和提升将成为教师管理的重要部分。管理者不仅需要为教师提供必要的培训和支持，也需要为教师创造有利于自我管理的环境，包括提供自我管理的工具和资源，建立鼓励自我管理的制度和文化。通过这样的努力，可以帮助教师提升自我管理能力，从而提升教学质量，促进学生学习，实现优质教育的目标。同时，教师自我管理能力的提升也有利于教师的个人成长和职业发展，有助于提升教师的工作满意度和教育事业的稳定性。

第三节 面临的挑战及应对策略

一、面临的技术应用挑战与解决办法

在 21 世纪教育领域，技术的应用已成为一种常态。从在线课程、虚拟现实、人工智能到大数据分析，这些新兴技术正在逐步改变教育的面貌，为教育带来了前所未有的可能性。然而，这种技术的飞速发展也带来了一系列的挑战，尤其是对那些尝试将这些新技术融入教学的教师。他们可能会面临如何掌握新技术、如何有效地将技术融入教学、如何解决技术应用中出现的问题等一系列挑战。

对于教师，掌握新技术可能是一个巨大的挑战。新的教育技术往往需要一定的学习和实践才能掌握，而这对于那些已经习惯于传统教学方式的教师来说，可能会感到困难重重。他们可能会对新技术感到陌生和不安，甚至可能产生抵触情绪。因此，如何帮助教师掌握新技术成了教育机构需要面临的一个重要挑战。

解决这个挑战的一个有效方法是设立专门的培训课程和工作坊。通过这些培训课程和工作坊，教师可以在专业的指导下学习和实践新的教育技术，从而更快地掌握这些技术。同时，这些培训课程和工作坊也可以为教师提供一个交流和分享经验的平台，让他们可以从其他教师的经验中学习，从而更好地应对新技术带来的挑战。

然而，仅掌握新技术并不足以解决所有的问题。如何有效地将技术融入教学，也是教师需要面临的一个重要挑战。技术的应用并不是教学的"万能药"，如果不能正确地使用，甚至可能会对教学产生负面影响。因此，教师需要学习如何将技术与教学内容和教学方法相结合，以达到最佳的教学效果。

解决挑战一个有效方法是通过案例研究和实践活动。通过研究那些成功地将技术融入教学的案例，教师可以了解到如何有效地使用技术来提高教学效果。同时，通过实践活动，教师可以在实际的教学中尝试和调整技术的应用，从而找到最适合自己的教学方式。这种通过实践和反思的方式，可以帮助教师更好地理解和掌握技术的应用。

然而，即使教师已经掌握了新技术，并且知道如何将技术有效地融入教学，他们在技术应用中仍然可能会遇到各种问题，如技术的故障、数据的丢失、网络的不稳定等。这些问题不仅会影响教师的教学，也可能会影响学生的学习。因此，如何解决技术应用中出现的问题也是教师需要面临的一个重要挑战。

解决这个挑战的一个有效方法是提供持续的技术支持。这种技术支持可以包括技术咨询、故障排查、数据恢复等服务。通过技术支持，教师可以在遇到问题时得到及时的帮助，从而减少技术问题对教学的影响。同时，这种技术支持也可以帮助教师提高他们的技术应用能力，从而更好地应对未来可能出现的问题。

教师在技术应用中可能会面临掌握新技术、有效地将技术融入教学、解决技术应用中出现的问题等一系列挑战。解决这些挑战的方法包括设立专门的培训课程和工作坊、通过案例研究和实践活动、提供持续的技术支持等。通过这些方法，教师可以提高他们的技术应用能力，从而更好地应对技术的发展和变化。

二、教学绩效考核的公正性与准确性挑战

公正、准确地评价教师的教学绩效一直是一个具有挑战性的问题。传统的评价方法存在一些问题，如学生评教和同行评审容易受到主观因素的影响，从而导致评价结果的偏差。为了解决这些问题，可以采取以下措施来提高评价的公正性和准确性。

引入多元化的评价方式是关键因素之一。单一的评价指标无法全面反映教师的教学绩效，应该综合考虑多个维度的表现。例如，可以结合学生的学习进步、教师的教学投入和教学创新等因素进行评价，以获得更全面的教学绩效评估结果。

利用大数据和人工智能等先进技术也可以提高评价的准确性。通过收集和分析大量的教学数据，可以得出更客观的评价结果。例如，可以基于学生的学习成绩、作业质量和考试表现等数据来评估教师的教学效果。同时，人工智能技术可以帮助自动化评价过程，并排除主观因素的干扰，从而提高评价的准确性。

建立一个公平的评价体系也是至关重要的。评价标准应该明确、公开，并且适用于所有教师，以确保评价的公正性。同时，评价过程应该透明化，教师应该有机会了解评价标准和评价过程，并有权利提供反馈和申诉，以确保评价的公正性和准确性。

要公正、准确地评价教师的教学绩效，采取多元化的评价方式，综合考虑多个维度的表现；利用大数据和人工智能等技术获取更客观和全面的评价数据；建立公平的评价体系，确保评价的公正性和准确性等，这些措施的综合应用可以提高教学绩效评价的质量和效果。

三、教师管理中的跨文化交流挑战

在全球化的大背景下，高校的国际化进程正在深入发展。随之而来，教师管理中涌现出了一个重要主题：跨文化交流。以往的教师管理更多的是以同质化为主，然而面临多元化的教师群体，这种管理方式显然已无法满足需求。相应地，教师管理需要从更深的层次去理解和尊重不同文化背景教师的特点和需求。

理解和尊重文化差异，是跨文化教师管理的核心。每个文化都有其独特性，这种独特性体现在教师的教学理念、教学方式乃至与学生、同事的互动方式中。来自不同文化背景的教师可能有不同的价值观和信念、教育理念和教学方式、人际关系处理方式。对此，管理者需要有足够的敏感度和开放心态，尊重与理解这些差异，尽力使管理策略与之匹配，提供满足其需求的支持。

同时，管理者还需要积极推动不同文化背景教师之间的交流和合作。交流是理解的前提，合作则是理解的升华。通过交流，教师可以互相了解对方的文化背景，学习到新的教学方法，得到更多的启示。而通过合作，教师可以深化这种理解，克服文化差异带来的障碍，共同探索更好的教学方法。因此，管理者需要创造有利于交流和合作的环境，如定期的交流会议、合作研究项目，甚至文化交流活动等。

在这个过程中，管理者还需要建立一种包容性的校园文化。这是一种对各种文化都充满尊重和接纳的文化，也是一种鼓励教师展示自己独特文化特质，发挥自己独特教学优势的文化。这样的文化可以让所有教师都感到被接纳和被尊重，也能让他们更好地融入校园社区中。

跨文化交流在教师管理中的角色越来越重要，管理者需要以开放和尊重的态度去面对这个挑战。

四、高校教师工作压力与职业疲劳的应对策略

高校教师所面临的工作压力和职业疲劳对于他们的工作效果和心理健康都有着重要的影响。为了应对这些问题，管理者可以采取以下策略来帮助教师减轻工作压力和缓解职业疲劳。

第一，重视教师的工作状态和心理健康非常关键。管理者应该积极关注教师的工作情况，与教师保持沟通和交流，了解他们的困境和需求。定期进行心理健康检查，提供必要的心理咨询和支持，帮助教师缓解压力，调整心态，增强应对挑战的能力。

第二，提供良好的教师福利也是减轻工作压力的重要途径之一。管理者可以考虑提供具有竞争力的薪资福利，包括合理的工资待遇、社会保障和福利待遇等。此外，提供良好的工作条件和职业发展机会，如培训计划、学术研究支持和晋升机制等，有助于提升教师的满意度和工作动力，减轻工作压力。

第三，改善教师的工作环境也是缓解职业疲劳的重要策略。管理者可以通过改善教学设施和资源，提供先进的教育技术支持，减少教学过程中的负担和不必要的行政工作。此外，合理分配工作量，避免过度的加班和超负荷的工作，给教师提供充足的时间和空间进行学术研究和个人成长，有助于缓解职业疲劳。

第四，建立支持和鼓励团队合作的工作文化也是应对教师工作压力和减轻职业疲劳的有效策略。管理者可以促进教师之间的交流和合作，建立良好的团队氛围，让教师感受到被支持和归属感。此外，提供良好的反馈机制和奖励制度，鼓励教师的创新和成长，有助于增强教师的工作动力和满意度。

第五，减轻高校教师的工作压力和缓解职业疲劳需要管理者采取综合策略。关注教师的工作状态和心理健康，提供必要的心理咨询和教师福利，改善工作环境和调整工作量及建立支持和鼓励团队合作的工作文化等，这些措施将有助于提高教师的工作满意度和效果。

五、在变革中维护教师职业道德与教学质量的策略

改革和创新是教育发展的驱动力，但在这个过程中如何在变革中维护教师的职业道德与教学质量，是摆在每一位教育管理者面前的重要课题。

教育的核心价值是提高教学质量，服务学生的学习和成长。这是教

师工作的根本，也是评价教师工作的基础。无论教育如何改革与创新，这个核心价值都不能改变。管理者在推动改革和创新的同时，必须坚持这个核心价值，把提高教学质量和服务学生作为改革与创新的方向和目标。只有这样，改革和创新才能真正地推动教育的进步，而不是走向偏离。

一方面，教师的职业道德是保证教学质量的重要保障。一个具有高尚职业道德的教师，会尽职尽责，爱岗敬业，关心学生，致力于教学。对此，管理者需要建立完善的教师职业道德规范，明确教师的职业行为规范，引导教师遵守职业道德。同时，还需要建立完善的教师评价体系，通过考核和评价，监督教师的行为，激励教师遵守职业道德，提高教学质量。

另一方面，教师职业道德规范和教师评价体系的建立，不仅需要管理者的智慧，也需要全体教师的参与。管理者需要听取教师的意见和建议，尊重教师的职业自主性，让教师参与到职业道德规范和评价体系的建立过程中来。只有这样，教师才能真正接受并认同这些规范和体系，从而按照这些规范和体系去行动。

在此基础上，管理者还需要提供一系列的支持和服务，帮助教师遵守职业道德，提高教学质量。比如，提供专业发展的机会，提供教学资源和设备，提供心理咨询和健康服务等。通过这些支持和服务，可以减轻教师的压力，激发教师的工作热情，帮助教师更好地履行职责。

在教育的改革和创新中，管理者需要坚持教育的核心价值，建立完善的教师职业道德规范和教师评价体系，提供各种支持和服务，才能有效地维护教师的职业道德与教学质量。这不仅是教育改革和创新的重要条件，也是重要目标。

参考文献

按文献标识和姓名拼音顺序排序

[1] 齐书宇 . 新时代高校教师管理问题研究 [M]. 北京：知识产权出版社，2022.

[2] 李晋 . 高校教师队伍建设与管理模式探究 [M]. 长春：吉林大学出版社，2022.

[3] 姚利民等 . 高校教师心理与管理研究 [M]. 长沙：湖南大学出版社，2013.

[4] 钟惠英 . 高校教师柔性管理研究 [M]. 长沙：湖南师范大学出版社，2004.

[5] 杨丹，卢敏，于彦华 . 高等教育中的参与式教学与学习：高校教师和管理者指南（英文版）[M]. 北京：中国农业出版社，2021.

[6] 张礼超 . 基于人力资本理论的高校教师管理机制研究：以中国矿业大学为例 [M]. 徐州：中国矿业大学出版社，2012.

[7] 苗仁涛 . 高校青年教师职业生涯管理研究 [M]. 北京：经济管理出版社，2023.

[8] 李业昆 . 高校教师绩效管理体系研究 [M]. 北京：中国财经出版传媒集团，中国财政经济出版社，2022.

[9] 李洪深 . 应用型高校教师绩效管理 [M]. 北京：经济管理出版社，2020.

[10] 李汉学 . 我国高校教师分类管理研究 [M]. 武汉：湖北人民出版社，2020.

[11] 李广海 . 高校外籍教师工作压力及其管理对策研究 [M]. 北京：中国社会科学出版社，2020.

[12] 蔡连玉，伍纯. 高校教师绩效管理的伦理风险及其规避研究 [J]. 浙江师范大学学报（社会科学版），2022，47（4）：82—89.

[13] 谢卿. 目标管理理论视角下地方高校教师绩效管理提升研究 [J]. 中外企业文化，2022，（6）：184—186.

[14] 任雅楠. 高校教师绩效管理模式优化路径探析——基于 HPT 模型的思考 [J]. 中国人事科学，2022，（5）：14—23.

[15] 蒋沁希，陈国庆，周爽. 地方高校教师绩效管理创新策略研究 [J]. 内蒙古科技与经济，2022，（9）：47—48.

[16] 黄燕，朱珠，宋业成. 破"五唯"背景下高校教师绩效管理改革的困境与对策研究 [J]. 经济与社会发展，2022，20（2）：80—85.

[17] 王静，杨春英. 绩效管理对高校教师科研评价的影响与反思 [J]. 郑州师范教育，2022，11（2）：6—9.

[18] 丁晶晶，杨君彦，胡丹，梁樑. 信息不对称下的高校预算绩效管理系统研究 [J]. 系统科学与数学，2022，42（5）：1246—1260.

[19] 庞文琴. 高校教师绩效管理信息化问题及对策研究 [J]. 中国管理信息化，2022，25（4）：211—213.

[20] 罗家才，童顺平. 高校教师绩效管理人本主义精神的失落与回归 [J]. 韶关学院学报，2021，42（11）：54—59.

[21] 原敏. OKR 视角下的应用型高校青年教师绩效管理研究 [J]. 沈阳工程学院学报 (社会科学版)，2021，17（4）：54—57.

[22] 王希，李蒙，李秉祥. 全员竞聘改革激励机制与绩效管理研究——基于陕西某理工学校 [J]. 中国市场，2021，（26）：95—96.

[23] 赵碧珍. 高校教师绩效管理工作探究 [J]. 人才资源开发，2021，（17）：45—46.

[24] 刘冰. 地方高校教师人力资源绩效管理优化研究 [J]. 内蒙古煤炭经济，2021，（16）：221—222.

[25] 葛洪雨. 民办高校教师绩效管理存在的问题及对策研究 [J]. 湖北开放职业学院学报，2021，34（15）：29—30+33.

[26] 侯昊林. 基于平衡记分卡的民办高校教师绩效评价指标体系构建研究

[J]. 会计师，2021，（15）：76—77.
[27] 杨琪琪，蔡文伯 . 绩效问责制导向下高校教师评价指标体系的陷阱及优化策略 [J]. 复旦教育论坛，2021，19（4）：85—91.
[28] 张海涛，青国霞，陈晋等 . 提升研究型高校教师突破性创新行为的对策研究: 基于绩效管理的视角 [J]. 湖北第二师范学院学报，2021，38(4): 1—6.
[29] 李明哲 . 民办高校教师绩效管理体系优化研究 [J]. 产业与科技论坛，2021，20（2）：255—256.
[30] 司蕾 . 大数据背景下 OKR 理念在高校教师绩效管理中的应用研究 [J]. 中国培训，2020，（12）：48—49.
[31] 金冬梅，张富芹，李业昆 . 构建符合高校教师工作和绩效特点的绩效管理系统 [J]. 中国成人教育，2020，（22）：22—25.
[32] 那广利，李淋 . 胜任特征理论与绩效管理理论在高校教师管理中的运用 [J]. 科教导刊 (下旬)，2020，（18）：76—78.
[33] 叶春桃 .360 度考评方法在高校教师考评中的应用 [J]. 当代教育实践与教学研究，2020，（8）：138—139.
[34] 蔡连玉，鲁虹 . 高校教师绩效管理计件工资化及其治理路径研究 [J]. 高校教育管理，2020，14（2）：97—104.
[35] 钟鑫，李如梦 . 学生评教对高校教师教学质量的过程控制研究 [J]. 教育评论，2020，（2）：61—65.
[36] 常铮 . 基于企业 PDCA 循环的民办高校教师绩效管理模式研究 [J]. 吉林工程技术师范学院学报，2020，36（2）：41—43.
[37] 李晴 . 平衡记分卡下高校教师绩效管理研究 [J]. 商讯，2020，（6）：188+190.
[38] 鞠晓红，牛熠 . 基于 OKR 的高校教师绩效管理模型及实施路径研究 [J]. 黑龙江高教研究，2020，38（2）：82—87.
[39] 李艳艳 . 高校教师人力资源绩效管理实践分析 [J]. 现代营销 (经营版)，2020，（2）：3.
[40] 赵慧娟 . 民办高校教师绩效考评存在问题及优化措施 [J]. 中外企业家，

2020，（2）：126.

[41] 李朝瑞 . 论高校教师绩效管理制度问题分析及对策选择 [J]. 人力资源，2019，（22）：94—95.

[42] 陈祎然，周景坤，黎雅婷 . 民族地区地方性本科院校区分性教师绩效评价方法研究 [J]. 环渤海经济瞭望，2019，（12）：85—86.

[43] 李康 . 探究平衡计分卡在高校教师绩效管理中的应用 [J]. 创新创业理论研究与实践，2019，2（22）：159—160.

[44] 张波 . 应用型高校教师绩效管理现状及完善对策 [J]. 企业改革与管理，2019，（22）：59—60+62.

[45] 张万朋，涂萍萍 . 拉弗曲线理论视角下"双一流"高校教师绩效管理的滞涨现象解析 [J]. 现代大学教育，2019，（6）：79—85.

[46] 江利平 . 激励理论视角下的高校教师绩效管理工作优化路径 [J]. 中国成人教育，2019，（21）：31—34.

[47] 樊逸凡 . 应用型民办本科高校教师绩效管理体系优化研究 [J]. 中国管理信息化，2019，22（22）：186—187.

[48] 周昕 . 民办本科高校教师绩效管理系统优化研究 [J]. 传播力研究，2019，3（26）：210—211.

[49] 谢倩，王子成，胡扬名 . 回顾与展望：国内高校绩效管理研究热点及前沿趋势可视化分析 [J]. 当代教育论坛，2019，（4）：60—71.

[50] 葛洪雨 . 高校教师绩效管理的优化研究 [J]. 湖北开放职业学院学报，2019，32(8)：27—28.

[51] 李超然 . 平衡计分卡在高校教师绩效评价的应用探析 [J]. 现代营销（信息版），2020，（4）：185—186.

[52] 陈子朝 .《反不正当竞争法》视野下知识产权侵权警告的正当性边界研究 [D]. 上海：华东政法大学，2021.

[53] 罗文靖 .《反不正当竞争法》第二条在网络游戏侵权案件中的适用研究 [D]. 湘潭：湘潭大学，2021.

[54] 赵杨 . 论新《反不正当竞争法》对侵犯商业秘密行为的规制 [D]. 南昌：江西财经大学，2020.

[55] 彭经纬 . 我国《反不正当竞争法》商业秘密条款研究 [D]. 武汉：中南民族大学，2020.

[56] 刘净雪 . 商业秘密侵权诉讼举证规则研究——《反不正当竞争法》第32 条的理解及适用 [D]. 湘潭：湘潭大学，2021.

[57] 杜潇潇 .《反不正当竞争法》互联网专条的法律适用研究 [D]. 武汉：中南财经政法大学，2021.

[58] 闫丽娟 .《反不正当竞争法》中商业道德的司法认定考察（2010—2019）[D]. 成都：西南财经大学，2020.

[59] 杜文婷 .G 学院教师绩效管理研究 [D]. 南昌：南昌大学，2022.

[60] 刘紫芩 . 我国高校教师绩效管理研究的文献计量与可视化分析 [D]. 武汉：华中师范大学，2022.

[61] 刘硕 .HC 民办高校专职教师绩效考核改进研究 [D]. 桂林：桂林电子科技大学，2021.

[62] 刘钰洁 . 职业院校教师绩效管理研究 [D]. 郑州：河南农业大学，2021.

[63] 梁政伟 .L 民办高校教师绩效管理方案优化研究 [D]. 广州：广东外语外贸大学，2021.

[64] 吕韵立 . 中山市 × 区民办中学教师绩效管理研究 [D]. 武汉：华中师范大学，2021.

[65] 阚志铭 . 疫情影响下高校教师绩效管理优化研究 [D]. 荆州：长江大学，2021.

[66] 赵佩 . 山东英才学院教师绩效管理研究 [D]. 石河子：石河子大学，2020.

[67] 高瑜璇 . 基于 OKR 方法的 K 大学 M 学院教师绩效管理优化研究 [D]. 成都：电子科技大学，2020.

[68] 高群 .GX 高校教师绩效管理的研究 [D]. 上海：上海财经大学，2020.

[69] 齐璐明 . 基于组织公平感高校绩效管理制度的研究 [D]. 桂林：广西师

范大学，2020.

[70] 李梦琳 . 广东 A 应用型民办高校教师绩效管理研究 [D]. 广州：广东工业大学，2020.

[71] 吴文芳 . 基于模糊综合评判的高校教师绩效评估系统研究 [D]. 徐州：中国矿业大学，2020.

[72] 孟晓翡 . 民办高校教师绩效考核优化研究 [D]. 西安：长安大学，2020.

[73] 陈志娟 .A 技术学校教师绩效管理优化研究 [D]. 武汉：中南财经政法大学，2020.

[74] 刘雪梅 . 民办 TY 学院专职教师绩效管理体系优化研究 [D]. 成都：西南财经大学，2020.

[75] 冯喆 .TJCU 教师绩效考核体系研究 [D]. 天津：天津工业大学，2019.

[76] 杨奕 .GXJD 技师学院教师绩效管理研究 [D]. 桂林：桂林电子科技大学，2019.

[77] 赵静 . 初级中学教师绩效管理的优化策略研究 [D]. 保定：河北大学，2019.

[78] 周强 .WH 工商学院专职教师绩效管理优化设计研究 [D]. 武汉：华中科技大学，2019.